GLENDALE PUBLIC LIBRARY, CA
3 9010 02931 5714

D0757880

Sebastian Junger

LA TORMENTA PERFECTA

Una historia real de la lucha de los hombres contra el mar

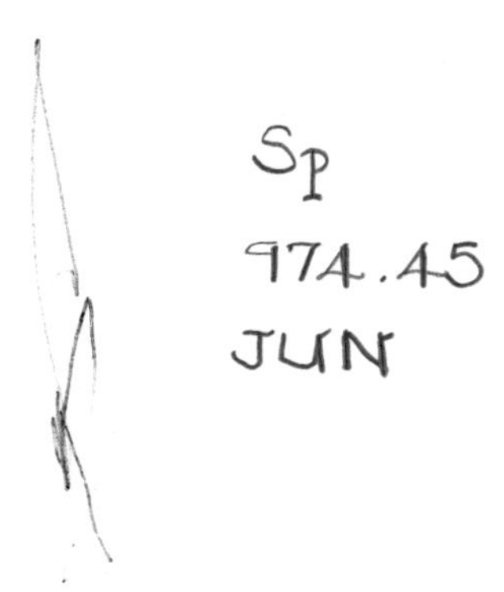

PEQUEÑA *gran* HISTORIA

Versión castellana de
CARI BAENA

Primera edición: octubre 1998
Título original: *The Perfect Storm*

I.S.B.N.: 84-8306-143-0
Depósito Legal: M-33.540-1998
Compuesto en Antares Composición, S. L.
Impreso en Unigraf, Arroyomolinos, Móstoles (Madrid)
Impreso en España *(Printed in Spain)*

Dedico este libro a mi padre,
que me enseñó el mar por primera vez

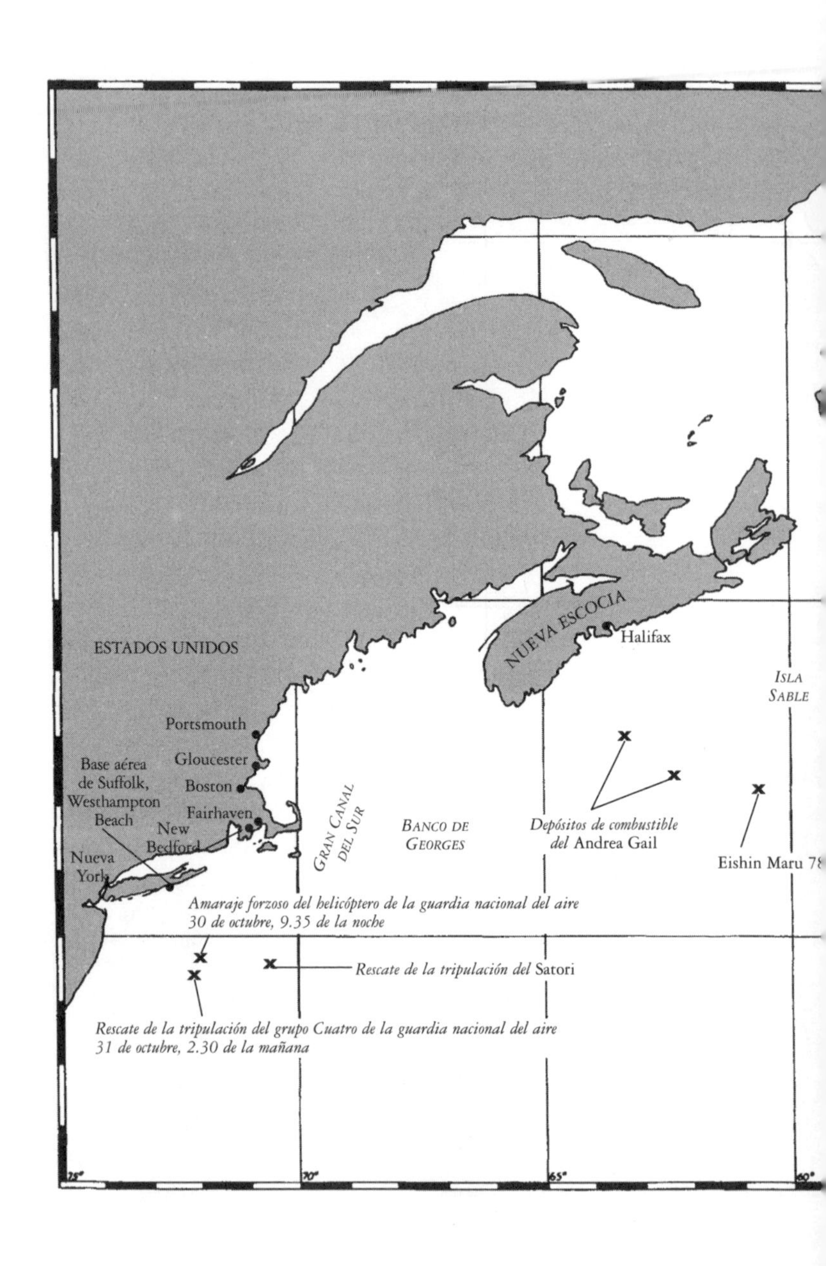
ESTADOS UNIDOS
NUEVA ESCOCIA
Halifax
ISLA SABLE
Portsmouth
Gloucester
Boston
Base aérea de Suffolk, Westhampton Beach
Fairhaven
New Bedford
Nueva York
GRAN CANAL DEL SUR
BANCO DE GEORGES
Depósitos de combustible del Andrea Gail
Eishin Maru 78
Amaraje forzoso del helicóptero de la guardia nacional del aire
30 de octubre, 9.35 de la noche
Rescate de la tripulación del Satori
Rescate de la tripulación del grupo Cuatro de la guardia nacional del aire
31 de octubre, 2.30 de la mañana
75°
70°
65°
60°

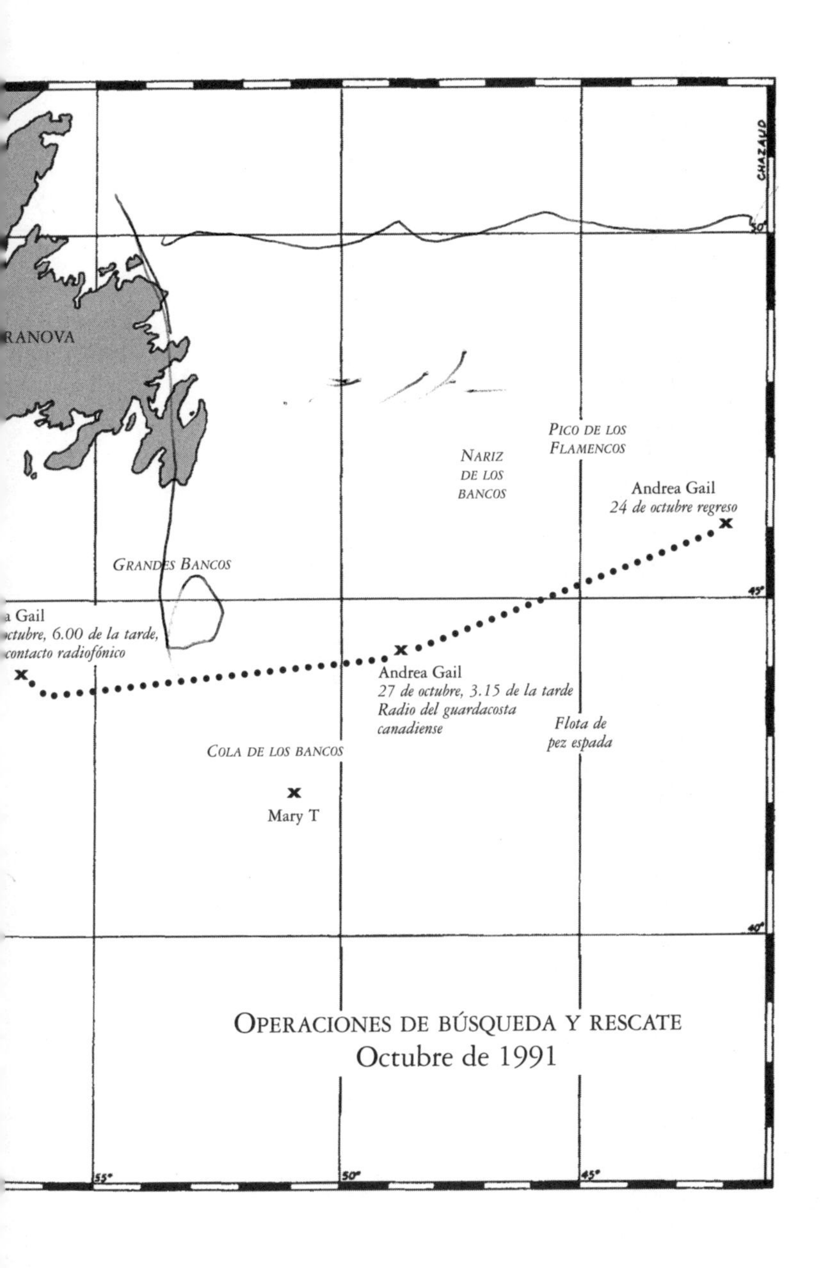

OPERACIONES DE BÚSQUEDA Y RESCATE
Octubre de 1991

SUMARIO

Prólogo 11

El banco Georges, 1896 15
Gloucester, Massachusetts, 1991 16
El desierto 47
El pico de los flamencos 75
La boca del lobo 106
El cementerio del Atlántico 129
El momento cero 149
El mundo de los vivos 160
Hacia el abismo 179
Los sueños de los muertos 216
Epílogo 240
Agradecimientos 247

PRÓLOGO

RECREAR los últimos días de seis hombres que desaparecieron en el mar me planteó algunos problemas obvios. Por una parte, yo quería escribir un libro basado en hechos reales que constituyera por sí mismo un relato periodístico. Por otra, no quería que la narración quedara sepultada bajo una montaña de detalles técnicos y conjeturas. Acariciaba la idea de novelar las partes secundarias de la historia –conversaciones, opiniones personales, los hábitos cotidianos– para facilitar la lectura, pero con ello corría el riesgo de reducir el valor de los hechos que sí podía precisar. Al final opté por atenerme estrictamente a los hechos, pero del modo más amplio posible. Si, por ejemplo, no sabía exactamente lo ocurrido a bordo del barco perdido, entrevistaba a personas que habían sobrevivido a una situación similar. Me parecía que sus experiencias podrían aportar una acertada descripción de lo que debieron de sentir y tal vez sufrir los seis hombres del *Andrea Gail.*

El resultado es un libro con varias clases de información. Las citas textuales son el fruto de mis entrevistas, bien personales o telefónicas, modificadas lo menos posible en aras de una mayor claridad y rigor gramatical. Los diálogos se basan en el recuerdo de personas que siguen con vida y aparecen sin comillas. Los diálogos *no* son inventados. Las conversaciones radiofónicas también se basan en recuerdos personales, y aparecen en cursiva. Las citas del material publicado van en cursiva, y en ocasiones se han reducido para adecuarse mejor al texto. Las discusiones técnicas sobre meteorología, el oleaje, la estabilidad del barco, etc., están basadas en mi propia investigación y en general no están anotadas; no obstante, quisiera recomendar *La oceanografía de la naútica,* de William Van Dorn, un libro amplio y muy interesante sobre el mundo de los barcos y el mar.

En resumen, he escrito del modo más detallado posible algo

que no podremos conocer en su totalidad. Sin embargo, es precisamente ese elemento desconocido lo que lo ha convertido en un libro interesante de escribir y, espero, de leer. Tuve ciertas dudas a la hora de titularlo *La tormenta perfecta,* pero al final decidí que la intención quedaba suficientemente aclarada. Usé *perfecta* en el sentido meteorológico: una tormenta que posiblemente no pudo haber sido peor. En ningún momento quise ofender a los hombres que murieron en el mar o a los que siguen afligidos por su pérdida.

En cuanto a mi experiencia personal sobre la tormenta, me limité a permanecer en la costa de Gloucester observando un oleaje de 9 metros que se cernía sobre el cabo Ann, pero eso fue todo. Al día siguiente leí en el periódico que se temía que un barco de Gloucester se hubiera perdido en el mar; recorté el artículo y lo guardé en un cajón. Había empezado a escribir *La tormenta perfecta* sin saberlo.

LA TORMENTA
PERFECTA

EL BANCO GEORGES, 1896

Un día de mediados de invierno, lejos de la costa de Massachusetts, la tripulación de una goleta que pescaba caballa divisó una botella con una nota en su interior. La goleta se encontraba en el banco Georges, uno de los caladeros más peligrosos del mundo, y una botella con una nota dentro era un terrible presagio. Un marinero de cubierta la sacó del agua, toda envuelta en algas, y el capitán descorchó la botella y se dirigió a la tripulación: «Estamos en el banco Georges, sin radio y sin timón, nos hundimos. Dos hombres han sido arrastrados por las olas, y los marineros se han dado por vencidos, porque hemos perdido la radio y el timón. A quien encuentre esta botella. Que Dios se apiade de nosotros.»

La nota era de El Halcón, *un barco que había zarpado de Gloucester un año antes. Desde entonces no se había vuelto a saber de él. Un barco al que se le rompe la radio en medio del banco Georges vuelca sin remedio hasta que llega a aguas poco profundas y las olas lo hacen pedazos. Algún miembro de la tripulación de* El Halcón *debió de refugiarse en su litera en el castillo de proa y escribir precipitadamente bajo la luz jadeante del fanal en medio de la tormenta. Ese era el fin, y todos los tripulantes debían saberlo. ¿Cómo reacciona un hombre cuando su barco se está hundiendo? ¿Se abraza a los otros? ¿Apura los últimos tragos de whisky? ¿Llora? Este hombre quiso escribir; anotó en un pedazo de papel los últimos momentos de veinte hombres en este mundo. Luego tapó la botella y la tiró por la borda. Debió de pensar que no existía ni una sola oportunidad de salvación. Luego volvió a bajar. Respiró profundamente. Intentó tranquilizarse. Y se preparó para recibir el primer golpe de mar.*

GLOUCESTER, MASSACHUSETTS, 1991

«No compráis pescado, sino las vidas de los hombres.»

Walter Scott
El anticuario, capítulo 11

Cae una suave lluvia sobre los árboles, y el olor del océano es tan intenso que casi asfixia el aire. El ruido de los camiones retumba en la calle Rogers, y unos hombres con camisetas manchadas de sangre de pescado se gritan unos a otros desde la cubierta de las barcas. A sus pies, el océano se levanta contra los negros pilotes y desciende arremolinándose hacia los percebes. Latas de cerveza y viejos pedazos de poliestireno suben y bajan, mientras las manchas de gasolina ondean como enormes medusas iridiscentes. Las barcas se zarandean y crujen contra las cuerdas, y las gaviotas se quejan y se agazapan y se quejan aún más. Al otro lado de la calle Rogers y en la parte trasera del hotel Crow's Nest, pasadas la puerta y la escalera de cemento, tras el pasillo enmoquetado, en una de las puertas a la izquierda, estirado en una cama doble de la habitación 27 y tapado con una sábana, duerme Bobby Shatford.

Tiene un ojo morado. Hay latas de cerveza y papel de envolver comida esparcidos por la habitación; varias camisetas, camisas de franela y pantalones vaqueros sobresalen de una bolsa de lona que está en el suelo.

A su lado duerme su novia, Christina Cotter. Es una mujer atractiva que acaba de entrar en la cuarentena, de pelo castaño rojizo y un rostro enérgico y pequeño. En la habitación hay una televisión, una cómoda con un espejo y una silla típica de cafetería de instituto. El almohadillado de plástico está lleno de quemaduras de cigarrillo. La ventana da a la calle Rogers, por la que los camiones entran con cuidado en los almacenes de pescado.

Sigue lloviendo. Al otro lado de la calle está Rose Marine, donde repostan las barcas de pesca, y más allá de una estrecha lengua de agua está el muelle de pesca del Estado, donde se descarga la pesca. El muelle es básicamente como un enorme aparcamiento delimitado por pilotes, y en la zona más alejada, al otro lado de otra lengua de agua, hay un astillero y un parque pequeño donde las madres llevan a sus hijos a jugar. En el otro extremo del parque, en la esquina de la calle Haskell, hay una elegante casa de ladrillo obra de Charles Bulfinch, famoso arquitecto de Boston. Originalmente fue edificada en la esquina de las calles Washington y Summer de Boston, pero en 1850 la levantaron con grúas, la metieron en un barco de carga y la llevaron a Gloucester. Ahí es donde Ethel, la madre de Bobby, crió a cuatro hijos y dos hijas. Lleva catorce años trabajando de camarera en el Crow's Nest. El abuelo de Ethel era pescador, sus dos hijas se casaron con pescadores, y sus cuatro hijos pescaban en un lugar u otro. La mayoría de ellos sigue haciéndolo.

Las ventanas del Crow's Nest dan al este, a una calle por la que los automóviles de los guardamarinas transitan al amanecer. Los clientes no suelen dormir hasta tarde. Bobby se levanta con esfuerzo sobre las ocho de la mañana. Tiene el pelo castaño claro, mejillas hundidas y una constitución vigorosa que delata las muchas horas de trabajo. En pocas horas debe estar en un barco de pesca de pez espada llamado *Andrea Gail,* que inicia un viaje de un mes a los Grandes Bancos. Puede regresar con cinco mil dólares en el bolsillo o puede no regresar. Afuera sigue chispeando. Chris gruñe, abre los ojos y le mira con los ojos entrecerrados. Uno de los ojos de Bobby tiene el color de una ciruela pasa.

¿He sido yo?

Sí.

Dios mío.

Vuelve a mirar el ojo con mayor detenimiento. ¿Cómo he sido capaz?

Fuman un cigarrillo, se visten y bajan a tientas. La puerta de metal de la salida de incendios se abre hacia un callejón, la empujan hasta abrirla y se dirigen hasta la entrada de la calle Rogers. El Crow's Nest es una construcción alargada de falso estilo Tudor situada frente a la compañía pesquera J. B. Wright y del Rose Marine. El cristal delantero es el más grande de todos los bares de la ciudad. Y esta es toda una distinción en un lugar donde las lunas de las ventanas de los bares suelen ser pequeñas para evitar que se rompan cuando se echa a los clientes. Hay una vieja mesa de billar, un teléfono público junto a la puerta y una barra en forma de herradura. La Budweiser cuesta un dólar setenta y cinco, pero la mitad de las veces suele haber un pescador recién llegado de viaje que invita a todos. El dinero en manos de un pescador dura lo que tarda el agua en atravesar sus redes de pesca; la cuenta de un pescador medio llega a los 4.000 dólares en una semana.

Bobby y Chris entran y echan una mirada. Ethel está detrás de la barra, un par de madrugadores ya están empuñando sus botellas de cerveza. Un compañero de tripulación de Bobby llamado Bugsy Moran está sentado en la barra con aspecto aturdido. ¿Una mala noche, eh?, dice Bobby. Bugsy gruñe. Su verdadero nombre es Michael. Tiene el pelo largo y rebelde y fama de atolondrado; en el pueblo todos le quieren. Chris le anima a que se les una a desayunar y Bugsy se baja del taburete y sale con ellos a la calle, donde sigue lloviendo suavemente. Suben al coche de Chris, un volvo de veinte años, y llegan hasta la White Hen Pantry, entran arrastrando los pies, los ojos inyectados en sangre, la cabeza retumbándoles. Compran unos sandwiches y unas gafas de sol baratas y así se disponen a enfrentarse a la implacable grisura del día. Chris regresa al Crow's Nest, y allí recogen a Dale Murphy, otro miembro de la tripulación del *Andrea Gail* que tiene treinta años, y salen de la ciudad.

El apodo de Dale es Murph. Murph es como un gran oso pardo de Bradenton Beach, Florida. Tiene el pelo negro y desgreñado, la barba rala y los ojos rasgados, casi mongoles. Murph no pasa inadvertido entre las chicas de la ciudad. Tiene un hijo de tres años que también se llama Dale y al que adora sin reservas. Su ex mujer, Debra, ganó tres veces el Campeonato de Boxeo femenino del suroeste de Florida, así que el pequeño Dale tiene todas las trazas de ser boxeador. Murph quiere comprarle algunos juguetes antes de irse, así que Chris lleva a los tres hombres al centro comercial de Good Harbor Beach. Una vez dentro, Bobby y Bugsy compran ropa térmica de repuesto para el viaje y Murph se adentra en los pasillos, llenando el carro de camiones marca Tonka, cascos de bombero y pistolas de rayos láser. Paga cuando no le cabe más en el carro, amontonan la carga entre todos y regresan al Nest. Murph se baja y los otros tres deciden continuar hasta la Green Tavern para tomar otra cerveza.

La Green Tavern es una versión reducida del Nest, toda de ladrillo y vigas falsas. Al otro lado de la calle hay un bar, el Bill's, los tres bares del Triángulo de las Bermudas del centro de Gloucester. Chris, Bugsy y Bobby entran, se sientan junto a la barra y piden una ronda de cervezas. La televisión está encendida, y ellos la miran distraídamente y charlan sobre el viaje y las locuras de la noche anterior en el Nest. La resaca comienza a atenuarse. Toman otra ronda, y así pasa media hora hasta que aparece Mary Anne, la hermana de Bobby. Es una rubia alta por la que suspiran las canciones adolescentes de algunos amigos suyos, pero tiene un cierto aire juicioso del que Bobby siempre ha desconfiado. Oh, mierda, ahí viene, dice en voz baja.

Esconde la cerveza detrás del brazo y se pone las gafas. Mary Anne se acerca. ¿Crees que soy idiota?, le pregunta. Bobby saca la cerveza de su escondite. Le mira el ojo. Muy bonito, dice.

Anoche tuve una pelea.

Vale.

Alguien la invita a un vino de pocos grados y ella da un par de sorbos. He venido para asegurarme de que embarcabas, dice. No deberías empezar a beber tan pronto.

Bobby es un chico alto y robusto. De pequeño tenía aspecto enfermizo –tuvo un hermano gemelo que murió pocas semanas después de nacer–, pero a medida que fue creciendo adquirió mayor vigor. Solía jugar al rugby con equipos ocasionales donde los huesos rotos estaban a la orden del día. Sus pantalones vaqueros y su sudadera con capucha le dan un aspecto tan típico de pescador que una vez un fotógrafo puso su fotografía en una postal del puerto. Aun así, Mary Anne es su hermana mayor, y él no está en condiciones de llevarle la contraria.

Chris te quiere, dice Bobby de repente. Y yo también.

Mary Anne no sabe cómo reaccionar. Últimamente ha sido muy antipática con Chris –por culpa de la bebida, por el ojo morado–, pero la franqueza de Bobby la ha desarmado. Nunca le había dicho nada parecido. Termina su vino y se va.

La primera vez que Chris Cotter vio el Crow's Nest se juró a sí misma que nunca pondría los pies en él; tenía la impresión de que entrar le iba traer problemas. Pero se hizo amiga de Mary Anne Shatford, y un día Mary Anne la obligó a cruzar la pesada puerta de madera y la presentó a todo el mundo. El sitio estaba bien, la gente invitaba a beber a los demás con la facilidad del que daba los buenos días, y de vez en cuando Ethel cocinaba una gran olla de sopa de pescado; casi sin darse cuenta, Chris se había convertido en una asidua del local. Una noche reparó en un joven alto que la miraba, y esperó a que se le acercara, pero no lo hizo. Su rostro era tenso y anguloso, los hombros cuadrados, y su mirada tenía un aire tímido que le recordaba a Bob Dylan. La convencieron sus ojos. Siguió mirándola pero no se acercó, hasta que se encaminó hacia la puerta.

¿Adónde vas?, le preguntó, cortándole el paso.

Al Mariner.

El Irish Mariner estaba al lado, y para Chris era el lugar más cercano al infierno. Yo no me muevo de aquí, pensó Chris, con el Nest ya tengo bastante, el Mariner es lo peor de lo peor. Y así fue como Bobby Shatford salió de su vida y no volvió hasta después de un mes. No volvió a verle hasta la Nochevieja siguiente.

«Estoy en el Nest», se dice, «y él está al otro extremo de la barra, un lugar atestado y enloquecido, y van a dar las doce y por fin Bobby y yo podremos hablar y marcharnos a otra fiesta. Me fui con Bobby, sí señor. Le traje a casa e hicimos el amor, borrachos. Recuerdo que a la mañana siguiente me desperté, le miré y pensé: Dios mío, es un hombre simpático, ¿pero qué he hecho? Le dije tienes que irte antes de que se despierten mis hijos, y después de aquello empezó a llamarme.»

Chris estaba divorciada y tenía tres hijos, y Bobby estaba separado y tenía dos. Trabajaba de camarero y de pescador para pagar la pensión de los niños y repartía su tiempo entre la calle Haskell y su habitación en el Nest (hay más de una docena de habitaciones libres, y son muy baratas si tienes la suerte de conocer a la persona adecuada, como tu madre, la camarera). Muy pronto Chris y Bobby empezaron a compartir cada minuto del día; era como si se hubieran conocido de toda la vida. Una noche, mientras bebían un cóctel en el Mariner –Chris ya se había decidido a entrar– Bobby se arrodilló y le pidió que se casara con él. ¡Por supuesto que sí! gritó Chris. A partir de entonces, y por lo que a ellos se refería, vivir juntos era sólo una cuestión de tiempo.

De tiempo y de dinero. La esposa de Bobby le había demandado por no pagar la pensión de los niños, y tuvo que ir a juicio al final de la primavera de 1991. Bobby debía pagar o ir a la cárcel inmediatamente, pero apareció Ethel con el dinero y después todos fueron al bar a reponerse. Bobby volvió a pedir a Chris que se casara con él, esta vez delante de Ethel, y cuando se quedaron solos Bobby le dijo a Chris que había sitio para él en el *Andrea Gail,* si es que quería ir. El *Andrea Gail* era un famoso barco de pesca de pez espada que capitaneaba un viejo amigo de la familia, Billy Tyne. Tyne había heredado el trabajo del anterior patrón, Charlie Reed, que abandonó esta actividad cuando el dinero empezó a escasear (Reed había mandado a sus tres hijos a un colegio privado con el dinero que ganó en el *Andrea Gail).* Aquellos días quedaban lejos, pero aun así el *Andrea Gail* seguía siendo uno de los barcos del puerto que más dinero ganaba. Bobby había tenido mucha suerte al conseguir un puesto en él.

El pez espada da mucho dinero. Así podré liquidar todo lo que debo, le dijo a Chris.

Muy bien. ¿Cuánto tiempo estarás fuera?

Treinta días.

¿Treinta días? ¿Estás loco?

«Estábamos enamorados y celosos. Yo no podía imaginarme separada de él», dice Chris. «No podía imaginarme ni medio día separada de él.»

Los barcos que pescan pez espada también se llaman palangreros porque se adentran hasta más allá de las 40 millas. Se pesca a intervalos y se traslada hasta tierra firme y se distribuye todos los días durante diez o veinte días. Igual que las gaviotas, los barcos siguen a la población de peces espada arrastrando las redes durante un día. Hacen ocho o nueve viajes al año; en verano hacia los Grandes Bancos, y en invierno hacia el mar Caribe. Son barcos grandes que ganan mucho dinero y que apenas permanecen amarrados más de una semana para proveerse de lo necesario y hacer alguna reparación. Algunos barcos se adentran hasta la costa de Chile, y los pescadores llegan a coger aviones hasta Miami o San Juan para conseguir una plaza en el barco. Están fuera dos o tres meses y luego regresan a casa, ven a sus familias y vuelven a embarcarse. Son los privilegiados del mundo de la pesca, y muchos de ellos terminan exactamente donde empezaron. «Carecen de sueños», afirmó alguien del lugar.

Pero Bobby Shatford sí tenía sueños. Quería establecerse, dejar atrás sus problemas económicos y casarse con Chris Cotter. En opinión de Bobby Shatford, la mujer de la que se había separado provenía de una familia muy rica, así que no entendía por qué tenía que pagar tanto dinero; obviamente, los tribunales no pensaban lo mismo. No sería libre hasta que no lo pagara todo, lo que significaba siete u ocho viajes en el *Andrea Gail* en un buen año de pesca. Así que, a principios de agosto de 1991 Bobby inició el primer viaje de su vida a bordo de un barco de pesca de pez espada. Cuando salieron del puerto, sus ojos recorrieron el aparcamiento, pero Chris ya se había ido. Traía mala suerte, habían comentado, ver zarpar al ser amado.

Chris no tenía modo de saber cuándo regresaba Bobby, así que después de varias semanas empezó a pasar mucho tiempo en el muelle de Rose, desde donde salió el *Andrea Gail,* para poder verlo a su regreso. Muchas casas de Gloucester tienen la tarima llena de las marcas producidas por el ir y venir de las mujeres ante las ventanas, siempre mirando el mar. Chris no hizo marcas en el suelo, pero llenaba sin cesar el cenicero de su coche. A últimos de agosto un fuerte huracán –el *Bob*– barrió la costa, y Chris fue al bar de Ethel y no hizo otra cosa que ver el canal del servicio meteorológico y esperar a que sonara el teléfono. La tormenta derribó bosques enteros de algarrobos en cabo Cod, pero no llegaron malas noticias de la flota pesquera, así que Chris, inquieta, volvió a su puesto de vigía en el muelle de Rose.

Por fin, una noche de principios de septiembre sonó el teléfono del apartamento de Chris. Era la nueva novia de Billy Tyne, que llamaba desde Florida. Vuelven mañana por la noche, le dijo. Llego a Boston en avión. ¿Podrías venir a recogerme?

«Tenía los nervios destrozados, estaba a punto de enloquecer», dice Chris. «El barco llegó mientras yo recogía a la novia de Billy. Acercamos el coche, aparcamos enfrente del Nest y pudimos ver el *Andrea Gail* amarrado en el muelle de Rose. Crucé volando la calle, se abrió la puerta y allí estaba Bobby. Soltó un "aahh" y me cogió en brazos, yo le rodeé la cintura con los pies, y así debimos de estar veinte minutos; no iba a separarme de él, no podía; habían pasado treinta días y nadie podría impedírmelo.»

La clientela del bar miraba el espectáculo por la ventana. Chris le preguntó a Bobby si había encontrado una tarjeta que ella había escondido en su saco antes de que se fuera. Sí, le respondió. La había leído todas las noches.

Sí, seguro, dijo Chris.

Bobby volvió a ponerla en el suelo, justo delante de la puerta, y le recitó la carta palabra por palabra. Los compañeros me tomaban tanto el pelo que tuve que esconderla en un revista, dijo. Bobby entró con Chris en el Nest, pidió dos cervezas y brindaron por su vuelta a casa sano y salvo. Billy estaba con su novia, que le tenía abrazado, Alfred llamaba a su novia a Maine y Bugsy se puso a arreglar sus negocios en el bar. La noche había adquirido un ritmo casi vertical, todos bebían y gritaban porque habían vuelto sanos a casa y estaban con sus seres queridos. Y Bobby Shatford era miembro de la tripulación de uno de los mejores barcos de pesca de pez espada de la costa Este.

Habían pasado un mes en el mar y habían pescado quince toneladas de pez espada. No obstante, los precios oscilan tan exageradamente que la tripulación del barco a menudo no suele tener idea de cómo les ha ido de verdad hasta que no han vendido el pescado. E incluso entonces puede haber errores: puede que el propietario del barco haya negociado un precio más bajo con el comprador y recupere parte de la pérdida bajo cuerda. Así no tendrá que compartir todo el beneficio con la tripulación. Sea como fuere, el *Andrea Gail* vendió su captura a Pescados O'Hara por 136.812 dólares más un extra de 4.770 dólares por una cantidad pequeña de atún. Bob Brown, el propietario, descontó primero una cantidad para combustible, aparejos, la carnada, palangre, el amarre, hielo y otros cientos de minucias que sumaron más de 35.000 dólares, que se descontaron del total; Brown se llevó a casa la mitad de lo que había quedado: aproximadamente 53.000 dólares. Todos los gastos de la tripulación –comida, guantes, estibadores– se habían pagado a crédito y luego se descontaron de los otros 53.000. El resto se dividió entre la tripulación: casi 20.000 para el capitán Billy Tyne, 6.453 para Pierre y Murphy, 5.495 para Moran y 4.537 para Shatford y Kosco. Los criterios del reparto estaban basados en la antigüedad, así que si Shatford y Kosco no estaban de acuerdo, eran muy libres de buscarse otro barco.

La primera semana en tierra firme fue complicada. La primera noche, antes incluso de examinar la carga, Brown extendió un cheque de 200 dólares a cada miembro de la tripulación, y cuando amaneció ya casi no les quedaba nada, se lo habían gastado casi todo. Bobby llegó arrastrándose a la cama con Chris sobre la una o las dos de la mañana, y cuatro horas más tarde llegó arrastrándose al muelle para descargar el pescado. Brian, su hermano pequeño, robusto como un leñador y con una sola idea en la cabeza, ser pescador como sus hermanos, fue para ayudar, al igual que su otro hermano, Rusty. Bob Brown estaba allí, y algunas mujeres también se acercaron. Sacaron el pescado de la bodega y lo fueron colocando en el muelle, luego lo metieron en las cámaras del muelle de Rose. A continuación sacaron veinte toneladas de hielo de la bodega, fregaron la cubierta y guardaron todos los aparejos. Trabajaron entre ocho y nueve horas. Al caer la tarde apareció Brown con los cheques con la mitad del dinero que les correspondía, el resto lo recibirían una vez que el intermediario hubiera vendido el pescado de verdad. Luego, la tripulación cruzó la calle y se metió en un bar llamado Pratty's. La celebración alcanzó cotas superiores a las de la noche anterior, si es que eso podía ser posible. «La mayoría son jóvenes solteros sin nada mejor que hacer que gastarse la pasta», dice Charlie Reed, antiguo capitán del barco. «Se sienten privilegiados durante un par de días. Luego vuelven al mar.»

Sea o no privilegiada, la tripulación tiene que ir todos los días a trabajar al muelle. Siempre hay algún desperfecto –un cabo se enrolla en el eje de transmisión y hay que meterse en el agua, alguna antena arrancada, la radio estropeada. Las reparaciones pueden durar una tarde o varios días, según el problema. Luego hay que revisar el motor: cambiar los filtros y las correas, comprobar el estado del aceite, revisar los niveles, limpiar los inyectores y las bujías, probar los generadores. Y por último está la interminable tarea del mantenimiento del aparejo de cubierta. Hay que engrasar las poleas, empalmar las cuerdas, cambiar cadenas y cables, hay que rascar y pintar las manchas de óxido. Una distracción en el cuidado de una sola pieza puede matar a un hombre. Charlie Reed vio caer una polea sobre un hombre y segarle el brazo derecho porque otro miembro de la tripulación había olvidado ajustar la argolla.

No obstante, la tripulación no tiene precisamente un sentido militar del deber. Durante esa semana hubo muchas ocasiones en que Bobby se despertaba en el Nest, miraba por la ventana y se iba arrastrando hasta la cama. Lo cierto es que nadie podía culparle por ello: a partir de ese momento su vida discurriría entre ráfagas de tiempo brutalmente cortas y largas temporadas en el mar, y su único modo de mantener vivo el recuerdo serían unas fotos pegadas en una pared y tal vez una carta metida en su saco. Y si esto era duro para los hombres, para las mujeres lo era aún más. «Era como tener una vida y tener otra distinta cuando él volvía», dice Jodi Tyne, que acabó divorciándose de Billy. «Aguanté así durante mucho tiempo, hasta que me cansé. Aquello no iba a cambiar, nunca iba a dejar de pescar, aunque él decía que sí. Si hubiera tenido que elegir entre el barco y yo, habría elegido el barco.»

Billy era una excepción porque él amaba la pesca de verdad.

Charlie Reed era igual; ésa era una de las razones por las que aquellos dos hombres se llevaban tan bien. «Es la inmensidad, toda la soledad del mundo se abre ante mí», dice Reed. «No hay nadie que me presione, y además yo veo cosas que otros no llegarán a ver: ballenas resoplando a mi lado, marsopas que siguen el barco. He pescado bichos que ellos ni siquiera han visto en los libros, bichos muy raros, cosas de aspecto realmente monstruoso. Y cuando voy por la calle todos me respetan: "Hola, capitán, ¿cómo le va?". Es bonito sentarse y que un hombre de setenta años te salude "hola, capitán". Es algo muy hermoso.»

Tal vez haya que ser capitán para enamorarse de la vida, aunque un cheque de 20.000 dólares también ayuda. No obstante, la mayoría de los marineros de cubierta sienten muy poco afecto por su trabajo; para ellos pescar es un trabajo brutal y sin porvenir que tratan de dejar lo antes posible. En los funerales que se celebran en Gloucester la gente dice cosas como «la pesca era su vida» o «murió haciendo lo que amaba», pero en general esos sentimientos sirven para consolar a los vivos. Los jóvenes de Gloucester se ven abocados al mar porque están sin blanca y necesitan dinero con urgencia.

La única compensación de este trabajo tan embrutecedor parecía ser una tolerancia igualmente embrutecedora. Un pescador de pez espada que vuelve después de un mes en el mar es un torrente de dinero. Le falta tiempo para gastarlo. Compra cincuenta décimos de lotería y los regala a los clientes del bar. Si toca, compra cincuenta más e invita a todos a beber. Diez minutos después le dará al camarero veinte dólares de propina y volverá a invitar; los que beben despacio pueden llegar a acumular dos o tres botellas en la barra, así que cuando la suma se incrementa cambian las botellas por fichas de plástico para que la cerveza no se caliente (se dice que cuando alguien invita en el Irish Mariner hay peleas por ver quién consigue sus fichas). Cuando un pescador ha vuelto de un viaje da la impresión de que difícilmente se molestaría en inclinarse y recoger un billete de veinte dólares que casualmente hubiera caído al suelo. El dinero cambia de manos como una baraja usada, y a la hora del cierre es fácil que haya gastado la paga de una semana entera. Para algunos, comportarse como si el dinero no importara nada es la única compensación por lo que significa de verdad.

«La última noche, oh Dios mío, cogimos una borrachera monumental», dice Chris. «El bar estaba atestado, y Bugsy estaba de muy mal humor porque no había podido echar un polvo, estaba realmente fuera de sí. Y eso es importante cuando sólo tienes seis días, ya sabes. Bebían cada vez más, era hora de irse, acababan de llegar a tierra firme y ya casi no les quedaba dinero. El último día nos despertamos en el Nest porque no teníamos un centavo y Bobby tenía un ojo morado, nos habíamos puesto un poco violentos; fue el alcohol, de veras. Cuando lo pienso no puedo creer que le dejara marchar en ese estado, no puedo creer que le dejara ir con un ojo morado.»

En 1850 Herman Melville escribió su obra maestra, *Moby Dick,* basada en su propia experiencia a bordo de un ballenero en los Mares del Sur. En el comienzo, Ismael, el narrador, se ve sorprendido por una tormenta de nieve en New Bedford, Massachusetts, y busca un lugar donde pasar la noche. No tiene mucho dinero, así que rechaza uno llamado Crossed Harpoons porque parece «demasiado caro y alegre». El siguiente sitio que encuentra se llama Swordfish Inn, pero éste también trasmitía demasiada calidez y buen ánimo. Finalmente llega al Spouter Inn. «Como la luz era lúgubre –escribe– y aquella pequeña casa desvencijada de madera tenía el aspecto de haber sido traída aquí desde algún barrio arrasado por el fuego, y como el oscilante rótulo emitía una especie de doloroso crujido de pobreza, pensé que aquel era un lugar perfecto donde alojarme por poco dinero y tomar un café.»

No se equivocaba. Le dieron comida caliente y una cama que compartir con un caníbal de los Mares del Sur llamado Queequeg. Queequeg se convirtió en su hermano adoptivo y llegó a salvarle la vida. Desde que existe la pesca ha habido lugares que han alojado a los Ismaeles de todo el mundo, y a los Murphs, y a los Bugsys, y a los Bobbys. Es posible que sin ellos la pesca no hubiera existido. Una noche, un pescador de pez espada entró tambaleándose en el Crow's Nest después de un mes en el mar. Los billetes se le caían, literalmente, de los bolsillos. Greg, el propietario del bar, cogió el dinero –un cheque– y lo guardó en sitio seguro. A la mañana siguiente el pescador bajó con gesto un tanto contrariado. Dios mío, vaya nochecita, dijo. No puedo creer que gastara tanto dinero...

Que un pescador pueda creerse capaz de gastar un par de miles de dólares en una sola noche dice mucho sobre estos hombres. Y que el camarero pusiera el dinero a buen recaudo dice mucho del modo en que los pescadores eligen los bares, lugares que son para ellos su segundo hogar, porque muchos no tienen hogares de verdad. Los más viejos sí, desde luego: tienen familias, hipotecas y todo eso; pero no hay muchos marineros mayores en los palangreros. Hay sobre todo hombres como Murph, Bobby y Bugsy, que pasan su juventud con los bolsillos llenos de billetes de diez y de veinte. «Esto es –como dice Ethel Shatford– un juego de jóvenes, un juego de hombres jóvenes y solteros.»

Así que el Crow's Nest tiene un aire de orfanato. Aloja a la gente, la acoge, le presta una familia. Algunos se embarcan hacia los Grandes Bancos, otros pueden estar atravesando su océano particular: divorcio, drogadicción o sólo una mala racha. Una noche, en el bar, un hombre viejo y delgado que había perdido a su sobrina por causa del sida abrazó a Ethel y estuvo así unos cinco o diez minutos. En el otro extremo está Wally, un poco alcohólico y violento, prueba viviente de los efectos de los abusos deshonestos en la infancia. Es una persona muy reprimida, y en ocasiones tiene unos accesos de una obscenidad tan extraordinaria que Ethel se ve obligada a gritarle que se calle de una maldita vez. Aun así, Ethel siente debilidad por él, porque sabe lo que sufrió de niño. Un año le hizo un regalo el día de Navidad (suele hacerlo con todo aquel que en esas fechas no sale de su habitación). Wally no quiso abrirlo en todo el día, hasta que Ethel le dijo que si no abría el maldito regalo se ofendería. Un poco incómodo, lo desenvolvió –era una bufanda o algo parecido– y de repente el hombre más violento de Gloucester se puso a llorar delante de ella. Ethel, le dijo moviendo la cabeza, nunca nadie me ha regalado nada.

Ethel Shatford nació en Gloucester y ha vivido toda su vida a ochocientos metros del hotel del Crow's Nest. Hay gente en la ciudad, comenta, que nunca ha recorrido los cuarenta y cinco minutos que la separan de Boston, y hay otros que nunca han cruzado el puente. Para hacernos una idea, el puente atraviesa una franja de agua tan estrecha que los barcos de pesca pasan apuros para navegar por ella. El puente también podría no estar allí; hay muchos en la ciudad que ven más a menudo los Grandes Bancos que la ciudad de al lado.

El puente se construyó en 1948, cuando Ethel tenía doce años. Entonces las goletas de Gloucester todavía iban hacia los Grandes Bancos en doris para pescar bacalao. Ethel recuerda que aquella primavera a los chicos mayores se les eximía de ir a la escuela para que ayudaran a apagar los incendios que devastaban el cabo Ann; los incendios quemaron una zona boscosa llamada Dogtown Common, una extensión de terreno pantanoso y una morrena glacial que antaño había acogido a los olvidados y a los dementes del lugar. El puente era el extremo septentrional de la carretera de circunvalación número 128 de Boston, la que metió a Gloucester en el siglo XX. En los setenta se llevaron a cabo unas obras de remodelación de la ciudad que se extendieron hasta el puerto, con lo que pronto prosperó el tráfico de drogas, y los índices de mortandad por sobredosis de heroína alcazaron una de las mayores cotas de todo el país. En 1984 apresaron un barco de pesca de pez espada llamado *Valhalla* por contrabando de armas para el Ejército Republicano Irlandés, compradas con dinero procedente de la droga de la mafia irlandesa de Boston.

A finales de los ochenta el ecosistema de los bancos de Georges había entrado en proceso de aniquilación, y la ciudad se vio forzada a incrementar sus ingresos sumándose a un programa federal de repoblación. Ellos proporcionaban viviendas baratas a gentes de otras ciudades de Massachusetts aún más pobres y a cambio recibían una cantidad del gobierno. Cuanta más gente acogían más subía el índice de desempleo, acentuando aún más la crisis de la industria pesquera. En 1991 las existencias de pescado se habían agotado tanto que hubo que discutir lo inimaginable: dejar de pescar indefinidamente en el banco Georges.

Durante 150 años el banco Georges, mar adentro, a la altura del cabo Cod, había sido el granero de la industria pesquera de Nueva Inglaterra, y ahora estaba prácticamente agotado. Charlie Reed, que había dejado el colegio a los 16 años para trabajar en el mar, veía acercarse el fin: «Ninguno de mis hijos se dedica a la pesca», dice. «Me pidieron que los llevara conmigo, pero yo dije "no te llevo a ningún sitio. Aunque es brutal podría gustarse, sí, tal vez pudiera gustarte".»

Ethel lleva trabajando en el Crow's Nest desde 1980. Llega a las 8.30 los martes por la mañana, trabaja hasta las 4.30 y luego suele sentarse y tomar unos cuantos cubalibres de ron con coca cola. Trabaja aquí cuatro días a la semana y algún que otro fin de semana. De vez en cuando alguno de los habituales lleva pescado y ella lo guisa en salsa en el cuarto del fondo. Lo reparte en recipientes de plástico, y lo que queda lo mete en un cacharro de cerámica que lo mantiene caliente para que se lo vayan comiendo durante el día. Algunos clientes llegan, lo huelen y de vez en cuando mojan.

Éste es un lugar al que sin duda un pescador podría acostumbrarse. Las cortinas de las ventanas delanteras permiten mirar sin ser visto, lo cual es una enorme ventaja. El bar entero sabe quién va a irrumpir en su realidad, y la puerta trasera siempre ofrece la posibilidad de evitar la visita. «Ha salvado a muchos de sus mujeres, sus novias y demás», dice Ethel. Los borrachos también quedan en evidencia: sus siluetas ladeadas pasan ante la ventana, Ethel los ve pararse ante la puerta para recuperar el equilibrio y respirar hondo. Luego abren la puerta de golpe y se dirigen directamente hacia un rincón del bar.

Hay alojamiento por horas o años, y a veces al principio es difícil saber si va a ser una cosa u otra. Los precios son 27,40 dólares por noche para pescadores, camioneros y amigos, y 32,90 para el resto. También hay una tarifa semanal para clientes estables. Un hombre se quedó tanto tiempo –cinco años– que pintó y enmoquetó su habitación, y hasta se instaló dos lámparas de araña. Los pescadores que no tienen cuenta corriente cobran en el Nest (muy práctico en caso de que deban dinero al bar), y a los que no poseen dirección habitual les envían aquí el correo. Esto les resuelve ventajosamente ciertas situaciones con el fisco, los abogados o la ex mujer. El camarero, claro está, coge recados, filtra las llamadas e incluso miente. El teléfono público que está junto a la puerta tiene el mismo número que el del hotel, así que, cuando suena, los clientes indican por señas a Ethel si están o no.

Todos se conocen en el bar; y a los que no, se les invita a una copa. Es difícil pagar tu propia cerveza en el Crow's Nest, tan difícil como tomar sólo una. Si llegas, te quedas hasta que cierra. Casi no hay peleas en el Nest porque todos se conocen muy bien, pero otros bares del puerto –el Pratty's, el Mitch's, el Irish Mariner– son famosos por tener que cambiar el mobiliario cada dos por tres. Ethel trabajó en un bar en donde el propietario montaba tales trifulcas que Ethel se negó a servirle, y el hecho de que fuera guardia de tráfico no mejoró las cosas. John, otro camarero del Nest, recuerda una boda en la que el novio y la novia discutieron; el novio se fue echando pestes, obedientemente secundado por todos los hombres de la fiesta, al bar de al lado, y al cabo de un rato uno de ellos hizo un comentario sarcástico acerca de un hombre rechoncho que estaba solo bebiendo tranquilamente. El hombre se levantó, cogió su sombrero y se fue al otro extremo de la barra, seguido por la otra mitad femenina de la fiesta de la boda.

Lo más parecido a esto que ocurrió en el Nest fue una noche en que había un grupo mal encarado de gamberros que estaba en un extremo y un puñado de camioneros negros en el otro. Los camioneros eran habituales del Nest, pero los gamberros eran forasteros, igual que otro grupo de pescadores drogados que estaban junto a la mesa de billar y hablaban muy alto. El centro de atención de esta extraña mezcolanza de gente era un chico negro y otro blanco que jugaban al billar y charlaban, al parecer por un asunto de drogas. Cuando la tensión llegó a lo más alto, uno de los camioneros se dirigió a John y le dijo, eh, no te preocupes esos dos son basura, así que te ayudaremos si te hace falta.

John le dio las gracias y siguió lavando vasos. Los pescadores acababan de regresar de viaje y no se tenían en pie, los gamberros hacían comentarios en voz baja sobre la clientela, y John estaba esperando que saltara la chispa. Al final uno de los gamberros le llamó y señaló con la barbilla a los camioneros negros.

Es una lástima que tengas que servirles, pero es la ley, dijo.

John reflexionó por un momento y luego dijo sí, pero no sólo eso, es que además son amigos míos.

Se acercó a la mesa de billar y echó a los chicos, luego se volvió a los pescadores y les dijo que si estaban buscando lío, lo iban a encontrar, y muy gordo. Los amigos de John eran unos soberbios ejemplares de la raza humana, así que los pescadores se avinieron a razones. Los gamberros se fueron por fin, y cuando acabó la noche las cosas estaban como siempre.

«Son muy buena gente», dice Ethel. «A veces vienen algunos pescadores de vieiras, pero casi siempre suele haber gente conocida, amigos. Una de las veces que más me he divertido fue cuando entró ese irlandés y pidió cincuenta cervezas. Era domingo por la tarde, y el bar estaba casi vacío; yo me limité a mirarle. Dijo que sus amigos llegarían en un momento, y al cabo llegó un equipo entero de fútbol irlandés. Vivían en Rockport, una ciudad del interior. Quisieron dar un paseo, así que enfilaron la carretera 127 y ocho kilómetros después encontraron Gloucester. Bebían tan rápido que apenas nos daba tiempo a sacar las botellas de las cajas. Se encaramaron a las mesas e hicieron un coro a tres voces.»

En los primeros tiempos la pesca en Gloucester era una de las ocupaciones más duras y peligrosas. En la década de 1650 tres hombres se atrevieron a recorrer la costa durante una semana a bordo de unas barcas sin puente que tenían piedras por lastre y mástiles desmontables, que a veces eran derribados por los fuertes vientos. Los hombres llevaban sombreros de lona untados de brea, delantales de piel y botas de cuero llamadas «redjacks». La comida era escasa. Para un viaje de una semana de duración un capitán relataba que embarcó 1,8 kilos de harina, 2,25 de grasa de cerdo, 3 de galletas y «un poco de ron de Nueva Inglaterra». Tuvieron que comérselo todo durante la tormenta, ya que no había bajocubiertas donde pudiera refugiarse la tripulación. Quedaron a la buena de Dios.

Las primeras embarcaciones dignas de este nombre fueron los chebaccos de nueve metros. Tenían dos mástiles situados en la parte delantera, la popa muy puntiaguda y camarotes de proa a popa. La proa se abría paso sin dificultad, y la parte superior de la popa lo resguardaba del mar de popa. En el interior del castillo de proa se apretujaban un par de literas y una chimenea de ladrillo donde se ahumaba pescado de baja calidad que servía de alimento a la tripulación durante el viaje, ya que el bacalao era muy preciado y no podía desperdiciarse en sus bocas. Todas las primaveras se raspaban, calafateaban y alquitranaban los chebaccos y se llevaban a las pesquerías. Una vez allí, los barcos fondeaban y los hombres lanzaban sus redes en la zona central del barco, donde la barandilla tenía menos altura. Cada uno tenía asignado un lugar, llamado «amarradero», que se adjudicaba por sorteo y se mantenía durante todo el viaje. Pescaban con dos redes que medían de veinticinco a sesenta brazas (45-110 metros) y una sonda de 4,5 kilos de peso, que halaban decenas de veces al día. Una vida entera desempeñando el oficio proporcionaba a los pescadores unos hombros muy musculosos, cosa que los identificaba en la calle. Se les conocía como lanzadores de redes, y allá donde fueran se hacían respetar.

El capitán, igual que cualquier otro miembro de la tripulación, pescaba con sus propias redes, y la paga se calculaba de acuerdo con las capturas de cada cual. Al pez se le arrancaba la lengua y se guardaba en un cubo aparte; al final del día el capitán las contaba, apuntaba el número en el diario de a bordo y luego las tiraba. Los barcos tardaban meses en llenar sus bodegas –al principio conservaban el pescado ahumándolo; luego, con hielo– y regresar a casa. Cuando había pesca en abundancia, algunos capitanes se veían obligados a cargar su barco hasta que el agua casi rozaba las cubiertas. Esto se llamaba sobrecargar, lo que exponía el barco a un gran peligro si el tiempo empeoraba. El viaje de regreso duraba un par de semanas, y el pescado, que viajaba aplastado por su propio peso, perdía todo el exceso de líquidos. La tripulación achicaba el agua por los lados, y de este modo las naves sobrecargadas de los Grandes Bancos conseguían mantenerse a flote mientras navegaban de regreso al puerto.

Hacia 1760 Gloucester contaba con setenta y cinco goletas, alrededor de un sexto de la flota de Nueva Inglaterra. El bacalao era tan importante para su economía que en 1784 un rico estadista llamado John Rowe mandó colocar una figura de madera –el «Bacalao Sagrado»– en el Parlamento. En tiempos de la Revolución sólo los ingresos provenientes de la pesca del bacalao de Nueva Inglaterra ascendían a un millón de dólares al año, y John Adams rehusó firmar el Tratado de París hasta que los británicos no otorgaran a los americanos el derecho de pesca en los Grandes Bancos. El acuerdo final establecía que las goletas americanas podrían pescar libremente en las aguas territoriales de Canadá y desembarcar en las zonas desiertas de Nueva Escocia y Labrador para salar su captura.

Había varias clases de bacalao. El mejor, llamado «pescado pardo», se capturaba en primavera y se llevaba a Portugal y España, donde alcanzaba los precios más altos (aún se sigue comiendo *baccalao* en los restaurantes de Lisboa). El siguiente abastecía el consumo del país, y el peor, llamado «pescado de desecho», servía para alimentar a los esclavos de los campos de caña de azúcar de las Indias Occidentales. Los mercantes de Gloucester navegaban hasta el Caribe con las bodegas llenas de bacalao desecado y regresaban con ron, melaza y azúcar de caña; cuando los británicos impidieron este lucrativo comercio durante la guerra de 1812, los capitanes del lugar decidieron zarpar en las noches sin luna y utilizar embarcaciones más pequeñas. El banco Georges comenzó a explotarse a partir de 1830, el primer tramo de vía férrea llegó a Gloucester en 1848, y las primeras compañías frigoríficas se establecieron ese mismo año. Hacia 1880 –la época dorada de las goletas de pesca– Gloucester tenía una flota de quinientos barcos. Se decía que uno podía cruzar hasta Rocky Neck sin mojarse los pies.

El bacalao reportaba grandes beneficios, pero no era la única fuente de tanta riqueza. En 1816 un pescador de cabo Ann llamado Abraham Lurvey inventó el anzuelo de cuchara para pescar caballa uniendo un gancho de acero a una pieza de plomo fundido en forma de gota. El plomo, que ya no era sólo un contrapeso, sino que además se movía constantemente de arriba abajo, atraía la atención de la caballa. Después de dos siglos viendo pasar a estos peces huidizos en bancos tan poblados que teñían el mar, los pescadores de Nueva Inglaterra habían encontrado el modo de capturarlos. Los capitanes de Gloucester ignoraron el subsidio federal que se concedió al bacalao y navegaron hacia la isla Sable con hombres subidos en las cofas buscando en el agua esa reveladora mancha oscura que formaba la caballa. ¡Banco allá! gritaban, el barco viraba en la dirección del viento y «chof», se lanzaba el cebo. Cuanto más salpicaba el «chof» más peces atraía; un «chof» suave en la brisa significaba que en algún lugar había una goleta que pescaba caballa con el viento en contra.

El anzuelo para pescar caballa funcionaba bien, pero era inevitable que el ingenio yanqui saliera con algo más eficaz. En 1855 se inventó la jábega, una red de 396 metros de bramante alquitranado con pesas de plomo en su parte inferior y boyas de corcho en la superior. La transportaban metida en una doris remolcada por la goleta, y cuando se avistaba la pesca, la doris rodeaba los peces, lanzaba la red y los apresaba. Luego los subían a bordo y los separaban, les quitaban la cabeza, los fileteaban y los metían en barriles con sal. A veces el banco de caballa lograba escapar antes de que la red los hubiera apresado, y la tripulación izaba el llamado «cargamento de agua». Otras veces la red estaba tan llena que apenas podían izarla a bordo.

Aquella fue la época dorada de la jábega, y los pescadores de bacalao no tardaron mucho en inventar su propia versión. Se llamó red de arrastre, y era más eficaz si cabe matando hombres que peces. Los pescadores ya no trabajaban en la relativa seguridad de una goleta; ahora partían del barco nodriza en doris de 5 metros. Cada doris transportaba media docena de redes de arrastre de 91 metros que se guardaban enrolladas en cajas y se colgaban junto con los anzuelos. Por la mañana, la tripulación remaba, soltaba las redes y las halaba pocas horas más tarde. Había mil ochocientos anzuelos por doris, diez doris por cada goleta, y varios cientos de barcos en la flota. Los peces tenían varios millones de posibilidades de morir en un solo día.

Sacar del fondo del océano una red de 530 metros de longitud era un trabajo agotador y tremendamente peligroso cuando hacía mal tiempo. En noviembre de 1880 dos pescadores llamados Lee y Devine remaron desde la goleta *Deep Water* hasta su doris. En noviembre hizo un tiempo de mil demonios para adentrarse en los Grandes Bancos con cualquier barco, y hacerlo con una doris era una completa locura. Mientras halaban las redes cogieron una ola de costado, y los dos cayeron al agua. Devine subió gateando al barco, pero Lee, arrastrado por el peso de sus botas y de la ropa invernal, comenzó a hundirse. Se encontraba ya a varios metros bajo el agua cuando su mano se topó con la red de arrastre que lo llevó a la superficie. Empezó a subir.

Mientras ascendía se le enganchó la mano derecha en un anzuelo. Dio un tirón y se dejó parte de un dedo en el alambre de espinas, como un arenque que hubiera servido de cebo, y siguió subiendo hacia arriba, en dirección a la luz. Finalmente llegó a la superficie y se encaramó como pudo a la doris. Estaba casi inundada, y Devine, que había estado achicando como un loco, no pudo ayudarle. Lee se desmayó del dolor, y cuando volvió en sí cogió un cubo y también se puso a achicar. Tuvieron que vaciar la barca antes de que los golpeara otra ola inesperada. Veinte minutos después estaban fuera de peligro, y Devine preguntó a Lee si quería regresar a la goleta. Lee negó con la cabeza y le dijo que debían terminar de halar las redes. Durante una hora estuvo sacando los aparejos del agua con la mano destrozada. Aquellos fueron los días de gloria de la pesca en barca.

Sin embargo, hubo peores muertes que la que casi se llevó a Lee. En los Grandes Bancos la corriente cálida del golfo se encuentra con la de la península del Labrador, y el resultado es un muro de niebla que se levanta rápidamente sin advertencia alguna. Hubo tripulaciones que fueron sorprendidas por la niebla mientras recogían sus aparejos y que nunca más volvieron a ser vistas. En 1883 un pescador llamado Howard Blackburn –aún se le considera un héroe local, la respuesta de Gloucester a Paul Bunyan– perdió su barco y sobrevivió tres días en el mar durante una tempestad en el mes de enero. Su compañero murió de insolación, y Blackburn no dejó de remar hasta llegar a Terranova. Se le congelaron los dedos y los perdió. Desembarcó en una zona desierta de la costa, y vagó durante varios días antes de que lo rescataran.

Cada año traía una historia de supervivencia casi tan terrorífica como la de Blackburn. Un año antes dos hombres habían sido recogidos por un mercante suramericano después de ocho días a la deriva. Terminaron en Pernambuco, Brasil, y tardaron dos meses en volver a Gloucester. De vez en cuando las tripulaciones de barcas eran arrastradas por todo el Atlántico, a la deriva y sin esperanza, a merced de los vientos alisios y alimentándose de pescado crudo y de rocío. Estos hombres no tenían modo de comunicar a sus familias que habían llegado a tierra; regresaban a casa en barco, y meses más tarde aparecían por la calle Rogers como el que regresa de la muerte.

Para los que se quedaban en casa la pesca en doris se convirtió en un infierno aún peor. Ya no era sólo el dolor de perder a los hombres en el mar; ahora era además la agonía del no saber. Las tripulaciones de barcas desaparecidas podían aparecer en cualquier momento, así que las familias nunca veían llegar la hora de llorar a sus muertos de una vez y seguir viviendo. «Vimos a un padre ir mañana y noche a la cima de la colina que dominaba el océano», contaba el *Provincetown Advocate* tras una terrible tempestad en 1841. «Se sentaba allí durante horas, escudriñando la línea del horizonte... buscando un punto sobre el que mantener su esperanza.»

Y rezaban, subían por la calle Prospect hasta lo alto de una cuesta empinada llamada Portagee Hill y se quedaban bajo los dos campanarios de la Iglesia de Nuestra Señora del Buen Viaje. Los dos campanarios están situados en uno de los puntos más elevados de Gloucester, y desde allí puede verse llegar a los barcos a kilómetros de distancia. Entre las dos torres hay una escultura de una Virgen María de mirada cariñosa y solícita que tiene algo entre las manos; es la Virgen a la que se encomiendan los pescadores del lugar. No es el niño Jesús lo que tiene entre sus brazos, es una goleta de Gloucester.

Cuando Mary Anne se marcha de la Green Tavern, Chris y Bobby terminan sus cervezas y le dicen a Bugsy que van a dar una vuelta. Abandonan la oscuridad del bar y salen a la luz suave y gris de un Gloucester lluvioso, y cruzan la calle en dirección a Bill's. Bobby pide un par de Budweiser mientras Chris busca diez centavos en su bolsillo para llamar a su amiga Thea. Chris y Thea vivían en un barrio de viviendas propiedad del gobierno, y Chris quería que Thea le prestara el apartamento para poder despedirse de Bobby en condiciones. Quiere estar a solas con él, y, si puede, echar una mano a Bugsy para que salga. Tal vez Thea se fije en él, en unas pocas horas se va a los Grandes Bancos, pero nunca se sabe.

Thea dice que no hay problema, y Chris cuelga y vuelve al bar. La resaca de Bobby ha dado paso a un gran vacío en el estómago, terminan las cervezas, dejan un dólar en la barra y salen. Cogen el coche y se dirigen a una cafetería llamada Sammy J's y piden dos cervezas más, pastel de pescado y judías pintas. El pastel de pescado es el plato favorito de Bobby, y es seguro que no volverá a tomarlo hasta que regrese. Lo último que un pescador quiere comer mientras está en el mar es pescado. Comen rápidamente, recogen a Bugsy y luego van a casa de Ethel. Chris ha tenido un encontronazo con el novio de Ethel, así que va a llevarse todo lo que ha estado guardado allí. Aún llueve un poco, todo parece oscuro y agobiante; bajan con sus cosas metidas en cajas y las meten en el volvo. Llenan tanto el coche de lámparas y plantas que apenas queda espacio para ellos, y se dirigen a los bloques de la calle Arthur.

Resulta que a Thea no le interesa Bugsy; ya tiene novio. Los cuatro se sientan a la mesa y charlan y beben un rato; luego los hombres hacen un terrible descubrimiento: han olvidado los perritos calientes. Murph, que es el encargado de comprar la comida para el viaje, no piensa ir a por los perritos, así que si los quieren tendrán que ir a comprarlos ellos. Van con el coche hasta el mercado de cabo Ann, Bobby y Bugsy entran a toda prisa en la tienda y pocos minutos después salen con cincuenta dólares de perritos calientes. Ya es media tarde, van a cerrar, se acerca el momento de irse. Chris baja por la calle Rogers, pasa por delante de Walgreen's y Americold and Gorton's y tuerce a la altura del aparcamiento de gravilla que está detrás del muelle de Rose. Bobby y Bugsy salen con sus perritos calientes y saltan del embarcadero a la cubierta del *Andrea Gail*.

Mientras observa a los hombres dar vueltas por el barco, Chris piensa: este invierno Bobby estará en Bradenton, en verano habrá vuelto, pero luego volverá a marcharse un mes entero; esto es lo que hay. Bobby es pescador y tiene muchas deudas. Aunque al menos tienen un plan. Bobby firmó una declaración conforme a la cual Bob Brown debía entregar a Chris los honorarios del último viaje de Bob, y con ese dinero –casi tres mil dólares– Chris iba a liquidar algunas deudas de Bob y a comprar un apartamento en Lanesville, en la zona norte del cabo Ann. Tal vez viviendo allí pasarían menos tiempo en el Nest. Y ella tiene dos trabajos en perspectiva, uno en la Old Farm Inn, en Rockport; otro para cuidar al hijo de un amigo. Se las arreglarán. Cierto que Bobby pasará mucho tiempo fuera, pero saldrán adelante.

De repente se escuchan unos gritos. Llueve, y Bugsy y Bobby están frente a frente en el embarcadero, lanzándose el uno al otro una botella de lejía. Pasan a las manos y la botella va de un lado para otro, y parece que en cualquier momento van a empezar a pegarse puñetazos, pero no. Al final Bobby se aparta renegando y vuelve al trabajo. Chris ve llegar por el rabillo del ojo a otro pescador llamado Sully que ataja por el aparcamiento y se dirige a su coche. Se acerca y mira por la ventana.

Tengo plaza en el barco, dice, voy a sustituir a uno que se ha echado atrás. Mira a Bobby y a Bugsy. ¿Será posible? ¿Tenemos treinta días por delante y empezamos así?

El *Andrea Gail* es lo que en el lenguaje técnico se conoce por un barco de pesca de pez espada de roda inclinada y aparejo armado en ángulo. Esto quiere decir que el extremo de su proa forma un ángulo muy pronunciado, que tiene un corte transversal casi cuadrado y el puente de mando está situado más bien en la parte delantera que en la popa, encima de una cubierta más elevada llamada espardel. Mide casi 22 metros de eslora, su casco está formado por planchas de acero soldadas que forman una sola pieza, y fue construido en Panama City, Florida, en 1978. Tiene una potencia de 365 caballos, un motor diesel turbopropulsado que puede alcanzar velocidades de hasta 12 nudos. A bordo hay siete chalecos salvavidas de primera, seis trajes de supervivencia, un radiofaro indicador de posición de emergencia (EPIRB) de 406 megahercios, un EPIRB de 121,5 megahercios y una balsa salvavidas autoinflable. Tiene un cabo de un solo filamento de 64 kilómetros de longitud y 317 kilos de peso, miles de anzuelos y espacio para cinco toneladas de peces para cebo. En la cubierta del espardel hay una máquina que puede fabricar tres toneladas de hielo al día, y en la cabina del piloto se encuentra el sofisticado material electrónico: radar, loran, banda lateral única, VHF, un receptor para el satélite meteorológico. Hay una lavadora secadora, y la cocina está chapeada con listones que imitan la madera y tiene una cocina de cuatro quemadores.

El *Andrea Gail* es uno de los barcos del puerto de Gloucester que gana más dinero, y Billy Tyne y Bugsy Moran han hecho de un tirón el viaje desde Florida para conseguir un puesto en él. El único barco de pesca de pez espada capaz de hacer sombra al *Andrea Gil* es el *Hannah Boden,* capitaneado por una alumna titulada del Colby College llamada Linda Greenlaw. Greenlaw no es sólo una de las pocas mujeres que están en este negocio; también es, y sin discusión, una de las mejores capitanas de toda la costa Este. Año tras año, un viaje tras otro, gana casi más dinero que ninguno. Tanto el *Andrea Gail* como el *Hannah Boden* pertenecen a Bob Brown, y ambos capturan tanta cantidad de pescado que Ricky, el hijo de Ethel, ha llegado a llamar desde Hawai para enterarse de si cualquiera de los dos estaba anclado en el puerto. Cuando el *Hannah Boden* descarga su captura en Gloucester, los precios del pez espada caen hasta la mitad en todo el mundo.

Pero lo cierto es que, hasta el momento, el segundo viaje de Billy a bordo del *Andrea Gail* no ha empezado con muy buen pie. Los chicos llevan toda la semana bebiendo mucho, y todos están de un humor terrible. Nadie quiere volver a embarcar. Todos los intentos de hacer cualquier trabajo en el barco durante los últimos días se han zanjado bien con una discusión o con unas cervezas en el bar de enfrente. Estamos a 20 de septiembre, una fecha tardía para zarpar, lo que plantea problemas a Tyne a la hora de completar la tripulación. Alfred Pierre, un jamaicano inmenso y amable de Nueva York, está escondido con su novia en una de las habitaciones del Nest. Primero dice que va, y al minuto siguiente dice que no, y así lleva todo el día. Bobby está en algún lugar al otro extremo de la ciudad con resaca y un ojo morado. Bugsy está de un humor pésimo porque no ha podido estar con ninguna chica. Murph se queja por el dinero y echa de menos a su hijo, y para colmo esta mañana desaparece un nuevo miembro de la tripulación sin dar explicaciones.

El tipo se llamaba Adam Randall, y era el que iba a reemplazar a Doug Kosco, que había sido miembro de la tripulación en el viaje anterior. Randall había llegado esa mañana de East Bridgewater, Massachusetts, con su suegro para incorporarse al trabajo. Dejó el coche en el aparcamiento de tierra que está detrás del muelle de Rose y se dispuso a buscar el barco. Randall era un hombre ágil y extremadamente atractivo de treinta años, pelo rubio y revuelto cortado al estilo de una estrella del rock y ojos azul oscuro. Era soldador, ingeniero, buzo con escafandra y había pescado durante toda su vida. Reconocía un barco inseguro, inestable al primer golpe de vista –los llamaba «bañeras»–, pero el *Andrea Gail* era todo menos eso. Parecía capaz de llevar un portaaviones en su parte más ancha. Además, conocía a la mayoría de la tripulación, y su novia le había dicho que no se molestara en volver a casa si no aceptaba el trabajo. Llevaba tres meses sin trabajar. Volvió al aparcamiento, le dijo a su suegro que tenía un mal presentimiento y los dos se alejaron y se metieron en un bar.

Los que se juegan la vida desempeñando su profesión suelen tener premoniciones, y en la pesca comercial, que sigue siendo uno de los oficios más peligrosos del país, los presentimientos son muy habituales. La gracia está en saber cuándo escucharlos. En 1871 un cocinero de nombre James Nelson se embarcó en la goleta *Sachem* para hacer un viaje de un mes al banco Georges. Una noche se despertó inquieto por un sueño recurrente y corrió a popa a contárselo al capitán. Por el amor de Dios, alejémonos de los bancos, le suplicó, he vuelto a tener el mismo sueño. He naufragado dos veces después de soñar eso.

El capitán, un viejo lobo de mar llamado Wenzell, pidió al

cocinero que le contara el sueño. Veo a unas mujeres vestidas de blanco que están bajo la lluvia, le contó Nelson.

No soplaba una brizna de aire, así que Wenzell no hizo mucho caso y le dijo a Nelson que volviera a la cama. Poco después se levantó una ligera brisa. En una hora comenzó a soplar con fuerza y el *Sachem* comenzó a ladearse y casi se le desprendió el trinquete. Se abrió un boquete en el casco y la tripulación comenzó a achicar, pero la vía de agua era tan grande que Wenzell, desesperado, hizo señales a una goleta cercana de Gloucester, la *Pescador.* La *Pescador* acudió con sus doris y consiguió salvar a la tripulación del *Sachem.* Media hora más tarde el *Sachem* volcó, hundió su proa en el mar y desapareció.

Aun hoy se sigue escuchando al instinto y se sigue haciendo caso a los temores. Con el abandono de Randall, Tyne tenía otra plaza que cubrir. Estuvo buscando hasta que por fin dio con David Sullivan, un joven de veintiocho años. Sully, como le llamaban, era relativamente conocido en la ciudad porque había salvado a toda su tripulación en una noche glacial de enero. Su barco, el *Harmony,* que estaba atado a otra embarcación, empezó a hacer aguas. La tripulación gritaba pidiendo ayuda, pero los del otro barco, que estaban durmiendo, no los oían, así que Sully saltó por la borda y cruzó avanzando por la cuerda, con las piernas sumergidas en el gélido Atlántico Norte. En otras palabras, era una suerte que Sullivan estuviese a bordo.

Tyne le dijo que pasaría a recogerle en media hora. Sully hizo el equipaje y realizó unas cuantas llamadas para decir que estaría fuera una temporada. Sus planes de esa noche habían cambiado de repente; su vida estaría en suspenso durante un mes. Billy apareció a eso de las dos, y ambos llegaron al muelle de Rose con tiempo para ver discutir a Bobby y a Bugsy. Estupendo, pensó Sully. Se detuvo a saludar a Chris, y luego Billy le mandó al mercado de cabo Ann para comprar la comida del viaje. Murph le acompañó. Llevaba en el bolsillo un fajo de cuatro mil dólares.

En el mundo de la pesca comercial todo parece ser muy radical. Los pescadores no trabajan en el sentido convencional de la palabra, están un mes en el mar y se pasan una semana entera celebrando su vuelta. No ganan la misma clase de dinero que gana la mayoría de la gente. Regresan bien arruinados o con la bodega llena de pescado por valor de un cuarto de millón de dólares. Y la compra del mes no es lo que cualquiera de nosotros llamaría hacer la compra; es una catástrofe de proporciones bíblicas.

Murph y Sully llegan al mercado por la carretera 127, y una vez allí comienzan a deambular por los pasillos metiendo montones de comida en los carros. Cogen cincuenta barras de pan que llenan dos carros; cuarenta y cinco kilos de patatas, trece de cebollas, noventa y cuatro litros de leche y bandejas de filetes de carne de ochenta dólares. Cuando llenan un carro lo llevan al fondo del supermercado y cogen otro. El número de carros no para de crecer –diez, quince, veinte– la gente los observa nerviosa y se aparta. Murph y Sully cogen todo lo que les apetece y en gran cantidad: sandwiches de helado, magdalenas, huevos, panceta, mantequilla de cacahuete, solomillos, cereales chocolateados, espaguetis, lasaña, pizza congelada. Compran comida de primera calidad, salvo pescado. Por último, compran treinta cartones de cigarrillos, suficientes para llenar un carro entero, y agrupan a su rebaño de acero inoxidable. Abren dos cajas especialmente para ellos, y tardan media hora en marcarlo todo. El total casi deja limpio a Sully, que paga mientras Murph da marcha atrás con la camioneta hasta la zona de carga y descarga, apilan la compra y regresan al muelle de Rose. Bolsa a bolsa, van metiéndolo todo en la bodega del *Andrea Gail.*

El *Andrea Gail* tiene un pequeño congelador en la cocina y veinte toneladas de hielo en la bodega. El hielo conserva el cebo y los alimentos en el viaje de ida y el pez espada en el viaje de vuelta (en caso de necesidad incluso podría servir para conservar el cuerpo muerto de un miembro de la tripulación: hubo una ocasión en que un pescador viejo y desesperadamente alcohólico murió a bordo del *Hannah Boden,* y Linda Greenlaw tuvo que meterle allí porque el guardacostas se negó a trasladarle en avión). El hecho es que la pesca comercial no sería posible sin el hielo. Tal vez tampoco sin los motores diesel, sin el loran, los faxes del parte meteorológico o el chigre hidráulico, pero sin hielo, desde luego que no. Sencillamente, no hay otro modo de que el pescado llegue fresco al mercado. Los pescadores de los Grandes Bancos de antaño solían recalar en Terranova para salar su captura antes de llevarla a casa. De repente el pescado podía trasladarse sin el riesgo de que se estropeara, y las compañías frigoríficas se adaptaron al nuevo mercado prácticamente de la noche a la mañana. En invierno cortaban bloques de hielo de los estanques, los conservaban en serrín y en verano se los vendían a las goletas. Si estaba bien empaquetado, el hielo duraba tanto tiempo, y era tan valioso, que los mercantes podían llegar hasta la India y aun obtener beneficios.

La venta de pescado fresco cambió la pesca para siempre. Se acabó para los capitanes de las goletas eso de volver a casa sin prisas con la bodega llena de bacalao salado. Ahora había que correr. Varias goletas cargadas que llegaran a puerto a la vez podían saturar el mercado y echar por tierra los esfuerzos de los siguientes. En la década de 1890 una goleta tuvo que deshacerse de doscientas toneladas de halibut en el puerto de Gloucester porque se le habían adelantado otros seis navíos. Las goletas sobrecargadas construidas como balandros de carreras corrían de vuelta a casa entre las tempestades otoñales con todo el velamen desplegado y la cubierta prácticamente inundada. El mal tiempo acabó con docenas de estas elegantes embarcaciones, pero muchos se hicieron de oro, y en ciudades como Boston y Nueva York la gente ahora podía comer bacalao fresco del Atlántico.

Las cosas han cambiado poco desde entonces. Los barcos de pesca siguen corriendo tan enloquecidamente como hace 150 años, y los barcos pequeños –los que no tienen máquinas de hielo– se lo siguen comprando a granel a la compañía Cape Pond Ice, situada en un edificio bajo de ladrillo entre Felicia Oil y Parisi Seafoods. En años pasados, Cape Pond solía contratar a hombres que cortaran en bloques las aguas heladas de los estanques de la zona con enormes sierras y los embadurnaran de serrín, pero ahora el hielo se hace en hileras de bloques de 160 kilos llamados «latas». Las latas son la versión corregida y aumentada de las bandejas de hielo de los frigoríficos domésticos. Sacan los bloques de los congeladores del suelo, los trasladan deslizándolos hasta los ascensores, que los suben hasta la tercera planta, y luego unos hombres con unos enormes garfios de acero los arrastran por un pasillo. Trabajan en el interior de un frigorífico tan grande como una casa, y llevan unas camisetas en las que se puede leer «Cape Pond Ice, los más frescos del barrio». Arrastran los bloques por una rampa directamente hasta una picadora de acero, donde, entre terribles crujidos, los 160 kilos quedan reducidos a polvo; finalmente, lo meten con una manguera en la bodega de los barcos.

Cape Pond es uno más de los cientos de negocios que compiten en el puerto de Gloucester. Los barcos llegan al puerto, se deshacen de su carga y se pasan la semana siguiente reparando la maquinaria y los aparejos para el próximo viaje. Una ola de buen tamaño puede sepultar bajo el agua a un barco de pesca de pez espada durante unos pocos segundos –una experiencia que Linda Greenlaw llama «bajar a un lugar muy oscuro»–, y reparar los efectos de una paliza semejante puede costar días, incluso semanas (en una ocasión un barco llegó *retorcido* al puerto). La mayoría de los barcos se reparan en Gloucester Marine Railways, un varadero que lleva en funcionamiento desde 1856. Está formado por un voluminoso armazón de madera que arrastra unos rodillos de acero a lo largo de dos rieles situados al borde del agua. Una cadena de doble tracción de 2,5 centímetros prendida a una serie de enormes motores de reducción de acero saca del mar, amarra y calza barcos de seiscientas toneladas. Esta maquinaria funciona desde hace cien años, y no ha necesitado un solo arreglo desde entonces. En total hay tres varaderos, uno en el Inner Harbor y dos más allá, en el Rocky Neck. El varadero del puerto es el más modesto de los tres, y está rematado por un pequeño basamento desde el que se elevan dos arcos de herradura de inspiración árabe. Los otros dos varaderos están situados en medio del centro comercial de Rocky Neck. Los turistas vagan alegremente por entre toda esa maquinaria que podría arrancar de cuajo los cimientos de sus residencias veraniegas.

El *Andrea Gail* ha pasado por el Gloucester Marine Railways, pero la puesta a punto más importante se la hicieron en San Augustine, Florida, en 1987. Allí se le añadió casi un metro a la popa para colocar dos depósitos de combustible con capacidad para más de siete mil litros; la cubierta del espardel se amplió tres metros hacia la popa, y se levantó una borda de acero de cinco metros y medio. Además, se almacenaron en el espardel veintiocho barriles de combustible, siete de agua y la máquina de hielo.

En total se le añadieron unas diez toneladas entre el acero, el combustible y la maquinaria. La altura de la cubierta había aumentado unos dos metros y medio y tal vez dos veces esa altura sobre la línea de flotación. El centro de gravedad del barco se había desplazado un poco. Ahora el *Andrea Gail* navegaría más sumergido, y tendría menos capacidad para rehacerse de los embates de las olas.

Con todos estos arreglos el barco podría permanecer en el mar seis semanas seguidas; eso era lo más importante, y ningún miembro de la tripulación tenía razones para oponerse a ello.

EL DESIERTO

«Embarcarse es como ir a la cárcel,
y disponer además de la oportunidad de morir ahogado.»

Samuel Johnson

El *Andrea Gail* está listo a media tarde. Se han estibado la comida y el cebo, los depósitos de combustible y agua están llenos hasta arriba; en el espardel se han almacenado los barriles de reserva de agua y combustible, el aparejo está en orden y las máquinas están a punto. Lo único que queda por hacer es marcharse. Bobby salta del barco sin decir una palabra a Bugsy –siguen enfadados por la discusión anterior– y cruza el aparcamiento hacia el volvo de Chris. Cruzan la ciudad en dirección a casa de Thea y suben a toda prisa por la escalera de la entrada bajo la lluvia cálida y leve. Thea escucha sus pisadas en el porche, les invita a entrar y, a la señal que le hace Chris con la mirada, dice lo convenido, tengo que hacer algunos recados. Poneos cómodos.

Chris y Bobby entran a oscuras en el dormitorio tirando el uno del otro y se tumban en la cama. Fuera sigue lloviznando. Chris y Bobby no ven el océano, pero lo huelen, un sabor húmedo a sal y a alga que impregna toda la península y la convierte en una prolongación del mar. Los días de lluvia no hay forma de librarse de este olor, lo respiras dondequiera que vayas, y éste es uno de esos días. Chris y Bobby están tumbados en la cama de Thea, charlando y fumando, tratando de olvidar que hoy es su último día; una hora después suena el teléfono y Bobby lo coge de un salto. Es Sully que llama desde el Crow's Nest. Son las cinco, dice, hora de irse. Llegan al Nest de un humor sombrío. Alfred Pierre sigue encerrado arriba con su novia y no saldrá. Billy Tyne llega después de haber hablado dos horas por teléfono con Jodi, su ex mujer. Murph está allí con una montaña de juguetes sobre la mesa de billar, metiéndolos en una caja de cartón. Ethel grita desde la cocina: que si los problemas económicos de Bobby, que si el ojo morado, que si un mes fuera. Los Grandes Bancos en el mes de octubre no son cosa para tomarse a broma, y todos lo saben. En estos momentos no habrá en la zona ni media docena de los barcos de toda la flota de la costa Este.

Alfred Pierre baja por fin y avanza furtivamente por el bar. Es un hombretón tímido no muy conocido en la ciudad, aunque parece caer bien a todos. Su novia ha venido desde Maine a despedirle y no lo está llevando bien, tiene los ojos enrojecidos y se agarra a él como si con ello pudiera evitar que embarcara. Murph termina de envolver su paquete y le pide a Chris que le acompañe a hacer un recado. Quiere recoger unos vídeos. Sully habla con Bugsy en una esquina, y todos felicitan a Rusty, el hijo mayor de Ethel, que se casa la semana que viene. Para entonces la mayoría de los presentes estarán a miles de kilómetros de aquí, en medio del Atlántico Norte.

Chris y Murph vuelven diez minutos después con una caja de cartón atestada de películas. Hay un vídeo en el *Andrea Gail,* y un conocido de otra tripulación le ha pasado las cintas a Murph. Alfred aprieta en su manaza una botella de cerveza y sigue refunfuñando porque no quiere ir. Sully opina lo mismo. Junto a la mesa de billar, y con el impermeable amarillo puesto, le dice a Bugsy que tiene un mal presentimiento. Es por el dinero, dice; si no lo necesitara, ni se me ocurriría.

Bueno, chicos, dice Billy. La última. Todos beben de un trago la última cerveza. Una más, dice una voz, y todos beben una más. Bobby toma un tequila. Está de pie junto a Chris, mirando al suelo, ella le tiene cogida la mano, y ninguno de los dos dice gran cosa. Sully se acerca y pregunta si todo irá bien. Chris dice que claro, que todo irá bien, y luego dice: la verdad es que no estoy segura. La verdad es que no, creo que no.

Seis hombres se van durante un mes y parece que las cosas estuvieran tomando un rumbo nuevo y vacío que no les permitirá volver atrás. Ethel, que trata de mantener el tipo, va de un sitio a otro abrazando a todos. A todos menos a Alfred, porque no le conoce lo bastante. Bobby le pregunta a su madre si se pueden llevar el televisor en color del bar. Sí si a Billy le parece bien, le responde.

Billy levanta la vista. Ethel, se llevan la televisión, pero como se pongan a verla en vez de trabajar, la tiro por la borda.

Vale, Billy, de acuerdo, dice Ethel.

La novia de Billy mira el ojo a la funerala de Bobby bajo la visera de su gorra de Budweiser y luego mira a Chris. Ella es de la vieja escuela, de las que no pegan a sus hombres.

Sois chicarronas del norte, dice.

No quise hacerlo, dice Chris. Fue un error.

Ya es muy tarde para echarse atrás. No en el sentido literal –cualquiera de ellos está a tiempo de salir corriendo–, sino en el de que la gente no se comporta así. En general suelen hacer lo que otros esperan que hagan. Si alguno de la tripulación se echara ahora atrás, estaría deambulando durante un mes y luego asistiría a una fiesta de bienvenida o a un funeral. Y a su modo, ambas cosas serían terribles. Media tripulación recela de este viaje, pero van a ir en cualquier caso; han cruzado una línea invisible, y en este momento ni siquiera los más oscuros presentimientos podrán salvarlos. Tyne, Pierre, Sullivan, Moran, Murphy y Shatford se van a los Grandes Bancos a bordo del *Andrea Gail*.

Venga, dice Billy. Vámonos.

Todos salen en fila y dejan atrás la gran puerta de madera. Ha dejado de llover, y hasta pueden verse algunos claros allá por el oeste. El cielo tiene la palidez azul de los últimos días del verano. Chris y Bobby se meten en el volvo, Alfred y su novia en el suyo y el resto va a pie. Se internan en el denso tráfico de los viernes por la tarde de la calle Rogers, y luego atajan por la puerta de la valla. Detrás del Rose hay unos tanques de combustible sobre unos andamios de hierro, y unos barcos pequeños cubiertos con lonas alquitranadas y un cartel luminoso que dice «Reparaciones Carter». Uno de los depósitos de combustible tiene pintadas dos ballenas jorobadas. Chris adelanta al grupo, avanza por la gravilla que cruje bajo las ruedas y llega a una señal de stop justo delante del *Andrea Gail*. El barco está amarrado en una parte del muelle que está detrás de Old Port Seafoods, junto a la barca de los servicios contra incendios y a un surtidor de combustible.

No quiero hacerlo, le dice. De verdad que no.

Chris está agarrada a él en el asiento delantero de su volvo y todo lo que tiene está en la parte de atrás. Entonces no vayas, a la mierda con ello. No te vayas.

Tengo que ir. Por el dinero. Tengo que hacerlo.

Billy Tyne se acerca y mira por la ventanilla. ¿Todo bien?, pregunta. Chris asiente con la cabeza. Bobby hace esfuerzos por reprimir las lágrimas y mira hacia otro lado para que Billy no le vea. Bueno, dice Billy, te veré a la vuelta, Chris. Camina hacia el barco y salta a la cubierta. Llega Sully. Conoce a Bobby de toda la vida –si no es por Bobby tal vez ni siquiera hubiese aceptado embarcarse–, y le preocupa su amigo. Está preocupado porque por alguna razón Bobby va a lamentarlo, porque este viaje es un gran error. ¿Estáis bien?, pregunta. ¿Seguro?

Sí, todo va bien, dice Chris. Déjanos un minuto.

Sully sonríe, da un golpe al techo del automóvil y se aleja. Bugsy y Murph no tienen a nadie con quien entretenerse, así que no pierden tiempo en subir al barco. Sólo quedan las dos parejas de los coches. Alfred se separa de su novia, sale del coche y se dirige al muelle. Su novia mira en derredor y reconoce a Chris en el volvo. Desliza dos dedos por sus mejillas –«Sí, yo también estoy triste»– y se queda allí sentada, las lágrimas mojando su rostro. Ya no hay nada que esperar, nada más que decir. Bobby trata de dominarse pensando en los que están en el barco, pero Chris no.

Tengo que irme.

Sí.

Christina, te querré siempre.

Le sonríe entre lágrimas. Sí, lo sé, le responde.

Bobby la besa y sale del coche sin soltar su mano. Cierra la puerta, le sonríe por última vez y comienza a andar hacia la gravilla. Chris recuerda que no se volvió ni una sola vez, y que ocultó su cara todo el tiempo.

Los europeos comenzaron a pescar en el Nuevo Mundo casi nada más descubrirlo. Doce años después de que llegara Cristóbal Colón, un francés llamado Jean Denys cruzó el Atlántico, llegó hasta los Grandes Bancos, en las aguas de Terranova, y regresó con las bodegas llenas de bacalao. En pocos años había tantos barcos portugueses pescando en los bancos que su rey tuvo que gravar el pescado importado para proteger el de su país. Se decía que había tanto bacalao en Terranova que los barcos apenas podían surcar las aguas.

El dicho era un poco exagerado, pero lo cierto es que el viaje a través del Atlántico estaba justificado. Además, el bacalao era muy fácil de transportar: la tripulación lo salaba a bordo, lo secaba cuando volvía a casa y lo vendía por cientos y por miles. Otro procedimiento era llegar al lugar con dos tripulaciones, una que pescara y otra que se ocupara de la captura en tierra. Partían el pescado por la mitad y luego lo ponían en unos cañizos para que se secara durante el verano al aire de Terranova. En cualquiera de los casos, el resultado era un gran filete de proteína tan delicado como la suela de un zapato que recuperaba su agradable sabor después de unas horas en remojo. Los barcos europeos no tardaron mucho en lanzarse a las aguas del Atlántico Norte para enriquecerse con este comercio tan lucrativo como peligroso.

Durante los primeros cincuenta años las potencias europeas se conformaron con pescar en las aguas de Terranova, sin acercarse a sus costas, que les parecían escarpadas e inhóspitas, el lugar adecuado para encallar. Más tarde, en 1598, un aristócrata francés llamado Troïlus de Mesgouez sacó a sesenta presidiarios de las cárceles de Francia y los abandonó en una isla desolada y yerma llamada isla Sable, al sur de Nueva Escocia. Abandonados a su suerte, los hombres sobrevivieron cazando animales salvajes, construyeron cabañas con los restos de barcos naufragados, extrajeron aceite del pescado y fueron acabando paulatinamente los unos con los otros. En 1603 sólo quedaban once, unos desgraciados que fueron llevados de nuevo a Francia para presentarse ante el rey Enrique IV. Iban vestidos con pieles de animales y la barba les llegaba hasta el pecho. El rey no sólo les perdonó sus crímenes, sino que les recompensó para resarcirles de sus sufrimientos.

Fue más o menos por aquella época cuando los europeos avistaron cabo Ann por primera vez. En 1605 el famoso explorador francés Samuel de Champlain se abría camino hacia el sur desde la bahía Casco, en Maine, cuando dobló los arrecifes de Thatcher's, Milk y las islas de la Sal y fondeó en una playa de arena. Los nativos le dibujaron un mapa de la zona meridional de la costa y Champlain siguió explorando el resto de Nueva Inglaterra antes de volver a cabo Ann al año siguiente. Estaba entonces tratando desesperadamente de llegar a tierra en medio de un fuerte temporal cuando descubrió un refugio en un puerto natural en el que no había reparado en su anterior viaje. Fue agasajado por una comitiva de indios wampanoag –algunos de los cuales llevaban ropas viejas de los portugueses con los que habían comerciado cien años antes–, que más tarde lanzaron un ataque sorpresa desde los bosques de Rocky Neck. Los franceses consiguieron rechazar este ataque, y, el último día de septiembre, en 1606, Champlain se hizo de nuevo a la mar ante los indios, que le despedían desde una costa de robles y arces matizados por los colores del otoño. Bautizó el lugar con el nombre de «Beauport», Puerto Bueno (Good Harbor), por sus calas protegidas y sus grandes bancos de marisco. Diecisiete años después, un grupo de ingleses llegó a Beauport, y viendo que había bacalao en abundancia, echó el ancla. Corría el año 1623.

El viaje fue financiado por la compañía Dorchester, un grupo de inversores de Londres interesado en explotar las riquezas del Nuevo Mundo. Pensaban instalar una colonia en cabo Ann y utilizarla de plataforma de una flota de barcos que pescara durante toda la primavera y el verano y regresara a Europa en otoño. La tripulación de tierra debía encargarse de construir una colonia habitable y secar la carga a medida que llegara. Desgraciadamente, la suerte se negó desde el principio a sonreír a los hombres de la Dorchester. El primer verano capturaron una cantidad inmensa de pescado, pero con ello cayó el precio del bacalao en el mercado, y apenas pudieron cubrir gastos. Al año siguiente se recuperaron los precios, pero ellos apenas pescaron; el tercer año unas tremendas tormentas destrozaron los barcos, con lo que tuvieron que regresar a Inglaterra. La compañía tuvo que liquidar sus bienes y mandar a casa a sus hombres.

Pero hubo algunos colonos que no quisieron marcharse, y, uniendo sus fuerzas a las de un grupo de disidentes de la tiránica colonia del Plymouth, constituyeron el germen de una nueva colonia en Gloucester. En aquella época Nueva Inglaterra era una tierra implacable, lugar de supervivencia sólo apto para desesperados y hombres deseosos de echar raíces, y en Gloucester abundaron más aquéllos que estos últimos. Su más eminente ciudadano fue el reverendo John Lyford, cuyas hazañas fueron tan poco cristianas –criticaba a la Iglesia y se propasó con una sirvienta de la ciudad– como poco merecedoras de figurar en los anales de la historia local; otro fue «un aventurero descarriado» llamado Fells que salió de Plymouth huyendo del látigo de las autoridades. Su delito había sido mantener «relaciones no sancionadas» con una joven.

Gloucester era el lugar perfecto para dos balas perdidas como Lyford y Fells. Era un lugar pobre y alejado de todo, así que a los puritanos no les preocupaba en exceso lo que ocurría por allí. Tras un breve período de abandono, la ciudad volvió a poblarse en 1631, y casi inmediatamente sus habitantes comenzaron a pescar. No había donde elegir, sobre todo teniendo en cuenta que cabo Ann era pura roca, pero en cierto modo fue una bendición. Los campesinos son fáciles de controlar porque están atados a la tierra, pero con los pescadores no ocurre lo mismo. Veinte años pescando en los bancos durante tres meses son una poderosa razón para hacer caso omiso de las costumbres burguesas de la ciudad. Gloucester se creó una fama de tolerante, cuando no de absoluta libertina, que atrajo a las gentes de toda la bahía de la Colonia, y la ciudad comenzó a prosperar.

Algunas otras comunidades también tenían una buena veta de descreídos, pero generalmente los relegaban a las afueras de la ciudad (en Wellfleet, por ejemplo, reservaron una isla frente al puerto para los jóvenes de la ciudad. En poco tiempo construyeron un burdel, una taberna y un puesto de vigilancia para avistar ballenas, todo lo necesario para los pescadores jóvenes). Pero Gloucester no estaba tan bien parapetado; allí todo ocurría directamente en los muelles. Las jóvenes evitaban ciertas calles, la policía se ocupaba de buscar pescadores extraviados desde su puesto de vigía y los agricultores improvisaban pistolas con alambres en los gatillos para proteger sus manzanales. Al parecer había pescadores de Gloucester que ni siquiera respetaban el Sabbath: «Los patronos de cabo Cod enloquecían presas de un conflicto interior –relata un historiador de cabo Cod llamado Josef Berger– cuando, mientras leían las Escrituras a su tripulación, las embarcaciones ateas de Gloucester seguían llenando sus redes de caballa y bacalao.»

Si los pescadores bebían la vida a tragos era sin duda porque también se la jugaban. En los mejores momentos de la industria pesquera, Gloucester perdía cada año varios cientos de hombres en el mar, el 4 por 100 de la población de la ciudad. Desde 1650 han muerto en el mar aproximadamente diez mil pescadores de Gloucester, muchos más de los que perecieron en las dos guerras que ha sufrido el país. A veces, las tormentas de los Grandes Bancos acababan con media docena de barcos, cientos de hombres muertos de la noche a la mañana. En más de una ocasión las playas de Terranova amanecían sembradas de cadáveres.

Los Grandes Bancos eran tan peligrosos porque se encontraban en una de las peores rutas de tormentas del mundo. En torno a los Grandes Lagos o a cabo Hatteras se forman bajas presiones que llegan hasta el mar en forma de corrientes de aire, atravesando los caladeros. En los viejos tiempos los barcos no podían hacer gran cosa excepto asegurar más aún el ancla y tratar de capear el temporal. Por muy peligrosos que pudieran ser los Grandes Bancos, el banco Georges –a sólo 129 kilómetros al este de cabo Cod– era todavía peor. Algo inquietante en el banco Georges mantuvo alejados a los barcos durante trescientos años. Las corrientes formaban extraños remolinos, y se decía que la marea se retiraba con tanta rapidez que el fondo del océano quedaba al descubierto y las gaviotas podían posarse y alimentarse en él. Los hombres, que hablaban de pesadillas y extrañas visiones, tenían el desasosegante sentimiento de que espantosas fuerzas se conjuraban allí.

Por desgracia, el banco Georges también era el lugar donde había una de las mayores concentraciones de vida marina de todo el mundo, así que empezar a faenar allí fue sólo cuestión de tiempo. En 1827 un capitán de Gloucester llamado John Fletcher Wonson puso rumbo al banco Georges, lanzó una red y pescó un halibut. Aquel hombre no pudo olvidar la facilidad con la que el pez se había colado en la red, y tres años más tarde regresó al banco Georges con intención de pescar. No ocurrió nada terrible, así que pronto comenzó un ir y venir de barcos al banco. Estaba a sólo un día de viaje de Gloucester, y las supersticiones sobre el lugar comenzaron a desvanecerse. Entonces fue cuando el banco Georges se volvió mortal.

Como los caladeros eran muy pequeños y estaban próximos a la costa, en los días claros docenas de goletas fondeaban tan cerca unas de otras que podían verse. Si se veía llegar la tormenta, la flota tenía tiempo de levar anclas y adentrarse por separado en aguas más profundas; pero una tormenta repentina estrellaba unos barcos contra otros hasta que se hundían en un amasijo de palos y aparejos. Los hombres se apostaban en la proa de los barcos para cortar el cable del ancla en caso de que otro barco se les echara encima, pero en la mayoría de los casos eso significaba firmar su sentencia de muerte; las posibilidades de abandonar las aguas poco profundas eran muy remotas.

Una de las mayores catástrofes tuvo lugar en 1862, cuando una tormenta de invierno se abatió sobre setenta goletas que faenaban en un banco de bacalao muy pequeño. El cielo se cubrió en un momento, y la nieve comenzó a caer casi horizontalmente. Un pescador contó así lo que ocurrió:

> «Mis compañeros parecían no tener miedo. Estaban todos en cubierta, y el patrón mantenía una extrema vigilancia. A eso de las nueve, el capitán gritó: "¡Hay un barco a la deriva justo delante de nosotros! ¡Preparad las hachas, pero no las uséis hasta que yo os lo diga!" Todos estábamos pendientes de aquel barco abandonado a su suerte. Se acercaba, venía directamente hacia nosotros. Un minuto más y oiríamos la señal para cortar la cuerda. Pasó a nuestro lado con la velocidad del vuelo de una gaviota, tan cerca que casi pude haber alcanzado la borda de un salto. Durante un momento pudimos contemplar aquellos rostros contraídos por el terror y la desesperación; luego aquella desgracia-

da embarcación siguió veloz su camino. Chocó con otro barco de la flota a poca distancia de popa, y vimos cómo las aguas se cerraban sobre los dos barcos casi de inmediato.»

Hay pocos barcos modernos de pesca de pez espada que sigan pescando en el banco Georges; la mayoría navega hasta los Grandes Bancos. Están fuera más tiempo, pero traen más pescado, con lo que el negocio es más ventajoso. Se tarda una semana en llegar a los Grandes Bancos en un barco pesquero moderno. Pones rumbo este-noreste durante un día entero hasta que estás a mil novecientos kilómetros de Gloucester y a seiscientos de Terranova. Desde allí es más fácil llegar a las Azores que volver al Crow's Nest. Al igual que el banco Georges, los Grandes Bancos son lo bastante poco profundos como para que la luz llegue hasta el fondo. Una inyección de agua fría llamada corriente del Labrador cruza estas aguas y crea el hábitat perfecto para el plancton; los peces pequeños se agrupan para comer el plancton, y los peces grandes se agrupan para comerse los peces pequeños. He aquí la cadena alimentaria, dispuesta ante los barcos pesqueros de pez espada de veintiún metros de eslora.

El viaje de ida y de vuelta es prácticamente el único período del mes en que los pescadores pueden dormir. En el puerto están demasiado ocupados atiborrándose en cinco o seis días de la mayor cantidad posible de vida, y en los caladeros están demasiado ocupados trabajando. Trabajan veinte horas al día durante dos o tres semanas seguidas y luego se desploman en sus literas durante el largo viaje de regreso. Pero los viajes no son sólo comer y dormir. Los aparejos de pesca y los de cubierta se estropean muchísimo con el uso, por lo que hay que repararlos constantemente. La tripulación no quiere perder un día de pesca porque sus aparejos estén manga por hombro, así que los ponen a punto cuando zarpan: afilan los arpones, atan las brazoladas y las boyas, comprueban las boyas de señalización. En la línea Hague, la que marca la entrada en aguas canadienses, deben tener dispuesto su aparejo de acuerdo con las normas internacionales, con lo que apenas les queda ya otra cosa que hacer. Entonces duermen, charlan, ven la televisón y leen. Hay muchos rebotados del instituto que llegan a leerse media docena de libros en los Grandes Bancos.

A eso de las ocho o las nueve de la noche la tripulación se arremolina en la cocina y engullen cualquier cosa que haya malguisado el cocinero (Murph es el cocinero del *Andrea Gail,* trabajo por el que le pagan extra, y se queda de vigilancia mientras los demás comen). En la cena la tripulación habla de lo que hablan los hombres en todas partes: de mujeres o de la falta de mujeres, de los hijos, de deportes, de carreras de caballos, de dinero, de la falta de dinero, de trabajo. Hablan mucho de trabajo; hablan del trabajo del mismo modo en que los presidiarios hablan del tiempo. El trabajo es lo que les aleja de casa, y todos quieren volver a su hogar. Cuanto más pesquen antes se acabará el viaje, una sencilla ecuación que los convierte en biólogos marinos aficionados. Después de cenar lavan los platos por turno, y Billy sube a relevar a Murph en la cabina del timón para que baje a cenar. A nadie le gusta lavar los platos, así que suelen liberarse de su obligación a cambio de paquetes de cigarrillos. Cuanto más dura el viaje menos se va pagando por el trabajo, y hasta el pescador que gana 50.000 dólares al año acaba lavando platos por un solo cigarrillo. Al final de la travesía la cena puede ser un cuenco de cuscurros con algún aliño.

Toda la tripulación hace labores de vigilancia dos veces al día. Los turnos son de dos horas, y en ese tiempo no se hace gran cosa aparte de estar atento al radar y de vez en cuando marcar algunos números en el piloto automático. Si las máquinas están apagadas a veces el vigilante nocturno tiene que corregir la trayectoria del barco, evitando así que se aleje de su ruta. El *Andrea Gail* tiene una silla acolchada en la caseta del timón, pero lo bastante alejada de éste para que nadie pueda dormirse mientras está de vigilancia. El radar y el loran están empotrados en el techo junto con el VHF y la banda lateral única, y el vídeo y el piloto automático están en el panel de control de la derecha. Hay nueve ventanas Lexan y un foco de mango de pistola que sobresale del techo. El timón tiene el tamaño de la rueda de una bicicleta, y está colocado justo en el centro de la cabina, a la altura de la cintura. No es necesario tocar el timón a menos que deje de funcionar el piloto automático, y no hay razón para que éste deje de funcionar. El timonel comprueba de vez en cuando el estado de la sala de máquinas, pero lo normal es que se limite a observar el mar. Por muy raro que parezca, mirar al mar no cansa nunca; las olas chocan y se entrecruzan formando dibujos nuevos e irrepetibles. Pueden pasar horas sin que se sienta la necesidad de apartar la vista.

Billy Tyne ha estado en los Grandes Bancos decenas de veces, y también ha faenado en las costas de las dos Carolinas, de Florida y en las aguas más profundas del mar Caribe. Creció en la avenida Gloucester, muy cerca del cruce de la carretera 128 con el río Annisquam, y se casó con una chica que vivía a unas cuantas manzanas de allí. Billy era un caso excepcional en Gloucester, ya que nunca se había dedicado a la pesca y procedía de una familia acomodada. Llevó durante un tiempo un negocio de productos mexicanos de importación, trabajó en una bodega y vendió colchones de agua. Su hermano murió a los veintiún años al pisar una mina en la guerra de Vietnam, y tal vez por ello Billy sacó la conclusión de que la vida no podía desperdiciarse en un bar. Volvió a estudiar con el empeño de convertirse en psicólogo, y comenzó a tratar a adolescentes toxicómanos. Buscaba algo, una vida distinta, pero nada le satisfacía. Dejó los estudios y volvió a trabajar, pero para entonces ya tenía una esposa y dos hijas que mantener. Jodi, su mujer, había insistido en que probara con la pesca, porque el marido de su prima, que era pescador, ganaba un montón de dinero. Nunca se sabe, le dijo, tal vez te guste.

«Después de aquello se acabó todo», dice Jodi. «Una vez que empiezan con ello, a los hombres no les importa nada más; aman este trabajo, se apodera de ellos y ya no hay nada que hacer. Hay gente que se obsesiona con la iglesia o con Dios, y otra que lo hace con la pesca. Se mete dentro de ellos de un modo tal que no hay forma de sacársela, y si no pescan no son felices.»

A esto contribuyó, claro está, que a Billy se le diera bien. Tenía una misteriosa habilidad para pescar, un extraño sentido que le indicaba dónde escontrar la pesca. «Era curioso, parecía como si tuviera un radar –dice Jodi–, era uno de los pocos pescadores que conseguía pescar siempre que salía. Todos querían navegar con él porque siempre ganaba dinero.» Tyne hizo su primer viaje a bordo del *Andrea Gail,* y después pasó al *Linnea C.,* cuyo propietario se llamaba Warren Cannon. Tyne y Cannon se hicieron muy amigos, y durante ocho años Cannon le enseñó todo lo que sabía. Después de aquel largo aprendizaje Tyne decidió faenar por su cuenta, así que empezó con el *Haddit,* «aquella jodida botella de cloro», como la llamaba Charlie Reed (era un barco de fibra de vidrio). Para entonces Tyne estaba absolutamente enganchado. Las tensiones del trabajo habían acabado con su matrimonio, pero no quería romper. Se trasladó a Florida para estar más cerca de su ex mujer y sus hijas, y pescó más que nunca.

Erica y Billie Jo iban a Gloucester todos los veranos a visitar a sus abuelos, y Tyne hacía un hueco entre dos viajes para verlas. Seguía en contacto con Charlie Reed, y cuando Reed dejó el *Andrea Gail* sonó el nombre de Billy. Brown le ofreció el puesto de capitán del barco y un tercio del porcentaje de la tripulación. Era un buen trato; en esas condiciones un tipo como Tyne podría sacarse unos cien mil dólares al año, así que aceptó. En la misma época Reed consiguió trabajo en el *Corey Pride,* un arrastrero de acero de 27 metros. Ganaba menos dinero, pero pasaba más tiempo en casa. «Ya no podía seguir viviendo como un nómada –dice Reed–, siempre de un lado a otro, tres meses seguidos fuera de casa. Ganaba mucho dinero, pero mi vida se fue al traste. Pensaba que había hecho bastante con pagarles un colegio a mis hijos; y aunque no era cierto, yo creía que sí.»

El *Andrea Gail* navega hacia los caladeros tras de un sistema de altas presiones que viene de Canadá. Los vientos soplan del noroeste, y los cielos son de un azul intenso. Éstos son los vientos predominantes de la zona, y la razón de que la gente diga «abajo, hacia el este» para referirse al noreste de Maine. Las goletas que se dirigen hacia el este con el viento a favor pueden llegar a San John's o a Halifax en veinticuatro horas. Con un motor diesel de 365 caballos de vapor el efecto es menos perceptible, pero aun así se sigue tardando menos en ir que en volver a la costa. El 26 o 27 de septiembre Billy estaba a unos 42° norte y 49° oeste, a unos 480 kilómetros de la costa de Terranova, en una zona de los Grandes Bancos conocida como la «Cola». Las aguas territoriales canadienses, que se adentran hasta las doscientas millas, no permiten que faenen barcos extranjeros en la mayor parte de los Grandes Bancos, pero hay dos pequeños sectores que sobresalen al noreste y sureste: la Nariz y la Cola. Los barcos de pez espada navegan trazando un arco y, llegados a un punto, giran unos 50° al oeste y 44° al norte. En ese arco se encuentran las amplias y fértiles llanuras submarinas de los Grandes Bancos, a los que sólo pueden acceder los barcos canadienses y los extranjeros con permiso. Fuera de ese arco hay miles de peces espada, fáciles víctimas de un gran anzuelo de acero disfrazado de caballa.

El pez espada no es precisamente un animal amable. Avanzan por entre los bancos de peces dando salvajes cuchilladas con sus sierras, tratando de destripar la mayor cantidad posible de animales, y luego se dan el gran banquete. Los peces espada han llegado a atacar barcos, causando la muerte de muchos pescadores, y a matarlos en cubierta. El nombre científico del pez espada es *Xiphias gladius;* la primera palabra significa espada en griego, y la segunda lo mismo pero en latín. Como dice una guía, «no cabe duda de que el científico que le dio nombre quedó muy impresionado por la espada del pez».

La espada, una prolongación ósea de la mandíbula superior, es tremendamente afilada y puede alcanzar el metro y medio de longitud. Esta arma, reforzada con un peso de 225 kilos de carne brillante y musculosa, puede hacer mucho daño. Se sabe de peces espada que han atravesado cascos de barcos. Pero esto no suele ocurrir a menos que el animal haya sido pescado o arponeado; aunque en el siglo XIX un pez espada atacó un clíper sin razón aparente. El barco quedó en tan mal estado que el propietario pidió una indemnización a su compañía de seguros y el asunto terminó en los tribunales.

El pez espada de los Grandes Bancos desova en el Caribe y luego va dirigiéndose hacia el norte durante los meses de verano, en busca de las aguas frías y ricas en proteínas de Terranova. Durante el día avanzan a una profundidad de 915 metros cazando calamares, merluzas, bacalao, salpas, pejerrey, caballa, menhaden y bonito, y de noche siguen a su presa hasta la superficie. Sus crías nacen con escamas y dientes, pero sin espada, y, según dicen, con un «aire melancólico». Aunque todos los peces se alimentan de crías de pez espada, sólo el tiburón mako, el cachalote y la orca los atacan cuando han alcanzado el tamaño del adulto. El pez espada adulto se considera una de las presas más peligrosas del mundo, capaz de mantener en jaque a sus captores tres y cuatro horas seguidas y de hundir barcos con sus peleas. Para capturar el pez espada los aficionados necesitan poner cebo vivo en sus pesados anzuelos de acero, sujetos a un cable de acero o a una cadena de 225 kilos, así como un buen grupo de amigos que los ayuden a golpear el pez hasta dejarlo sin sentido. Los pescadores profesionales, que no buscan emoción en el asunto, utilizan unos métodos completamente distintos. Cuelgan miles de anzuelos con cebo a lo largo de un cabo de sesenta y cuatro kilómetros y luego se arrastran hasta la cama a tratar de dormir un poco.

Bob Brown no sabe cuándo hará Billy el primer calamento, porque Billy odia hablar con él por radio. Incluso ha llegado a dejar mensajes a Linda Greenlaw con tal de no hablar con Bob Brown, y se queda como paralizado frente a la radio. Aun así, es razonable suponer que la noche del 27 de septiembre Tyne hubiera realizado el primer calamento del viaje. Los botes con salvavidas del barco están retumbando, y dos planchas de acero llamadas estabilizadores cuelgan de unas cadenas dentro del agua para equilibrar la embarcación. El mar ya ha adquirido esa veloz oscuridad de mediados de otoño, y ha estado soplando viento del suroeste. La superficie del océano refleja las luces y sombras de los cambios de tiempo.

Poner los cebos tiene todo el encanto del trabajo por turnos de la fábrica y además es mucho más peligroso. La red se enrolla en un gran tambor situado en la cubierta del espardel, a babor. Cruza la cubierta en diagonal, pasa por una polea aérea y luego dobla directamente hacia la popa. Una anilla de acero la lleva por la barandilla hasta el mar. Ahí es donde se coloca el cebo. Hay un panel de cebo en lo alto de la barandilla de popa –que viene a ser un cajón de madera lleno de calamar y caballa– y un carrete de estiba de palangre a ambos lados. Los carretes de estiba de palangre son pequeños cilindros que van enganchados a cientos de metros de cabo que están sumergidos a siete brazas de profundidad llamados brazoladas. Cada brazolada tiene un anzuelo del número 10 en un extremo y una presilla de acero inoxidable en el otro.

El cebador pasa detrás y recoge la brazolada que le da su ayudante, que va cogiéndola del carro de estiba de palangre. El cebador ensarta un calamar o una caballa en el anzuelo, engancha la brazolada en el cabo madre de palangre y lo tira todo por la borda. El anzuelo es lo suficientemente grande como para engancharse en la mano de un hombre, y si se engancha en el cuerpo o la ropa del cebador, se lo llevará por delante. Esta es la razón por la que estos especialistas deben concentrarse tanto en su tarea; nadie toca la brazolada mientras ellos manejan los anzuelos. En el cajón del cebo hay también un cuchillo con su funda. Es de imaginar que el cebador podría agarrarlo con tiempo suficiente para cortar la red antes de caer arrastrado por la borda.

Desde que el pez espada se pesca por la noche, cada anzuelo está sujeto a una barra de luz de Cylume que ilumina el cebo. Los cylumes son tubos de plástico del tamaño de un cigarrillo que llevan en su interior productos químicos fosforescentes que se activan cuando se parten por la mitad. Cuestan un dólar cada uno, y un barco de pesca de pez espada necesita cinco mil por viaje. Los anzuelos y las linternas distan nueve metros unos de otros, pero la distancia exacta la determina la velocidad del barco. Si el capitán quiere pescar con los anzuelos más juntos, reduce la velocidad, si quiere separarlos, acelera. La velocidad normal a la que se navega para llegar a los Grandes Bancos es seis o siete nudos. A esa velocidad se tardan cuatro horas en colocar cuarenta y ocho kilómetros de cabo.

El cebador tira una boya cada tres anzuelos, que flota en la superficie y evita que el palangre se hunda. La disposición clásica suele consistir en colocar la red a cinco brazas de profundidad y los anzuelos a doce, esto es, a unos treinta metros, que es la zona, dependiendo de las corrientes y de los cambios de temperatura, donde el pez espada suele buscar alimento. Cada cuatro millas, en vez de la boya, el cebador coloca una especie de mástil de corcho y aluminio llamado reflector radar que tiene un cuadrado reflectante sensible al radar en su parte superior. Flota en la superficie del océano, y se ve con mucha claridad en la pantalla del radar. Por último, se coloca un radio transmisor cada doce kilómetros; éste tiene una larga antena que envía al barco una señal de baja frecuencia, lo que permite al capitán localizar los aparejos en el caso de que se rompan.

Un palangre lleno de cebo supone una gran cantidad de dinero, por lo que algunos capitanes han llegado a poner en peligro las vidas de su tripulación con tal de recuperarlos. Sesenta y cuatro kilómetros de cabo sencillo cuestan 1.800 dólares. Cada boya con radio faro cuesta 1.800 dólares, y en un palangre se colocan seis. Los flotadores de poliestireno cuestan seis dólares cada uno, y se colocan cada tres anzuelos, lo que suma mil. Cada anzuelo vale un dólar, las linternas fluorescentes valen otro dólar, el calamar cuesta un dólar y la brazolada dos dólares. En otras palabras, un barco de pesca de pez espada despliega cada noche veinte mil dólares en aparejo en las aguas del Atlántico Norte. Las mayores disputas suelen producirse por causa del momento apropiado para hacer el calamento, y se sabe de tripulaciones enteras que han sido arrastradas por las tormentas por culpa de un error de cálculo de su capitán.

La operación de colocar los cebos suele acabar bien entrada la noche; luego, la tripulación del *Andrea Gail* se dirige a la cocina. Cenan rápidamente, y cuando han acabado Billy sube por la escalera de toldilla a relevar a Murph en el timón. Comprueba su orientación con el loran para situarse y también con el videomapa, que le da la situación del cabo madre del palangre. El radar siempre está encendido, y tiene una cobertura de unos veinticuatro kilómetros; los reflectores radar del cabo madre de palangre aparecen en pantalla en forma de pequeños cuadrados luminosos. El VHF está sintonizado en el canal 16 y la banda lateral única está sintonizada en los 2.182 megahercios. Ambos son canales de emergencia, por lo que si dos barcos necesitan comunicarse, contactan a través de otro canal.

A las once de la noche el Departamento Nacional para asuntos Marítimos y Atmosféricos (NOAA) transmite el pronóstico meteorológico, lo que da lugar al intercambio de información entre los distintos capitanes de los barcos que están faenando. A esa hora la mayoría de la tripulación ya está acostada; con jornadas de 20 horas de trabajo, el sueño se codicia tanto como los cigarrillos. Las literas están encajonadas en la parte más estrecha de la proa, y allí los hombres se quedan dormidos escuchando el ruido del motor y el chocar de las olas contra el casco. Bajo el agua, el quejido de la escora y la cavitación de cientos de miles de burbujas de aire se extienden por el océano. El sonido envuelve las playas de Terranova, refracta la discontinuidad de la temperatura de la corriente del Golfo y se pierde entre la imponente oscuridad de las profundidades de la plataforma continental. Las vibraciones de baja frecuencia no dejarán de propagarse en el agua, y el zumbido de las máquinas del *Andrea Gail* se adueña de todas las formas de vida de los Grandes Bancos.

Amanecer en el mar, un vacío gris que surge de un vacío aún más inmenso y negro. «La tierra no era la tierra, y la oscuridad cubría las profundidades.» Quienquiera que escribió esto conocía muy bien el mar, conocía el surgir pálido del mundo cada mañana, un mundo sin nada, absolutamente vacío.

Una gran inyección de aire en el respiradero.

Los hombres salen tambaleándose de sus literas y toman el café bajo los fluorescentes de la cocina, los párpados hinchados y el gesto malhumorado. Apenas pueden distinguirse sombras en cubierta y ellos ya están fuera. Hace frío y hay humedad; bajo los impermeables llevan camisetas de algodón, de franela y sudaderas térmicas. No amanecerá hasta dentro de una hora, pero el trabajo comienza en cuanto se puede ver algo. A 43º norte, una semana después del equinoccio, las 5.30 de la mañana.

El barco está situado junto al cabo madre de palangre, a cien millas del límite de las aguas territoriales canadienses. En general se cala en la corriente del Golfo y se hala en la corriente del Golfo, de modo que la noche anterior han preparado el aparejo mientras se dirigen en dirección oeste hacia la corriente de cuatro nudos de aguas templadas. Luego, han virado y han navegado de nuevo hacia el este, de vuelta hacia el cabo madre de palangre. Este movimiento hace que todo el aparejo permanezca en el agua la misma cantidad de tiempo, y también evita que el barco se vea afectado por las corrientes del este. Billy ha localizado el comienzo del cabo madre de palangre gracias a las señales del radio faro, y ahora, con la proa mirando a América, está listo para halar.

Halar es menos peligroso que calar porque los anzuelos entran en vez de salir por la borda, pero aun así la línea madre de palangre sigue saliendo del agua a una gran velocidad. Los anzuelos pueden superar la barandilla y engancharse a la carne del modo más terrible con la fuerza de un látigo. En una ocasión, un anzuelo se enganchó en el pómulo de un pescador y le salió por la cuenca del ojo, hecho que se agravó por causa de la natural inestabilidad del barco y del agua de cubierta. Mantenerse en pie mientras que veinte centímetros de agua sucia de la cubierta entran por el imbornal puede llegar a exigir el equilibrio de un funambulista.

Sin embargo, cuando se hala se está jugando a la lotería, y hasta el marinero más reventado de cansancio quiere saber lo que le ha tocado. A la parte de la red que da a popa se le han quitado los anzuelos y ahora se la sube a bordo gracias a un interruptor situado en la barandilla de estribor y a una polea aérea. El capitán gobierna el barco desde un timón auxiliar que hay en cubierta y va de vez en cuando a la cabina del timón para ver por el radar si hay otros barcos en las inmediaciones. El hombre que maneja el cabo es el halador, y su cometido es soltar las brazoladas y dárselas al que se encarga de adujar, que les quita el cebo y las enrolla en el carrete de estiba de palangre. El trabajo del halador es muy estresante; uno de ellos contaba que al final del día tenía que desentumecerse los dedos en la palanca hidráulica por causa de la tensión. Los haladores ganan más dinero, y están muy solicitados porque son capaces de soltar una brazolada cada pocos segundos durante cuatro horas seguidas.

Un pez espada que ha mordido el anzuelo incrementa de modo muy notable el peso de la red, así que cuando el halador lo nota, baja la palanca hidráulica para evitar que el anzuelo se desprenda. Cuando el pez está a su alcance, dos hombres le clavan dos garfios en los costados y lo arrastran a cubierta. Si el pez está vivo, uno de los hombres lo arponea y lo cuelga de una red muy resistente para asegurarse de que no se escape. Y el pez se queda ahí, los ojos desorbitados y boqueando. Si la captura es buena, a veces hay tres o cuatro peces espada medio muertos. Una herida de pez espada supone una infección grave e inmediata. Una vez a bordo, se le sierra la cabeza y la cola, se le quitan las vísceras y se almacena en la bodega cubierto de hielo.

El tiburón mako tiene el mismo tipo de alimentación que el pez espada, así que hay ocasiones en que los palangreros también lo pescan. Son animales peligrosos: una vez un tiburón mako mordió a Murphy de tal modo que hubo que trasladarle en helicóptero a la costa (la cabeza cortada de un mako puede llegar a morder). La regla dice que no hay que fiarse del tiburón mako hasta que no se lo haya enterrado bajo hielo en la bodega. Ésta es la razón por la que muchos barcos no quieren subir a bordo a makos vivos. Si se captura uno, el encargado lo sujeta contra el casco mientras que otro miembro de la tripulación le vuela la cabeza con una escopeta. Entonces sí lo halan y lo limpian. «Nos alejamos demasiado como para correr riesgos», dice un antiguo tripulante del *Hannah Boden*. «Estamos fuera del alcance de los helicópteros, y la ayuda está a dos días de camino hacia el oeste. Si aún sigues con vida cuando llegas, te llevan al hospital de Terranova, donde empiezan tus problemas de verdad.»

Un palangrero puede llegar a capturar de diez a veinte peces espada (una tonelada de carne) en un día favorable. Lo más que Bob Brown ha oído que se capturase fueron cinco toneladas diarias durante siete días. Eso sucedió en el *Hannah Boden* a mediados de los ochenta. El último hombre de la tripulación ganó diez mil dólares. Ése es el motivo por el que pesca la gente; por eso viven diez meses al año entre veintiún metros de chapa de acero.

Por cada viaje como ése, sin embargo, hay una docena de fracasos. Los peces no se distribuyen uniformemente en la columna de agua; se congregan en determinadas zonas. Hay que saber dónde están esas zonas. Generalmente se sigue la corriente en dirección oeste. Con un medidor de termoclina se consiguen lecturas de temperatura a distintas profundidades; con un Doppler se conoce la velocidad y la dirección de las corrientes submarinas en tres niveles diferentes. Es preferible introducirse en «aguas rápidas» porque los aparejos cubren una zona más extensa. Se puede anclar un extremo del aparejo en agua fría, de movimiento más lento, porque así se sabe dónde encontrarlo. Es mejor situar el cebo entre capas de agua cálida y fría porque la cadena alimentaria tiende a concentrarse allí. Los calamares se alimentan de plancton de agua fría, y los peces espada salen de bolsas de agua templada de la corriente del Golfo para alimentarse de los calamares. Los remolinos de agua templada que se desplazan desde la corriente del Golfo hacia el Atlántico Norte son lugares particularmente buenos para la pesca; los capitanes los rastrean con mapas de temperatura diaria de la superficie procedentes de los satélites meteorológicos de la NOAA. Por último, conviene evitar la oscuridad lunar cuando se planifica un viaje. Nadie sabe por qué, pero en los días anteriores y posteriores los peces no se alimentan.

La ley exige a los capitanes de los barcos de pez espada que guarden un registro de todas las zonas en las que han pescado, de todas las operaciones realizadas, de todo el pescado capturado. Esto no sólo ayuda a determinar si el barco respeta las reglamentaciones federales, sino que además permite a los biólogos marinos comprobar el estado de las poblaciones de pez espada. Los patrones migratorios, los cambios demográficos, las tasas de mortandad, todo puede inferirse de los diarios de capturas. Además, los observadores del Servicio Nacional de Pesca Marítima acompañan ocasionalmente a los barcos a alta mar para tener una mejor comprensión de la industria que están encargados de regular. El 18 de agosto de 1982 el principal planificador del Programa de Administración de la zona costera de Massachusetts, Joseph Pelczarski, hizo uno de estos viajes. Salió de New Bedford a bordo del *Tiffany Vance,* un palangrero de California que iba a tratar de pescar con red de enmalle junto al banco Georges (la red de enmalle era nueva en la costa Este y Pelczarski quería ver cómo funcionaba). Los aviones de rastreo no localizaron prácticamente ningún pez espada en Georges, pero las imágenes infrarrojas de satélite mostraron un enorme remolino de agua cálida en la Cola de los bancos. Alex Bueno, el capitán del barco, decidió calar el cabo en el norte, y Pelczarski le acompañó. El informe de Pelczarski apenas había tenido ninguna repercusión en las reglamentaciones sobre redes de enmalle –sólo hicieron un calamento y capturaron un solo pez– pero proporcionó a los biólogos y estadísticos del gobierno una de sus escasas aproximaciones a la vida en un pesquero:

> «El F/V *Tiffany Vance* llegó a Shelburne, Nueva Escocia, con las primeras luces del 21 de agosto. Salimos esa tarde a las 5.30 con combustible y suministros y fuimos escoltados desde el puerto por unos delfines que seguían la estela de la proa. Dos pesqueros españoles (uno de los tripulantes del *Tiffany Vance* era español) fueron avistados cuando navegaban en dirección al oeste. Numerosos buques contenedores fueron vistos navegando en dirección a Canadá. Llegamos a la Cola de los bancos el 25 de agosto. La temperatura del agua se comprobaba constantemente, en busca de «bordes» donde se juntan las aguas cálidas y frías. El 26 de agosto el capitán encontró aguas apropiadas así como una zona abierta entre los demás barcos de pez espada, y nos dispusimos a calar el cordel esa noche. La operación duró una hora y media y se utilizaron quinientos anzuelos.
>
> La recuperación del cordel se inició a las 5.10 de la madrugada, con la subida del reflector radar y el radiofaro. Los anzuelos y las trampas se enrollaban y se introducían en cajas a medida que llegaban a la cubierta, y los anzuelos sencillos se enrollaban en carretes. El capitán, a la vez que gobierna y acelera el barco, recupera el palangre para «añadir peso». La primera captura fue un pez espada. Atravesó la superficie del agua con su pico hasta que cayó muerto sobre su lomo, y fue halado en el palangre. Una vez enganchado, se sube el pez a bordo, se le aserra el pico y se lo limpia. La tripulación comprueba los contenidos del estómago y la temperatura interna de su cuerpo para obtener pistas sobre el tipo de agua que frecuenta. La mayor parte de los peces espada se alimentaron de calamares.

Durante los dos días siguientes la pesca tuvo lugar en la misma zona al sur de la Cola de los bancos. Al segundo día capturamos once peces espada, cuatro tiburones azules, un tiburón mako, una tortuga marina (la liberamos) y una raya. Nos quedamos con el tiburón mako, además de con los peces espada. Al tercer día tuvimos un conflicto al calar el aparejo. A pesar de los esfuerzos del capitán por establecer demarcaciones y permanecer en contacto con todos los barcos que faenaban en la zona, nos cruzamos con un palangre. Los estabilizadores del barco, que colgaban de batangas a unos 5,5 metros por debajo de la superficie, se engancharon con un palangre. El estabilizador de babor se mantuvo firme, pero el de estribor, que está compuesto de plomo y acero, salió del agua y chocó contra la caja de los cebos a pocos centímetros de un marinero.

Para evitar conflictos con los aparejos, así como el tráfico creciente, nos desplazamos hacia el noreste, situándonos sobre los montes submarinos de Terranova. La siguiente jornada de pesca, del 30 al 31 de agosto, fue bastante rutinaria. El capitán caló un número menor de anzuelos (300) porque el agua no reunía las condiciones apropiadas (aguas llanas). A pesar de esto, capturamos nueve peces espada. Durante la halada perdimos los aparejos durante casi una hora, debido a la separación del cabo madre de palangre. Tras la operación, y con objeto de encontrar aguas más apropiadas, el capitán navegó toda la noche hacia el noreste, unas 170 millas en dirección al Pico de los Flamencos. Se veían ballenas en la distancia. El 4 de septiembre calamos 400 anzuelos y se capturaron doce peces espada, un tiburón mako, tres peces lanceta, tres rayas, un tiburón azul y un laúd, que fue liberado con vida.

En la noche del 5 de septiembre el capitán se reunió con el barco de pez espada *Andrea Gail* para que yo pudiera regresar a casa. Las embarcaciones se enlazaron de popa a popa, mientras mi equipaje era transferido por medio de una segunda cuerda. Después, los barcos se desligaron y el *Andrea Gail* alineó su costado de estribor con la popa del *Tiffany Vance,* y fui nadando 30 metros hasta llegar al *Andrea Gail*. Me subieron a bordo, y dos días más tarde arribamos al puerto de Burin, Terranova. El propietario del *Andrea Gail,* Robert Brown, que viajó hasta Terranova para cambiar unos generadores averiados, nos llevó en avión hasta el aeropuerto de Beverly el 9 de septiembre de 1982. El *Tiffany Vance* llegó a New Bedford el 18 de octubre después de sesenta y tres días en el mar, y con un total de 11.000 kilos de pez espada.

Los pescadores de pez espada, y particularmente los pescadores de los Grandes Bancos, permanecen en el mar durante largos períodos de tiempo sin comunicación alguna con el continente. Es posible, y debería realizarse, un estudio del impacto cultural a corto plazo que sufren estos marineros.»

A finales de septiembre y durante la primera semana de octubre, la tripulación del *Andrea Gail* cala sus aparejos, regresa, los recupera y vuelve a calarlos. Hace calor, y los hombres están en camiseta sobre la cubierta, con la piel veteada por la sal y adquiriendo una coloración marrón bajo el sol de la tarde. Al anochecer se ponen cazadoras y ropa deportiva y trabajan en la mesa de la carnada con las capuchas subidas. La luz se hace angular y rojiza hasta disolverse en la oscuridad, las luces de la cubierta interfieren con las estrellas y el aire frío y penetrante trae recuerdos del otoño en Nueva Inglaterra. Hacia las diez de la noche los hombres terminan su trabajo y se arrojan sobre sus literas para dormir unas horas.

Para un pescador, los Grandes Bancos son tan distintos y reconocibles como los desiertos de Arizona o los pantanos de Georgia. El agua, la luz, la fauna tienen un carácter, un «sentimiento» propio. Ningún pescador de altura podría despertar en los Grandes Bancos pensando que está en Georges, o en Long Island. Los barcos quedan confinados en la niebla durante varias semanas. Los frentes fríos del invierno bajan rugiendo desde el Escudo canadiense y hacen que el agua eche humo. El mar está tan lleno de plancton que adopta un color verde grisáceo y, más que reflejar la luz, la engulle. Los petreles y las pardelas vuelan en círculos sobre los barcos a centenares de kilómetros de la costa. Los grandes págalos sobrevuelan las aguas, graznando a su mundo vacío. Criaturas de aspecto prehistórico llamadas zifios hechizan a las tripulaciones de los barcos que se internan en la niebla. Las orcas recorren toda la extensión de las redes, comiendo –curiosamente– sólo las aletas pectorales de los tiburones azules.

Billy está pescando a unas doscientas millas al este de la Cola, cerca de un conjunto de bajíos conocido como las Colinas de Terranova. En el horizonte observa de vez en cuando la timonera blanca de un barco llamado *Mary T,* capitaneado por Albert Johnston, de Florida. Johnston y Billy pescan uno tras otro durante aproximadamente una semana, colocando sus aparejos hacia el suroeste en dos grandes líneas paralelas. Los cordeles oscilan en unas aguas de temperatura ligeramente cambiante, fijando los aparejos en el agua fría de movimiento más lento. Ocasionalmente se ven el uno al otro durante la halada, pero por lo general, no son más que imágenes indistintas en las pantallas de los radares. Los barcos de pez espada no se relacionan demasiado en alta mar. Se podría pensar lo contrario –por Dios, con todo ese espacio vacío– pero generalmente prefieren relacionarse en un bar o en la cama con sus mujeres (un chiste de los muelles: ¿Cuál es la segunda cosa que hace un pescador cuando llega a casa? Soltar las maletas). Ha habido capitanes que han sacado del agua uno de los estabilizadores de acero durante el viaje de regreso sólo porque disminuye la velocidad en medio nudo. En el curso de una semana eso supone doce horas más de viaje.

A cuatro o cinco días del comienzo de octubre, Johnston hala su último calamento y comunica al resto de la flota que va a regresar. Dice que informará por radio acerca de las condiciones meteorológicas a medida que vaya avanzando. El barco navega sobre una elevación en decadencia y los tripulantes recuperan horas de sueño y hacen turnos en el timón. La luna nueva se eleva tras ellos el 7 de octubre, y siguen su pálida estela durante todo el día y hasta el final de la tarde. La puesta del sol es de un color rojo sangre en un horizonte nítido y otoñal, y la noche llega en seguida con un viento del noroeste y un cielo ribeteado de estrellas. No hay más ruidos que el chasquido del agua sobre el acero y el intenso borboteo del motor diesel. El *Mary T* arriba al puerto de Fairhaven, Massachusetts, el 12 de octubre, después de más de un mes en el mar.

Fairhaven es una versión reducida de New Bedford, a un kilómetro de distancia del río Acushnet. Ambas poblaciones son pequeños enclaves ruinosos y endurecidos que no lograron diversificarse durante el declive secular de la industria pesquera de Nueva Inglaterra. Si Gloucester es el joven delincuente que ha tenido algunos roces con la ley, New Bedford es el hermano mayor realmente encallecido que algún día va a matar a alguien. Un bar de New Bedford fue el escenario de una infame violación en grupo; otro saltó a la fama por emplear un doberman como portero. Gran cantidad de heroína pasa a través de New Bedford, y muchos pescadores de pez espada han tenido problemas aquí. Un miembro de la tripulación de Johnston cobró un cheque de 13.000 dólares en New Bedford y regresó una semana más tarde sin zapatos.

Johnston amarra en el muelle Union junto a McLean's Seafood y North Atlantic Diesel. McLean's es un edificio desvencijado de dos pisos con suelos de cemento para sangrar pescado y unos despachos como conejeras en el piso superior, donde se hacen los contratos. Jóvenes de cabello hirsuto y piel oscura deambulan con botas de goma y se gritan en portugués mientras acarrean pescado por la nave. Hacen lomos de pescado con grandes cuchillos y luego los meten en bolsas herméticas y los cargan en camiones. Un trabajador eficiente puede quitarle las espinas a un pescado de gran tamaño en dos minutos. McLean's mueve más de novecientos mil kilos de pez espada al año, y cuatrocientos cincuenta mil kilos de atún. Lo llevan en avión al extranjero, lo reparten en barcos por todo el país y lo venden en la tienda de la esquina.

El barco de Johnston tarda más de un día en descargar; al día siguiente se hacen las cuentas y se empieza a cargar el barco de nuevo. Comida, gasóleo, agua, hielo, repuestos, lo de siempre. Cuanto más rápido se termina, mejor; la tripulación tiene más posibilidades de sobrevivir a los encantos de New Bedford, y además, es el final de la temporada de pesca en los Grandes Bancos. Cuanto más tiempo pasa, peores son las tormentas. «Te metes en un temporal, y si algo falla –si revienta una escotilla o se enreda un botalón– puedes tener graves problemas», dice Johnston. «Algunos de los chicos llegan a sentirse invencibles, pero no se dan cuenta de que hay una línea divisoria muy fina entre lo que han visto y lo que puede llegar a suceder. Conozco a un tipo al que se le hundió un barco de 275 metros. Se partió por la mitad y se fue a pique con treinta hombres.»

Efectivamente, Johnston sigue aún con sus preparativos cuando empieza a soplar la primer tormenta importante. Es un doble bajo que se abate sobre la costa y luego hace girar el viento hacia el sureste. La tormenta se intensifica a medida que avanza hacia el mar, y alcanza a Billy una mañana mientras está recogiendo los aparejos. El viento es de treinta nudos y las olas barren la cubierta, pero no pueden dejar de trabajar hasta que hayan recuperado todo el equipo. A última hora de la mañana reciben la acometida.

Es una enorme ola solitaria: abrupta, formando una cresta y con una altura de unos nueve metros. Se precipita sobre las cubiertas y sumerge al *Andrea Gail* bajo toneladas de agua. En unos instantes pasan de tender los cordeles a caer de costado. Pesada, interminablemente, el *Andrea Gail* se endereza, y Billy lo hace virar hacia la tormenta y revisa los daños. Las baterías se han salido de sus cajas en la sala de máquinas, pero no hay nada más. Esa noche, Billy habla por radio con Charlie Johnson, del *Séneca,* para decirle lo que ha pasado. Charlie está en la bahía de Bulls, Terranova, reparando un cigüeñal, y Billy le llama cada noche para mantenerle informado sobre la situación de la flota. *Dios, nos ha embestido una ola tremenda,* dice Billy. *Nos inclinamos hasta el borde. Creía que no íbamos a poder enderezarnos.*

Hablan sobre el temporal y sobre la pesca durante unos minutos y luego se despiden. El relato de la ola no le suena nada bien a Charlie Johnson, el *Andrea Gail* tiene fama de ser un barco fuerte y no debería inclinarse de ese modo. Y menos con un estabilizador en el agua y nueve mil kilos de pescado en la bodega. «No quise decir nada, pero no me pareció normal», dice Johnson. «Aquella zona es un desierto. No puedes cometer ningún error.»

El *Andrea Gail* pesca al este de la Cola durante otra semana más y tiene escaso éxito, el viaje está resultando un fracaso absoluto. Un barco no puede permanecer en el mar indefinidamente

–se agotan los suministros, la tripulación enloquece, el pescado se pone rancio. Tienen que encontrar pescado en seguida. Hacia mediados del mes retiran sus aparejos y navegan toda la noche hacia el noreste, hasta llegar a unos bajíos conocidos como el Pico de los Flamencos. El resto de la flota se ha alejado hacia el sur y el oeste: Tommy Barrie en el *Allison,* Charlie Johnson en el *Séneca,* Larry Horn en el *Miss Millie,* Mike Hebert en el *Mr. Simon* y Linda Greenlaw en el *Hannah Boden*. También hay un pesquero japonés llamado *Eishin Maru 78*. En el *Eishin Maru* viaja Judith Reeves, una observadora del servicio de pesca canadiense, la única persona a bordo que tiene un traje de salvamento y sabe hablar inglés. El *Mary T* está retirándose y otro barco llamado *Laurie Dawn 8* acaba de llegar a New Bedford para equiparse.

Billy se encuentra a 41° al oeste, alejado casi hasta el borde. Está a punto de salirse de los mapas de pesca. El clima se ha vuelto frío y tormentoso y los hombres trabajan vestidos con capas sucesivas de chándal, mono e impermeable de goma. Es el final de la temporada, su última oportunidad de hacer un viaje provechoso. Lo único que quieren es acabar de una vez.

EL PICO DE LOS FLAMENCOS

«Y vi también como un mar de cristal mezclado de fuego...»

Apocalipsis, XV, 2

Los habitantes de Nueva Inglaterra comenzaron a pescar el pez espada a principios del siglo XIX arponeándolos desde pequeñas barcas e izándolos a cubierta. Como los peces espada no nadan en bancos, los barcos salían con un hombre en lo alto del mástil que buscaba alguna aleta tendida en las cristalinas aguas del interior. Si se levantaba viento, no se podían distinguir las aletas y los barcos volvían a puerto. Cuando el vigía divisaba algún pez, guiaba al capitán hacia él y los marineros arrojaban el arpón. A la hora de lanzar había que tener en cuenta el balanceo de la barca, el zigzagueo del pez y la refracción de la luz en el agua. El atún gigante de aleta azul se sigue cazando de esta forma, pero los pescadores utilizan avionetas para avistar su presa y arpones eléctricos para matarlos. Este atún se considera un bocado exquisito en Japón. Los transportan hasta allí en avión, y llegan a costar más de ochenta dólares el medio kilo. Una pieza entera puede alcanzar los treinta o cuarenta mil dólares.

Los pescadores de Nueva Inglaterra comenzaron a utilizar avionetas en 1962, pero lo que realmente cambió la pesca fue el palangre. Durante años los noruegos habían capturado el tiburón mako y algunos peces espada con este aparejo, pero nunca habían buscado pez espada exclusivamente. Más tarde, en 1961, los pescadores canadienses realizaron algunas modificaciones en sus artes de pesca y casi triplicaron la totalidad de las capturas de pez espada en el noreste. Sin embargo, esta prosperidad no duró mucho tiempo: diez años más tarde la Oficina de Alimentación y Medicamentos de Estados Unidos (FDA) concluyó que el pez espada contenía una cantidad muy alta de mercurio y los gobiernos americano y canadiense prohibieron su venta. A pesar de ello, algunos pescadores de palangre continuaron pescando pez espada, pero se arriesgaban a que la FDA confiscase y examinase sus capturas.

Finalmente, en 1978 el gobierno de Estados Unidos rebajó los niveles de contaminación de mercurio aceptables en los peces. Con ello se desató su explotación abusiva. Mientras tanto, las formas de pescar habían cambiado. Los barcos utilizaban satélites de navegación, buscadores electrónicos de bancos, indicadores de profundidad y temperatura; se empleaban reflectores de radar para rastrear y las redes sencillas hacían posible calar treinta o cuarenta millas de palangre de una vez. A mediados de los ochenta sólo la flota de pez espada superaba los setecientos barcos y capturaba cerca de cincuenta millones de piezas al año. «Los cambios tecnológicos parecen toparse ya con los límites de los recursos», como afirmaba un estudio del gobierno en aquel tiempo.

Hasta entonces la actividad pesquera apenas se había regulado legalmente, pero la introducción de un nuevo tipo de red de deriva consiguió finalmente, a principios de los ochenta, mover la pesada maquinaria burocrática. Las redes medían 1.600 metros de largo por 27 metros de ancho y permanecían caladas toda la noche desde la popa de un antiguo palangrero. Aunque la poca tupidez del tejido de la malla permitía que los peces jóvenes escapasen, el Servicio Nacional de Pesca Marítima recelaba aún de su impacto en las existencias de pez espada. El servicio hizo público un plan de gestión para el pez espada del Atlántico Norte que proponía numerosos cambios de regulación, incluyendo la limitación del uso de redes de deriva, y solicitaba la opinión de agencias estatales y federales, así como de pescadores. Se celebraron audiencias públicas por toda la costa Este durante 1983 y 1984, y los pescadores que no pudieron acudir –en otras palabras, aquéllos que se encontraban pescando– enviaron cartas. Una de las personas que dio su opinión por escrito fue Bob Brown, que explicó en unos garabatos apenas legibles que él había calado las redes cincuenta y dos veces aquel año y que parecía haber muchos peces adultos; éstos permanecían en aguas más frías de lo que se solía creer. Alex Bueno, del *Tiffany Vance,* remitió un escrito en el que señalaba, entre otras cosas, que los arrastres no pueden transformarse en redes de deriva porque cuestan demasiado y que los cálculos de reservas de pez espada eran inexactos porque no tenían en cuenta los existentes más allá del límite de las doscientas millas. Los aficionados a la pesca deportiva acusan a los pescadores profesionales de esquilmar los océanos, los profesionales a los deportistas de desperdiciar recursos y casi todos al gobierno de absoluta incompetencia.

Al final, el Plan de Gestión Pesquera no incluyó cuotas de captura de pez espada del Atlántico, pero exigió a todos los barcos de pesca de este pez su registro en el Servicio Nacional de Pesca Marítima, dependiente del Departamento de Comercio. Los patrones de los pesqueros que no habían capturado en la vida pez espada se disputaban las licencias para mantener abiertas sus posibilidades, con lo que se dobló el número de embarcaciones, mientras que, según todos los datos, las existencias de pez espada seguían disminuyendo. Desde 1987 a 1991 el total de las capturas de pez espada en el Atlántico Norte descendió de 20,4 a 14,96 millones de kilos, y su tamaño medio se redujo de 75 a 50 kilos. Esto era lo que los expertos en gestión de recursos conocen como *la tragedia de los pastos comunales,* en referencia al pastoreo excesivo en la Inglaterra del siglo XVIII. «En el caso de las tierras de pastoreo común», se decía en un prospecto de gestión de recursos pesqueros, «la hierba desaparecía a medida que iba aumentando el número de ovejas en el campo. Había pocos alicientes para conservar o invertir en este recurso porque otros se beneficiarían sin colaborar en ello.»

Esta situación afectaba a toda la industria pesquera: la pesca del eglefino cayó a la quincuagésima parte de lo capturado en 1960, y la de bacalao a una cuarta parte. El culpable de todo esto –como ha ocurrido casi siempre en la pesca– fue un brusco cambio tecnológico. Las nuevas técnicas de congelación rápida permitían a los barcos trabajar por todo el mundo y preparar el pescado según se iba capturando, lo cual hizo completamente ineficaz el límite de las tres millas en la mayor parte de los países.

Enormes barcos factoría rusos se echaban al mar a la vez durante meses y barrían los fondos con redes que capturaban hasta treinta toneladas de pescado de un solo arrastre. Se los podía ver pescar desde la costa americana, y con el paso de los años las colonias de pescado sufrieron pérdidas cercanas al 50 por 100. El Congreso tuvo que tomar medidas, y en 1976 aprobó la ley Magnuson de conservación y gestión de recursos pesqueros, que extendía nuestra soberanía nacional doscientas millas mar adentro.

Es obvio que la preocupación fundamental no eran las colonias de peces, sino la flota americana. Después de eliminar la competencia, América se dispuso a levantar una industria que dejase el banco Georges tan esquilmado como lo dejaron los barcos factoría rusos. Una vez aprobada la ley Magnuson, los pescadores americanos pudieron obtener créditos garantizados por el Estado y adquirir barcos de acero de un cuarto de millón de dólares. Para empeorar las cosas, el gobierno constituyó ocho consejos regionales de pesca a los que no se les aplicaba la legislación sobre conflictos de intereses. En teoría esto debería haber puesto la gestión de las pesquerías en manos de los pescadores. En realidad, estaba metiendo a la zorra en el gallinero.

En tres años, desde la entrada en vigor de la ley Magnuson, la flota de Nueva Inglaterra se había doblado, alcanzando las 1.300 embarcaciones. La mejora del equipamiento comportó unas capturas tan enormes que los precios cayeron y los pescadores tuvieron que recurrir a métodos cada vez más devastadores para simplemente poder subsistir. Los pesqueros de arrastre removían con tanta fuerza los fondos que acabaron por allanar crestones y colmatar valles, los verdaderos hábitats en que medraban los peces. Un par de buenos años a mediados de los ochenta encubrieron el declive total, pero el final estaba cerca, y muchos lo sabían. La primera vez que alguien –al menos un pescador– propuso una parada biológica fue en 1988, cuando un pescador de Chatham llamado Mark Simonitsch tomó la palabra en una reunión del Consejo de Pesca de Nueva Inglaterra. Simonitsch había pescado en cabo Cod toda su vida; su hermano James había trabajado para Bob Brown como consultor de seguridad marítima. Ambos conocían a los pescadores, sabían qué significaba la pesca y hacia dónde iban los acontecimientos.

Simonitsch sugirió el cierre total y por tiempo indefinido de los bancos de Georges. Le hicieron callar a gritos, pero aquello representaba el principio del fin.

La colonia de pez espada no se esquilmó tan rápidamente como otras, pero se esquilmó al fin y al cabo. Hacia 1988 la flota combinada del Atlántico Norte pescaba más de cien millones de piezas al año, y de los registros de capturas se deducía que la colonia de peces espada era cada vez más joven. Finalmente, en 1990 la Comisión Internacional para la Preservación del Atún propuso unas cuotas de captura del pez espada del Atlántico Norte. Al año siguiente, el Servicio Nacional de Pesca Marítima fijó una cuota de 3,129 millones de kilos de pez espada preparado para el consumo a las embarcaciones con licencia norteamericana, aproximadamente dos tercios de las capturas del año anterior. Todo barco con licencia norteamericana debía dar cuenta al llegar a puerto de lo pescado; en cuanto se alcanzaba la cuota total se suspendía toda actividad pesquera. En un buen año la cuota podía cubrirse en septiembre, en los malos ni siquiera se cubría. Esto trajo como consecuencia que los pesqueros no sólo pelearan por hacer una buena temporada, sino que también pelearan entre sí. Cuando el 23 de septiembre el *Andrea Gail* salió del puerto para pescar, lo hacía sujeto a un régimen de cuotas por primera vez en su vida

Albert Johnston ha conducido al *Mary T* hasta los bancos de pesca el 17 de octubre; esa noche ha dejado el aparejo en el agua. Se encuentra a cien millas al sur de la Cola, justo al borde de la corriente de Golfo, en los 41° norte y los 51° sur. Está a la busca de atún patudo y le va muy bien, estudiándolos, como dicen los pescadores de pez espada. Una noche pierden un atún patudo de un valor de 20.000 dólares por un banco de orcas, pero por otro lado se están haciendo con 1.800 a 2.260 kilos de pescado por noche. Eso ya es bastante para completar un viaje en diez calamentos. Se hallan en las aguas cálidas de la corriente del Golfo, y el resto de la flota ha partido hacia el este. «En esa época del año resulta muy agradable bajar a pescar cerca del Golfo», dice Johnston. «Tienes un tiempo un poco menos malo, las depresiones tienden a desplazarse hacia el norte, impulsadas por las corrientes en chorro. Todavía te puede pillar la peor tormenta que haya habido nunca, pero en general el tiempo es un poco mejor.»

Como la mayoría de los demás capitanes, Johnston comenzó a trabajar como pescador antes de saber pilotar. Con 19 años ya gobernaba un barco, y con 29 compró el suyo. Ahora, con 36, tiene esposa, dos hijos y un pequeño negocio en Florida. Vende aparejos a barcos mercantes. Todo patrón de barco llega a un punto en su vida –tras sus esfuerzos de juventud veinteañera, el miedo ante las primeras inversiones– en que se da cuenta de que ya puede relajarse un poco. Ya no tiene que salir a los caladeros a final de temporada; no necesita capitanear el barco un mes sí y otro no. Con 36 años ya es momento de comenzar a dejar paso a los jóvenes, chicos que tienen poco más que una chica en Pompano Beach y un montón de cartas en la taberna del Crow's Nest.

Pero también cuenta el tema de las probabilidades; cuanto más sales a navegar, más probable es que no vuelvas nunca. Los peligros son numerosos e inopinados: la inesperada ola que te barre de la cubierta.

La única forma de preservarse de estos peligros es dejar de tentar la suerte, y un hombre con familia y un negocio en tierra tenderá cada vez más a ello. En Estados Unidos muere proporcionalmente más gente en el sector pesquero que en cualquier otra profesión. Para él sería menos peligroso saltar en paracaídas sobre un bosque en llamas o trabajar de policía en Nueva York que pescar con palangre en el Pico de los Flamencos. Johnston sabe de muchos pescadores que han muerto y de más de los que él pueda contar que han estado espantosamente cerca de la muerte. La muerte te espera en medio de una tormenta o en el día más soleado del verano. ¡Zas! La tripulación está mirando a otro lado, la muerte te agarra y de repente te ves en el fondo del mar haciendo compañía a los peces.

De vuelta a 1983, un amigo de Johnston se topó con un ventarrón en un barco de 26,5 metros llamado *Canyon Explorer.* En la costa se fundieron tres frentes de bajas presiones, formando una colosal tormenta con vientos de cien nudos durante un día y medio. Las olas eran tan altas que el amigo de Johnston tuvo que apretar la válvula de admisión para evitar que resbalase hacia ellos. La superficie del mar estaba tan agitada que el barco retrocedió sesenta millas aunque iba avante a toda máquina. El capitán miró por la ventana y vio una enorme ola acercándose a ellos. ¡Eh Charlie, mira! gritó a otro miembro de la tripulación que estaba en cubierta. Charlie subió rápidamente la escalera de la cabina, pero no alcanzó la timonera a tiempo. La ola se desplomó sobre ellos, pizarrosa y espumeante, y revento los cristales de la caseta del timón.

Resultó ser una tormenta de una violencia fatal que destruyó el resto de la flota. Embistió la timonera de una embarcación llamada *Lady Alice,* y dejó a uno de sus tripulantes paralítico de por vida. El *Tiffany Vance,* que había transbordado al observador pesquero Joseph Pelczarski al *Andrea Gail* la semana anterior, estuvo a punto de hundirse junto a su barco gemelo, el *Rush.* Las dos embarcaciones estaban a dos kilómetros de distancia una de otra, cerca del Pico de los Flamencos, cuando rompió la tormenta, y ambas perdieron los estabilizadores de babor. El estabilizador del *Tiffany Vance* colgaba de una cadena que, sin los 91 metros de acero que la sujetasen, percutía violentamente contra el barco. Había que cortarla; Alex Bueno, el capitán, se desvistió y se quedó en ropa interior, se ató un cuerda alrededor de la cintura y con mucho esfuerzo salió a cubierta con un soplete. Caía tanta agua sobre la cubierta que apenas podía mantener el soplete encendido. Finalmente consiguió fundir la cadena; volvió al interior a esperar que el barco se hundiera. «Ni siquiera nos molestamos en avisar al guardacostas, estábamos demasiado lejos», dice. «Ya no queda más que confiar en los compañeros que están a tu lado.»

Desgraciadamente, el *Rush* tenía problemas aún más serios que el *Tiffany Vance.* En vez de cadenas, tenía cables en los estabilizadores, y un cable roto se enrolló en el eje de transmisión y bloqueó la hélice. El barco quedó inmovilizado en el agua e inmediatamente se venció hacia un lado, «en un mar de olas de manga», como se suele decir. Un barco que recibe las olas de costado tiene las horas, los minutos contados. Wayne Rushmore, su capitán, tomó la radio y le dijo a Bueno que se estaba hundiendo y que necesitaba ayuda, pero éste contestó diciéndole que él también se estaba hundiendo. La tripulación del *Rush* salió a cubierta y, aun a riesgo de sus vidas, consiguió desenrollar el cable de la hélice. Durante los días siguientes los dos barcos juntos ganaron la batalla a la tormenta. De repente apareció el sol; Bueno se dio cuenta entonces de que la altura de las olas había cubierto de sombras la caseta del timón.

Según todas las informaciones, Billy está teniendo una travesía espantosa. Después de haber halado las redes catorce veces tiene solamente 9.000 kilos de pescado en las bodegas, con lo cual apenas llega a cubrir gastos, y aún menos se puede pagar el trabajo de un mes de seis hombres. Cuando Linda Greenlaw llega a los caladeros, Billy le dice que está harto y que va a necesitar más gasóleo si quieren ganar algo de dinero. Los pesqueros de pez espada siempre se prestan combustible unos a otros, pero Billy tiene fama de forzar demasiado estas situaciones. Esta no es la primera vez que Linda le saca de apuros. Las dos embarcaciones acuerdan encontrarse al sur del Pico de los Flamencos; Linda lanza por la borda una maroma de sirga y una manguera para repostar. Billy sale a popa, anuda la maroma y los dos barcos se bambolean, tirando el *Hannah Boden* del *Andrea Gail,* mientras que el gasóleo llena los depósitos de Billy. Es una maniobra peligrosa –con cualquier otro barco Bob Brown insistiría en que Linda atase flotadores a bidones de gasóleo y los lanzase por la borda– pero cuando se trata de barcos gemelos las cosas cambian. Harían casi cualquier cosa por ayudarse, pasando por encima del resto de la flota. Cuando acaban, Linda hala la maroma y la manguera; al separarse las embarcaciones, las dos tripulaciones se despiden agitando los brazos. Media hora más tarde el uno no es más que un cuadrado blanco en las pantallas de radar del otro.

El gasóleo es, sin embargo, sólo el principio de los problemas de Billy. Durante toda la travesía ha tenido dificultades con el funcionamiento de la máquina de hielo. En condiciones normales tiene que fabricar tres toneladas de hielo al día, pero el compresor funciona defectuosamente y no llega siquiera a la mitad. En otras palabras, la calidad del pescado baja día a día; una pérdida de 1,11 dólares por kilo significaría una disminución de 20.000 dólares del valor de lo pescado. Eso sólo puede compensarse capturando más pescado, lo cual a su vez comporta permanecer en alta mar aún más tiempo. Es el inevitable dilema coste-beneficio que ha angustiado a los pescadores a lo largo de los siglos.

Además está la tripulación. El ambiente degenera a la misma velocidad que se estropea el pescado mal congelado. Al final de una larga temporada en alta mar acabarán por buscar camorra entre ellos, acaparar comida, excluir del grupo a los novatos, actuando, en fin, como reclusos, lo que en cierto modo son. Se cuentan historias de pesqueros de pez espada que vuelven a puerto con miembros de la tripulación esposados a sus literas o atados al estay de cabeza con un cordel. Es una suerte de darwinismo social que hace que los barcos estén siempre tripulados por hombres rudos y violentos que han impuesto su jerarquía. Billy nunca permitiría ese tipo de perversiones, en la tripulación todos son amigos, más o menos, y él procura que las cosas sigan así, pero también sabe que sólo se puede encerrar a seis personas juntas hasta que una de ellas se desquicia. Ya llevan tres semanas en alta mar y les quedan por lo menos otras dos. Si quieren sacar algo en claro de esta travesía, deberán apresurarse en capturar más pescado.

Billy sigue en contacto con los demás capitanes, estudiando los mapas de temperatura de superficie, analizando los indicadores del nivel de agua con su Doppler. Busca discontinuidades de temperatura, concentraciones de plancton, caballa o calamar. En cinco buenos calamentos podrían cambiar el signo de la travesía. Lo sabe. Con o sin hielo, él no va a volver hasta que lo consigan.

Billy Tine ocupa el único espacio privado del *Andrea Gail,* algo propio de un capitán. En algunas embarcaciones las estancias del capitán se encuentran en la parte superior, detrás del puente, pero las de Billy no son más que un pequeño camarote cercano a la proa que tiene aproximadamente el tamaño de un compartimento de coche-cama. Hay una talega de marinero llena de ropa sucia y unas cuantas fotos clavadas en la pared. Las fotos son de sus dos hijas, Erica y Billie Jo. Hace siete años, cuando Billie Jo nació, Billy se quedó en casa para cuidar de ella mientras su esposa trabajaba. Billie Jo se acostumbró a tener a su padre a su lado, y sufrió mucho cuando él volvió al barco. Erica nació cuatro años más tarde y nunca conoció nada distinto; por lo que a ella respecta, los padres son unos hombres que desaparecen de repente durante semanas y vuelven oliendo a pescado.

El resto de la tripulación está hacinada en un pequeño camarote al otro lado de la cocina. Las literas se aprietan a lo largo de la pared interior y del casco de estribor, y el suelo está cubierto de los desechos que acumulan los hombres jóvenes: ropa, casetes, latas de cerveza, cigarrillos, revistas. Junto a las revistas hay docenas de libros, entre ellos unos cuantos en rústica, gastados, de Dick Francis. Francis escribe sobre carreras de caballos, que parecen atraer a los pescadores porque representan otra forma de ganar o perder enormes sumas de dinero. Los libros circulan entre la flota «a unos seiscientos kilómetros por hora», como escribió un pescador, y es muy probable que hayan estado en los bancos más veces que los mismos pescadores. La mayoría de ellos cuelgan fotos de sus novias en la pared junto a páginas arrancadas del *Penthouse* o del *Playboy,* y la tripulación del *Andrea Gail* no era una excepción.

La cocina es la estancia más grande del barco, aparte de la bodega del pescado. A primera vista podría parecer casi la cocina de un coche cavarana: revestimiento de madera, luces de tablero fluorescentes, armarios de madera barata. Hay una cocina de gas de cuatro fogones, un frigorífico industrial de acero inoxidable y una mesa de formica fijada a la pared delantera. Un banco recorre todo el lado de babor; sobre el banco hay una sola portilla, demasiado pequeña para poder salir culebreando por ella. Una puerta en el lado de popa de la cocina se abre a una pequeña despensa y a una escalera que conduce al cuarto de máquinas. La escalera está protegida por una puerta hermética que se ajusta de forma segura con cuatro grapones de acero. El castillo de proa y la caseta del timón también son herméticos; en teoría toda la parte delantera del barco podría cerrarse herméticamente con la tripulación dentro.

El motor, un diesel turboalimentado de ocho cilindros y 365 caballos de vapor, es un poco más potente que el mayor camión con remolque que circula por la autopista. Hubo que repararlo en 1989 porque el barco se inundó en el muelle después de que un desagüe se congelase, resquebrajando las soldaduras. El motor mueve el eje de la hélice, que recorre el mamparo del compartimento de popa, la bodega del pescado y llega hasta la popa del barco. La mayoría de las embarcaciones tienen una junta que sella la hélice cuando atraviesa el mamparo, pero el *Andrea Gail* no. Ésta es una deficiencia considerable: una inundación de la bodega podría extenderse fácilmente y provocar un cortocircuito en el motor, inutilizando el barco.

El cuarto de máquinas está situado justo delante del motor y está repleto de herramientas, piezas de repuesto, trastos viejos, ropa usada, un generador de corriente y tres bombas de carena. La función de las bombas consiste en expulsar el agua de la bodega más rápidamente de lo que entra. Antiguamente las tripulaciones debían manipular las bombas sin pausa durante días; los barcos se hundían cuando las tormentas acababan por agotar a los hombres. Las herramientas se almacenan en el suelo en cajas de metal que contienen casi todo lo que se necesita para reconstruir el motor: empuñaduras de torno de banco, barras de palanca, martillo, llaves de media luna, llaves stillson, llaves de casquillo, llaves allen, limas, sierra para cortar metales, alicates, cortapernos, martillo de muelle martillo romo. Los repuestos están guardados en cajas de cartón y apilados sobre estanterías de madera: motor de arranque, bomba de refrigeración, alternador, manguitos de agua y accesorios, correa en V, cables de arranque, fusibles, abrazaderas de manguera, material para juntas, tuercas y pernos, láminas metálicas, silicona, madera contrachapada, taladradora, cinta aislante, aceite lubricante, aceite hidráulico, aceite de la caja de cambio y filtros de gasóleo.

Los barcos evitan a toda costa entrar en Terranova para la reparación de averías. No sólo se pierde un tiempo precioso, también cuesta una desorbitada cantidad de dinero; por una reparación de lo más indecente se cobraron 50.000 dólares, cuando se había realizado un trabajo de 3.500 dólares (según se cuenta, los mecánicos utilizaron los tornos a 46 rpm en vez de a 400 para sumar horas). Por eso los capitanes de los pesqueros de pez espada se ayudan en alta mar siempre que pueden: se prestan piezas de motor, dan consejos técnicos y regalan provisiones o gasóleo. La competencia entre una docena de barcos a los que urge llevar su mercancía perecedera a la lonja no acaba con un permanente sentimiento de preocupación de los unos por los otros. Esto puede revelar nobleza, pero no es así, o al menos no del todo. También se hace por propio interés. Todo capitán sabe que puede ser el próximo en quedarse con los inyectores congelados o en tener fugas en los hidráulicos.

El *Andrea Gail* transporta el gasóleo en dos depósitos de 7.570 litros situados uno a cada lado del cuarto de máquinas y en otros dos de 6.620 en la popa. También hay treinta bidones de plástico atados con cadenas a la cubierta del espardel con otros 6.246 litros de gasóleo. Todos llevan las letras *AG* pintadas en blanco. En dos depósitos en la bodega de proa se almacenan 7.570 litros de agua fresca, y otros 1.890 en bidones apilados en cubierta, junto a los de gasóleo. El barco tiene también una «aguadora» que depura el agua marina colándola por una membrana a 800 libras por pulgada al cuadrado. La membrana es tan fina que incluso filtra bacterias y virus. El pescadero del barco, que está cubierto constantemente de vísceras, se ducha a diario; el resto de la tripulación cada dos o tres.

A la bodega se accede por una escalerilla de acero que baja empinada desde una escotilla situada en medio de la cubierta. Durante las tormentas la escotilla se tapa y se ata con cuerdas para que los golpes de mar no la arranquen, aunque a veces lo consiguen. La bodega está dividida por mamparos de madera contrachapada que impiden que la carga se desplace. Si la estiba se desarregla, el barco puede llegar a zozobrar hasta hundirse. Hay un congelador industrial en la popa en el que se guardan los alimentos, y otro compartimento llamado pañol. En éste se encuentran los mecanismos de gobierno del barco; al igual que el cuarto de máquinas, está separado herméticamente del resto del barco.

Arriba, en cubierta, inmediatamente delante de la bodega, se halla el almacén de las herramientas. Seis carretes de estiba de palangre tan grandes como neumáticos de automóvil se alinean detrás de la escalera que sube hasta la cubierta del espardel. Los hombres cuelgan sus pertrechos para el mal tiempo a lo largo de la pared tras los carretes, junto a cualquier cosa que la tormenta pueda llevarse de la cubierta. Un voladizo sobre la cubierta protege la bobina del palangre, y el costado de babor se levanta hasta la altura del espardel y se extiende 5,5 metros a popa. Amontonados contra el costado hay unos arcones llenos de boyas, reflectores radares, radio faros... todo lo que cuelga de un palangre.

En la popa del barco se levanta un cobertizo de entramado y contrachapado que sirve de refugio a los hombres cuando están poniendo el cebo en las redes. Un golpe de ola por popa podría llevarse el cobertizo. O si no, probablemente lo protegería la cabina del piloto, situada en la parte delantera. El techo es de acero y está cubierto de un material antideslizante. Las bordas llegan a la altura de la cadera y tienen unos agujeros llamados imbornales o portas que permiten dar salida a las aguas embarcadas en los golpes de mar. Los imbornales suelen estar bloqueados por unas planchas que evitan que el pescado y los utensilios se deslicen hacia el mar, pero cuando el tiempo se pone feo las planchas se retiran. O deberían retirarse.

La aptitud de un barco para despejar sus cubiertas es uno de los aspectos más importantes de su diseño. Un golpe de mar embarcado es como instalar una piscina en cubierta. El barco se balancea, pierde el rumbo y durante unos momentos se encuentra en una situación de máximo peligro. Un pescador de palangre, un vecino de Gloucester llamado Chris, estuvo a punto de perder la vida en una situación así. El barco en que iba navegaba a favor de corriente cuando recibió «un golpetazo de mar de mil demonios». El timón se levantó, y el barco bajó deslizándose por la pared de la ola. Cuando llegó a la base de ésta, sólo quedaba seguir descendiendo, y la cresta de la ola, rompiéndose, lo precipitó hacia el fondo como a un pilote. Chris miró por la portilla y sólo vio una negra espesura.

Si miras por la portilla y ves agua espumosa es que sigues cerca de la superficie y estás relativamente a salvo. Si ves agua verduzca, al menos estás en el cuerpo de la ola. Si ves el agua negra, entonces eres un submarino. «Sentí que el barco se paraba por completo», dijo Chris. «Pensé: Dios mío, nos hundimos. Quedamos suspendidos por un momento; después volvimos a flotar en el agua, como si el barco se hubiera volteado. Salimos surcando el mismo camino por el que habíamos entrado.»

Al barco de Chris pudo haberle ocurrido cualquier cosa en aquel momento. Los respiraderos pudieron haberse obstruido y haber ahogado el motor. La escotilla pudo haber cedido y la bodega haberse anegado. Pudo haberse desprendido una pieza y haber dejado inservible alguna máquina. Las ventanas de la timonera pudieron haber reventado, un mamparo haberse venido abajo o treinta toneladas de hielo y pescado haberse descabalado en la bodega. Pero incluso suponiendo que el barco saliera disparado como un tapón de corcho, seguiría avanzando penosamente bajo una arrolladora tromba de agua. Si la mínima cosa hubiera bloqueado los imbornales –la cubierta de una escotilla, un viejo saco de dormir–, no se habría podido drenar el agua. Un solo momento de vulnerabilidad bastará para que la próxima ola te desbarate: las hélices en el aire, la tripulación cabeza abajo, el cargamento desmoronándose. Es el fin.

Toda embarcación tiene un grado de balanceo que ya no puede reequilibrar. El *Queen Mary* llevaba un grado o dos de inclinación frente a la costas de Terranova cuando una enorme ola de más de 27 metros reventó los cristales de la cabina del piloto. Se fue a la deriva por su través durante un angustioso minuto antes de recuperar el equilibrio. En una situación así se contraponen en un barco dos fuerzas: el empuje hacia abajo de la gravedad y el impulso de la fuerza ascensional. La gravedad es el peso total del barco y de lo que contiene –tripulación, cargamento, instrumentos de pesca– que busca el centro de la tierra. La fuerza ascensional es la tendencia del aire encerrado en el casco a elevarse por encima del nivel del mar.

En una embarcación compacta y estable estas dos fuerzas son equivalentes y se anulan una a otra en el eje central. Pero esta situación se modifica cuando el barco se inclina sobre un costado. En vez de estar alineadas, las dos fuerzas se contrarrestan lateralmente. El centro de gravedad permanece en el mismo lugar, pero el centro de la fuerza ascensional se traslada al costado sumergido, en donde se acumula proporcionalmente más aire bajo la línea de flotación. Con la gravedad empujando hacia el centro y la fuerza ascensional impeliendo desde el costado sumergido, el barco pivota sobre su centro y vuelve a equilibrarse. Cuanto más se escora el barco, más lejos una de otra actúan estas fuerzas y mayor preponderancia tendrá el centro de la fuerza ascensional. Dicho más simplemente, la distancia lateral entre las dos fuerzas se llama el *brazo adrizante,* y el par o momento torsor que generan se denomina el *momento adrizante.* Los barcos necesitan un momento adrizante grande. Requieren algo que enderece ángulos de escoramiento excesivos.

El momento adrizante tiene tres consecuencias fundamentales. En primer lugar, cuanto más ancho, más estable es el barco (hay más aire bajo la línea de flotación, por lo que el brazo adrizante es más largo en la misma proporción). Lo contrario es también cierto: cuanto más alto sea el barco, más propenso será a escorarse. Un centro de gravedad alto reduce la llamada altura metacéntrica, que determina la longitud del brazo adrizante. Cuanto más alto esté situado el metacentro, más difícil será superar la fuerza de la gravedad. Finalmente, siempre llega un momento en que el barco no puede ya adrezarse por sí mismo. Lógicamente, esto ocurre cuando las cubiertas sobrepasan la perpendicular y el centro de gravedad y el de presión no se hallan en la misma línea –el punto «momento cero»–. Pero en realidad los barcos comienzan a tener problemas mucho antes. Dependiendo de su diseño, con un ángulo de 60° o 70° la borda de sotavento de un barco puede quedar sumergida. Esto significa que hay agua verde sobre la cubierta y que el momento adrizante tiene que vencer un peso mucho mayor. El barco puede enderezarse finalmente, pero cada vez pasa más tiempo bajo el agua. La cubierta queda sometida a toda la furia de las olas, y podría aflojarse una escotilla, ceder un mamparo o abrirse violentamente una puerta porque alguien hubiera olvidado echar el cerrojo. En una situación así el barco no navega, se hunde.

El problema de las embarcaciones de acero estriba en que la curva crítica se abre gradualmente y llega a ser exponencial. Cuantos más problemas tiene, más problemas se le vienen encima y menos capaz se muestra de salir de ellos, lo cual acelera la precipitación hacia una catástrofe prácticamente inevitable. Con la sentina parcialmente anegada, el barco se hunde más y sus balanceos se prolongan cada vez más. Los balanceos largos dificultan su gobierno; una fuerza ascensional menor supone un daño mayor. Si el daño es suficientemente grande, la inundación de la sentina puede atascar las bombas, producir un cortocircuito en el motor e incluso obstruir las tomas de aire de éste. Con el motor apagado no se alcanza la velocidad suficiente para poder gobernar el barco y se gira de costado al mar. Situado de costado, el barco queda expuesto a toda la fuerza de las olas y una parte de la cubierta o de la caseta del timón acaban por desprenderse. Después de eso comienza la inundación.

La inundación es la fatal entrada de agua oceánica en la bodega. Es una suerte de estertor en el mar, la última bordada cuasi-vertical de una curva exponencial. En Portland, Maine, la oficina de guardacostas para la Seguridad Marítima grabó en vídeo el hundimiento por inundación de un barco pesquero en las costas de Nueva Escocia. El pesquero fue embestido en su centro por otro barco en mitad de la niebla. El vídeo comienza con el barco que ha chocado contra el otro retrocediendo a toda máquina por popa. Todo transcurre en 20 segundos: la embarcación accidentada se apoya sobre su popa, se yerge estirando su proa y después se hunde. Se va a pique tan rápido que parece como si una mano enorme tirase de él violentamente hacia dentro. Los últimos momentos de la película muestran a la tripulación saltando desde la proa erguida e intentando alcanzar a nado el otro barco, a unos 15 metros. La mitad de ellos lo logran, la otra no. Son absorbidos por el vacío de un gran barco de acero que se precipita a las profundidades del mar.

Muy pocos barcos llegan a verse en tal situación, por supuesto. Es posible que les entre agua en la bodega o que un golpe de mar se lleve las antenas o las ventanas, pero eso es todo. El resultado, afortunadamente, es que los límites de su estabilidad se prueban rara vez en situaciones reales. El único modo de conocer el grado de estabilidad de una embarcación es realizar una prueba tipo con el barco atracado en el muelle. Se coloca una carga de 2.270 kilos sobre la cubierta, a 3 metros de distancia del eje longitudinal, y el ángulo de balance resultante se aplica a una fórmula tipo que nos da el momento adrizante. No obstante, hay tantas cosas que pueden afectar la estabilidad de un barco que hasta el servicio de guardacostas considera estas pruebas de validez limitada. Si se depositan unas cuantas toneladas de material sobre cubierta, se introduce un poco de agua en la sentina, o se pasa del palangre a la brancada o al arrastre, la dinámica del barco cambia por completo. Por ello, las pruebas de estabilidad sólo son obligatorias para embarcaciones de más de 24 metros. A la altura de la cubierta el *Andrea Gail* mide 22 metros.

Cuando el *Andrea Gail* fue sometido a una revisión general en 1986, Bob Brown lo metió en un dique de carena y comenzó a soldar sin más. No realizaron pruebas de estabilidad, no se consultó a ningún ingeniero aeronáutico. En el gremio a esto se le llama «ingeniería a ojo», lo que incluye al *Andrea Gail* en la abrumadora mayoría de los barcos mercantes que han sido modificados sin planos. Los trabajos se llevaron a cabo en el palangrero de San Augustine, Florida; en total, se añadieron al barco ocho toneladas de maquinaria y cambios estructurales, incluidos los bidones de gasóleo y agua sobre la cubierta del espardel.

Una vez finalizados los trabajos, el miembro del servicio de vigilancia James Simonitsch –cuyo hermano Mark propondría cerrar el banco Georges un año después– voló a Florida para inspeccionar de nuevo el *Andrea Gail.* Dos años antes había realizado un cálculo del valor del *Hannah Boden* y del *Andrea Gail* para el convenio regulador del divorcio de Bob Brown; el *Andrea Gail* fue valorado en 400.000 dólares. Simonitsch lo examinó de nuevo en enero de 1987. Le hizo a Bob Brown unas indicaciones de poca importancia por escrito: aflojar los grapones de una de las puertas estancas y proveer a los equipos salvavidas de flotadores y luces. Por lo demás, el barco parecía estar en perfecto estado. «Las modificaciones y los accesorios añadidos aumentarán la capacidad del barco de realizar trayectos más largos y de volver con un producto de alta calidad», concluía Simonitsch. El tema de la estabilidad no se trató en ningún momento.

Los astilleros de San Augustine fueron vendidos por la autoridad fiscal en 1990 por impago de impuestos. En octubre de aquel año Simonitsch revisó de nuevo el *Andrea Gail* en Gloucester y formuló algunas sugerencias: mantener en buenas condiciones el bote salvavidas, sustituir un acumulador descargado de clase B EPIRB e instalar un equipo de bengalas en la caseta del timón. Una vez más, no se hizo alusión alguna a las pruebas de estabilidad, pero el barco estaba desde un punto de vista legal en condiciones de navegar. Bob Brown, por su parte, descuidó presentar la documentación relativa al *Andrea Gail* después de haber modificado el casco, si bien las discrepancias entre la documentación y el verdadero estado del barco no le preocupaban a Simonitsch. A él se le pagó por inspeccionar el barco y emitir el informe correspondiente. En noviembre de 1990 el principal inspector de la Marine Safety Consultants, Inc, la empresa para la que trabajaba Simonitsch, revisó la embarcación por última vez. «El barco está bien equipado para cumplir sus funciones», escribió. «Propuesto sin menoscabo de derecho, David C. Dubois.»

Sin embargo, si Billy Tyne hubiera sido de los que se toman los problemas demasiado en serio, un par de cuestiones relativas al *Andrea Gail* le habrían hecho vacilar. En primer lugar, según Tommy Barrie, del *Allison,* el barco era de construcción de caja y la caseta de timón estaba adelantada, por lo que navegaba con cierta dificultad. Esta robusta embarcación no se arredraba ante las dificultades. A esto se le sumaron las modificaciones realizadas en San Augustine. La cubierta del espardel, ampliada, se sobrecargó con el peso de una máquina para hacer hielo y 36 bidones de 208 litros; el centro de gravedad se elevó y el barco se recuperaría desde entonces de los balanceos un poco más despacio. Sólo otros dos barcos de la flota –el *Eagle Eye* y el *Sea Hawk*– almacenan carburante en la cubierta principal. El costado de babor del *Andrea Gail* también podría dar problemas. Había sido elevado y agrandado para proteger los instrumentos de pesca, pero esto también favorecía la embarcación de agua sobre cubierta. Unos cuantos años antes un golpe de mar por proa lo lanzó tan lejos que una parte del timón asomó fuera del agua. Bob Brown estaba a bordo, corrió hacia la caseta de gobierno y giró el timón 180º; a la vez recibió el poderoso impacto de otra oleada. Lentamente el barco se adrizó por sí solo y sus cubiertas se despejaron; todo estaba en buen estado excepto el costado, que había quedado aplastado como hojalata.

Podría argumentarse que si una ola se lleva una parte de un barco, esa parte sobra. También cabría argüir que eso es justamente lo que las olas hacen: derribar lo que los hombres levantan. Brown lo atribuyó a la inexperiencia del timonel y añadió que fue su rápida intervención lo que salvó el barco. La tripulación no lo veía así. En su opinión, el barco se inclinó por babor por causa de un golpe de mar y luego se adrizó por el caprichoso efecto de una ola. Dicho de otro modo, un infortunio seguido de un golpe de suerte. El costado se reparó en cuanto volvieron a puerto. Nadie volvió a hablar de ello.

La reputación de Bob Brown en Gloucester es un tanto ambigua. Por un lado es un hombre de negocios de formidable éxito que comenzó de la nada y todavía se afana en su trabajo más que ningún miembro de la tripulación de cualquiera de sus barcos. Por otro, resulta difícil encontrar a un pescador en la ciudad que hable bien de él. Sin embargo, la pesca es un negocio que atrae a pocos y en el que no se alcanza el éxito ganándose el aprecio de los demás, sino siendo duro. Algunos son duros consigo mismos –como el pescador de Gloucester «Hard» Bob Millard– y otros son duros con sus empleados. Brown lo es en ambos casos. Cuando era joven, la gente le llamaba Brown «El Loco» porque corría riesgos enormes: pescar a la rastra bacalao y abadejo con una embarcación abierta de madera todo el invierno. No tenía radio, ni loran, ni sonda, y faenaba solo porque nadie quería ir con él. Recuerda algunos días de invierno en que tuvo que arrastrar el esquife por el puerto helado hasta el amarradero. «Tenía una familia que alimentar y estaba decidido a hacerlo», decía.

Solamente trabajó para otros una vez en su vida: seis meses en una empresa que realizaba investigaciones en la colonia de langostas de la plataforma continental. Aquello ocurrió en 1966; tres años más tarde estaba pescando a doscientas millas de la costa en una embarcación de madera de 12 metros. «No se me rompió siquiera un cristal», decía. «Que sea más grande no significa que sea mejor.» Con el tiempo acabaría por ser propietario de cuatro pesqueros de pez espada amarrados en Gloucester y ganar cientos de miles de dólares al año. Un invierno, de vuelta de los bancos de Georges, comenzó a formarse una capa de hielo en la cubierta del barco que gobernaban él y su hijo. «Si a la altura de Georges ya tienes hielo en cubierta, vas a tener serios problemas cuando estés cerca de tierra», decía. «Salimos de nuevo a pescar; aquella noche soplaba viento del noroeste y nevaba. El indicador de velocidad del viento marcaba 100, y ahí permaneció clavado durante tres días, como si estuviera estropeado. Navegábamos en un barco de acero, y las cosas no iban mal, estábamos en una situación relativamente cómoda. El acero es resistente comparado con la madera, no dejes que te digan lo contrario. Si alguien te dice lo contrario, es que es un romántico. El acero, eso sí, se hunde más rápido. Se hunde... como un cargamento de acero.»

Las malas relaciones entre Bob Brown y la ciudad de Gloucester alcanzaron su cenit en 1980, cuando Brown perdió un hombre que cayó al mar de un barco llamado *Sea Fever*. El *Sea Fever* era un pesquero de madera de 15 metros con una tripulación de tres miembros que capturaba langosta al arrastre frente a la costa de Georges. Transcurrían los últimos días de noviembre; el servicio meteorológico anunciaba varios días de vientos moderados, pero erró por completo. Una de las peores tormentas de que se tiene constancia recobró aliento frente a las Carolinas. Avanzó en dirección norte toda la noche e irrumpió ferozmente hacia el amanecer en la costa de Georges, levantando olas de 21 metros sobre los espectrales bajíos de la plataforma continental. Para empeorar las cosas, una de las boyas meteorológicas más importantes situadas en alta mar funcionaba defectuosamente desde hacía dos mes y medio, con lo que el servicio meteorológico no tenía idea alguna del estado del tiempo. Los tripulantes del *Sea*

Fever y de otro barco más, el *Fair Wind,* de 17 metros, se despertaron para entablar una lucha por sus vidas.

El *Fair Wind* se llevó la peor parte. Una enorme ola lo volteó y sus cuatro tripulantes quedaron atrapados en la caseta del timón, totalmente inundada. Uno de ellos, un rudo maquinista de 33 años llamado Ernie Hazard, consiguió tomar una bocanada de aire y salir por una de las ventanas. Buceó hacia la superficie y luego nadó hacia un bote salvavidas autohinchable que apareció inesperadamente atado al costado del barco. El *Fair Wind* tardó una hora en irse a pique casco arriba, pero ninguno de sus compañeros logró salir; finalmente cortó la cuerda y flotó a la deriva. Durante dos días estuvo abriéndose paso entre la tormenta, volcando una y otra vez, hasta que un P-3 de reacción de la Armada le avistó y lanzó al agua un señalizador de humo naranja. Fue recogido por una lancha guardacostas y evacuado rápidamente en helicóptero a un hospital en cabo Cod. Había sobrevivido dos días en el Atlántico Norte en ropa interior. Más tarde, cuando le preguntaron cuánto tiempo había necesitado para volver a entrar en calor después de tan penosa experiencia, respondió sin un asomo de ironía: «Oh, tres o cuatro meses.»

El *Sea Fever* tuvo algo más de suerte, pero no mucha más. Una enorme ola hizo añicos todos los cristales; la luna de seguridad, de 1,27 centímetros de grosor, reventó como golpeada por una bola de derribo. El capitán, casualmente un hijo de Bob Brown, viró para evitar que entrase más agua, pero la ola escoró el barco y arrastró a un tripulante fuera de la caseta del timón, arrojándole al mar. Se llamaba Gary Brown (no era pariente de Bob); mientras uno de los tripulantes restantes se afanaba en encender de nuevo el motor, otro lanzó un flotador por la borda para salvar a Brown. Cayó justo delante de él, pero ni siquiera intentó atraparlo. Aturdido, se dejó llevar por las olas.

Los otros dos hombres emitieron una señal de socorro. Una hora más tarde un helicóptero guardacostas trazaba círculos en la amenazadora oscuridad por encima de sus cabezas. Para entonces habían conseguido adrizar y vaciar de agua el *Sea Fever. ¿Quieren permanecer a bordo o que les subamos al helicóptero?,* preguntó el piloto por la radio. *Nos quedamos en el barco,* respondieron. El piloto descolgó una bomba de sentina y luego viró de vuelta hacia la costa porque se estaba quedando sin gasolina. De camino encendió su reflector «Sol Nocturno» para buscar a Gary Brown. Todo lo que vio fueron las olas veteadas de espuma. Brown se había ahogado hacía tiempo.

Cuatro años más tarde, el juez de distrito de Boston Joseph Tauro dictó una sentencia en la que falló que el servicio meteorológico había actuado negligentemente al no reparar la boya defectuosa. Si hubiera estado en funcionamiento, añadió, el servicio podría haber pronosticado la tormenta; además omitieron advertir a los pescadores que estaban realizando predicciones meteorológicas con información incompleta. El gobierno federal fue declarado así por primera vez responsable por un pronóstico erróneo. Comenzaron a recorrerle escalofríos de miedo: cualquier accidente de aviación o automovilístico podría vincularse plausiblemente a una predicción meteorológica. La Administración Nacional de Océanos y Atmósfera recurrió la sentencia, que fue rápidamente revocada por un tribunal superior.

Nada de todo esto era, indudablemente, culpa de Bob Brown. No había nada de irresponsable en faenar en Georges en noviembre –él lo había hecho toda su vida, y en peores condiciones–, y el error en la predicción de la tormenta fue total; es más, un barco más grande con casco de acero se hundió mientras que el *Sea Fever* permaneció a flote, lo cual dice mucho de su tripulación y de su estado general. Pero, al fin y al cabo, un tripulante de un barco de Bob Brown había muerto, y eso es lo que a la gente le bastaba saber. Circulaba la historia de cómo Bob avistó la ola más grande de su vida –una enorme rompiente de los Grandes Bancos– y ni siquiera dejó de faenar, siguió halando las redes. La gente comenzó a llamarle «Suicidio» Brown porque trabajar para él suponía arriesgar la vida. Más tarde ocurrió de nuevo.

A mediados de los ochenta los pesqueros facturaban un millón de dólares al año. Brown estaba en los Grandes Bancos embarcado en el *Hannah Boden* cuando de repente se vio halando las redes repletas de peces en medio de un viento de 60 nudos. Una ola barrió la cubierta, y cuando el barco surgió de nuevo de entre la espuma, dos hombres habían caído ya al agua. Llevaban prendas impermeables y botas de agua ajustadas a la altura del muslo, lo cual dificultaba sus movimientos en las heladas aguas de Terranova. Uno de ellos desapareció en un instante, y al otro el mar le lanzó violentamente contra el casco; otro tripulante rápido de reflejos le alargó un garfio por un costado para que se agarrara a él. El garfio le atravesó la mano, pero la situación era demasiado grave como para preocuparse por eso y le izaron a bordo de todas maneras. Tuvieron que navegar 400 millas hasta llegar a la zona de alcance de un helicóptero que lo evacuase a un hospital.

La reputación de Brown no es, con todo, asunto de Billy. Brown no está a bordo, sino a dos mil kilómetros, en Gloucester, y si Billy no quiere saber nada de él, no tiene más que desconectar la radio; además, Billy está ganando dinero rápidamente con el barco, lo cual torna los recelos de Brown –o su opinión, o su falta de empatía– en absolutamente irrelevantes. Todo lo que Billy necesita son cinco hombres, un barco en buen estado y combustible suficiente para salir de y volver al Pico de los Flamencos.

El palangrero de Johnston lanza al agua los cordeles las cinco primeras veces en la llamada «cara frontal» de la luna, en cuarto creciente. Los barcos que pescan en cuarto creciente suelen capturar machos pequeños. Los que faenan en cuarto menguante pescan hembras grandes. El récord de Johnston es de 27 piezas en otros tantos anzuelos consecutivos, casi todos machos pequeños. El día de luna llena se pasa bruscamente a capturar hembras de enorme tamaño durante un par de semanas. «Puedes pasar de un peso medio de 32 kilos, todos machos, a 4 o 5 piezas de 363 kilos, todas hembras», dice Johnston. «Se vuelven locas con la luna llena, devoran con un desenfreno temerario.»

Hay luna llena el 23 de octubre; Johnston ha organizado su derrota para incluir esa fecha. Algunos capitanes interrumpen las suyas sólo por aprovechar ese ciclo lunar. Los primeros cuatro o cinco calamentos son poco provechosos. Poco a poco va encontrando pescado; hacia el 21 pesca ya unos 2.700 o 3.175 kilos de atún patudo al día, suficiente para cumplir sus expectativas en una semana. El tiempo ha sido excepcionalmente bueno para esta estación. Todas las noches Johnston pone brevemente al corriente de lo sucedido al resto de la flota. Embarcado en el pesquero situado más al oeste, la flota confía en él para decidir qué cantidad de aparejo utilizar. No quieren tener 64 kilómetros de palangre en el agua con una tormenta aproximándose. El 22 de octubre el *Laurie Dawn 8,* una motonave reconvertida y capitaneada por un tranquilo tejano llamado Larry Davis, abandona New Bedford en dirección a los Grandes Bancos. Es el último barco en poner rumbo a los caladeros esta temporada. El mismo día, un carguero llamado *Contship Holland* sale del puerto de El Havre, Francia, hacia Nueva York. Su trayecto sigue la habitual línea loxodrómica desde el canal de la Mancha, todo recto atravesando las pesquerías. Esparcidos al sur del Pico de los Flamencos se hallan el *Hannah Boden,* el *Allison,* el *Miss Millie* y el *Séneca*. El *Mary T* y el *Mr. Simon* están al suroeste de la Cola, justo al borde de la corriente del Golfo, y Billy Tyne se encuentra a casi 960 kilómetros al este.

Billy ha estado faenando con luna nueva, lo cual puede explicar su poca fortuna, pero su suerte cambia a partir del 18. Toda la flota, de hecho, comienza a capturar más pescado a medida que se acerca la luna llena. Tyne no dice a nadie cuánto está pescando, pero se está resarciendo sin duda de tres semanas de escasez. Probablemente estará llevándose pez espada en la misma proporción que Johnston atún patudo, 2.270 o 3.175 kilos diarios. Hacia finales de mes tiene 18.000 kilos de pescado en la bodega, con un valor aproximado de 160.000 dólares. «Hablé con Billy el 24, y me dijo que había cerrado las escotillas del barco», dijo Johnston. «Ya había puesto rumbo a puerto mientras los demás no habían hecho más que comenzar a faenar. Podría decirse que estaba contento.»

Billy haló el último palangre en la tarde del 25; con la tripulación aún guardando los instrumentos de pesca puso rumbo a casa. Será uno de los pocos barcos que llegue a puerto con cargamento de pescado, lo cual significa escasez y precios altos. Todo capitán sueña con arribar con 18.000 kilos cuando hay poco producto en el mercado. El tiempo es apacible, los cirros salpican el cielo azul y un viento constante del noroeste remueve las olas, blanqueándolas. Una marejadilla pesada y despaciosa, eco de una tormenta que pasó muy lejos al sur, envuelve el barco. Billy tiene una máquina de hacer hielo defectuosa y un trayecto de 1.200 millas por delante; estará ya de vuelta mientras el resto de la flota esté en plena faena, y llegará a puerto cuando los otros la hayan acabado. Lleva dos semanas de adelanto. En los últimos tiempos podía culparse de ello a un arqueamiento invisible de la corriente del Golfo: la retorsión de la corriente dispersa a los peces espada, lo cual supone dos semanas más de trabajo y conduce al *Andrea Gail* al Pico de los Flamencos, cuando debería estar ya rumbo a casa.

Las circunstancias que sitúan a un barco en un lugar determinado en un momento determinado son tan aleatorias que no se pueden siquiera sistematizar, y aún menos predecir; unas 50 o 60 personas más –pescadores de pez espada, marineros, navegantes– convergen en la zona de borrascas del Atlántico Norte. Unos han venido aquí durante meses; otros tomaron hace pocos días una decisión equivocada.

A primeros de septiembre, un marinero retirado llamado Ray Leonard comenzó a reclutar en Portland y sus alrededores una tripulación para llevar su balandro *Westsail,* de 10 metros, a las Bermudas. Portland es una ciudad de tradición marinera –sus habitantes celebran competiciones de veleros de clase J en verano, navegan por el Caribe en invierno, y entre una estación y otra practican un poco de esquí acuático–, y así Leonard conoció rápidamente a Karen Stimson, una de las más experimentadas marineros del puerto. Stimson, de 42 años, se embarcaba como tripulante ya de muy joven, se licenció en la Escuela Marítima cumplidos los treinta y ha cruzado el océano varias veces en petroleros. Entre una travesía y otra, ella y otra mujer, Sue Bylander, de 38 años, trabajaban como diseñadoras gráficas para un amigo de Leonard. Éste les ofreció a ambas un puesto en su barco si tomaban un vuelo de vuelta de casa desde las Bermudas y su jefe les permitía tomarse esos días de vacaciones. Aceptaron;

la fecha de partida se fijó para el último fin de semana de octubre. Un mes más tarde el balandro *Satori* soltó amarras en la Great Bay Marina, en Portsmouth, New Hampshire; navegó a motor el río Piscataqua hacia mar abierto.

Hacía tanto calor que la tripulación andaba en camiseta por la cubierta; el cielo tenía el azul acuoso del veranillo de San Miguel. Soplaba un suave viento favorable del oeste. El *Satori,* acompañado por otro barco, descendía el Piscataqua a todo gas, franqueó Kittery Point y finalmente puso rumbo hacia el este. Los dos barcos se dirigían hacia el Gran Canal del Sur, entre los bancos Georges y cabo Cod, para desde allí navegar proa al sur hacia las Bermudas. Bylander permanecía bajo cubierta clasificando la enorme cantidad de víveres y trabajando en su camarote, mientras que Stimson y Leonard se sentaban en cubierta y charlaban. La bruma cayó incluso antes de que sobrepasaran la isla de Shoals; al anochecer el *Satori* se hallaba solo en un mar extrañamente tranquilo.

Cuando Bylander acabó de estibar las provisiones, la tripulación se apretó en torno a una mesa pequeña en el camarote y comió una lasaña preparada por la madre de Stimson. Los cabellos de Stimson son de color rubio pajizo; tiene una mirada serena de ojos grises que parece, todo a la vez, escudriñar la situación, sopesar las posibilidades y tomar una decisión. No es en absoluto romántica –«si buscas cultura nunca la encontrarás en un petrolero»– pero está profundamente enamorada del mar. No está casada ni tiene hijos. Es la tripulante perfecta para una travesía de final de temporada rumbo al sur.

Oye, Ray, ¿has oído últimamente el parte meteorológico?

Leonard asintió con la cabeza.

¿Sabes que se acerca un frente de borrascas?

No creo que sea un gran problema. Siempre podemos detenernos en la bahía de Buzzard.

La bahía de Buzzard está en el extremo occidental del canal del cabo Cod. Se podría, si hace mal tiempo, hacer prácticamente todo el trayecto desde Boston hasta Nueva York por rutas de agua seguras. No son especialmente bellas, pero no suponen ningún riesgo. «Ray solía navegar solo, así que tenerme a mí debe de haberle hecho sentirse aún más fuerte», decía Stimson. «Llega un momento en que estás tan lejos que ya no quieres volver, simplemente sigues mar adentro. En el futuro yo oiré los boletines meteorológicos, yo decidiré, como tripulante, si estoy dispuesta a seguir en el barco. No me importará el grado de experiencia del capitán.»

La fecha era 26 de octubre. Las vidas de Stimson, Bylander y Leonard estaban a punto de confluir, junto a las de otros, frente a las costas de Nueva Inglaterra.

Billy, al igual que Leonard, ha oído sin duda alguna el parte meteorológico, pero muestra aun menos disposición que Leonard a hacer algo al respecto. Solamente se puede predecir con exactitud el tiempo para un máximo de dos o tres días, y un pesquero de pez espada necesita el doble para llegar a puerto. Los boletines meteorológicos son vitales para la pesca, pero no tanto para poner rumbo a casa. Cuando se acaba de faenar, los capitanes no hacen más que halar las redes y volver a puerto.

Cuanto más larga sea la ruta, más cuidado debe tener el capitán en poner el rumbo inicial a casa, ya que los errores se multiplican. Una desviación de un grado aleja el barco 55 kilómetros de su dirección en su vuelta a Gloucester; un error de este tipo supondría un día más de travesía. En su trayecto de vuelta a casa, un rumbo de 260° conduciría a Billy Tyne directamente al cabo Ann, pero le obligaría a pasar muy cerca de la isla Sable, lo cual supone un enorme peligro para la navegación («Intento pasar por lo menos a 40 o 50 millas de la isla», dice Charlie Reed). El estrecho que separa Sable y Nueva Escocia disfruta de una ventajosa contracorriente fría que parte del Labrador y recorre toda la costa hacia el sur hasta el cabo Hatteras, pero por alguna razón Billy decide no tomarla. Resuelve cruzar la Cola cerca de los 44° norte –su «punto de referencia»– y, una vez franqueda Sable, hacer rumbo proa al oeste, hacia Gloucester.

Los barcos pesqueros utilizan un sistema que determina su posición para poder navegar en alta mar. El GPS, como se le llama, fija la posición con respecto a satélites militares que giran alrededor de la tierra y la convierte en longitud y latitud. Es un sistema preciso hasta los 4,5 metros. El Departamento de Defensa distorsiona las señales intencionadamente para evitar la utilización indebida de una información tan certera, pero las exigencias de exactitud de los pesqueros no son tan estrictas como para que esto les afecte. Los pescadores usan generalmente el GPS como apoyo del loran, el cual determina la posición de un barco midiendo el tiempo que tardan dos señales de radio de baja frecuencia, emitidas al mismo tiempo por emisoras situadas en la costa, en ser recibidas por la embarcación. En las cartas náuticas se representan líneas numeradas en torno a una fuente de señales; el loran identifica las líneas que corresponden a la posición del barco.

Sin embargo, incluso con estos dos sistemas electrónicos se producen errores. Además los mapas facilitan una dirección sin más, como si se pudiera penetrar la curvatura de la tierra, pero los barcos deben trazar un arco de un punto a otro, la «ruta ortodrómica». Esta ruta requiere una corrección de unos 11° norte entre Gloucester y el Pico de los Flamencos. En la noche del 24 de octubre Billy Tyne introduce en el loran las coordenadas de su ruta por la Cola de los bancos y lee en su mapa de pantalla un rumbo de 250°. En una ruta ortodrómica el rumbo de compás y el rumbo directo son idénticos al principio, divergen gradualmente hasta mitad de camino y convergen a medida que el barco se acerca a su destino.

Una vez determinada su ruta ortodrómica y conectado el piloto automático de navegación, Tyne entra en la caseta de derrota y saca de un cajón una carta náutica de 10 dólares llamada INT 109. Sobre ella traza una derrota de 250° a su punto de referencia en la Cola y delinea su travesía con reglas paralelas articuladas. Verifica de nuevo el rumbo en la rosa náutica y luego lo ajusta en 20° por la variación magnética local (el campo magnético terrestre no se alinea exactamente con el eje terrestre; en realidad ni siquiera llegan a aproximarse). Esto debería conducirle a su punto de referencia en unos tres días. Allí virará 14° y tomará otra derrota ortodrómica hacia Gloucester.

La INT 109 es una de las pocas cartas que muestran la extensión total de los caladeros veraniegos de pez espada; todo pesquero de este pez se la lleva a los bancos. Es de una escala 1: 3.500.000; en su diagonal se extiende desde Nueva Jersey a Groenlandia. La tierra firme se representa en la 109 del modo en que los marineros deben verla: una extensión blanca y monótona salpicada de ciudades a lo largo de una costa minuciosamente reproducida. Los faros están marcados con signos de exclamación de trazo grueso que destacan entre los escarpados promontorios de la costa entre Nueva York y South Wolf Island, Labrador. La profundidad del agua viene medida en metros y las zonas de bajío están sombreadas en azul. El banco de Georges se distingue claramente frente al cabo Cod: una extensión de contorno irregular del tamaño de Long Island que se eleva a una profundidad de 2,75 metros. Al oeste de Georges se halla el Gran Estrecho del Sur; más allá están los bajíos de Nantucket y un área que guarda viejas piezas de artillería: torpedos sumergidos, cargas de profundidad sin explotar, bombas sin explotar. La línea de sonda de los Doscientos es la peculiaridad más destacada de la carta. Sondando la costa a largos intervalos y con gran precisión, serpentea por el norte en torno a Georges, bordea Nueva Escocia a 100 millas de la costa y remonta el canal de San Lorenzo. Al este del canal se encuentran los viejos caladeros de Burgeo y los bancos de San Pierre; finalmente la línea traza un lazo mar adentro hacia el sureste. Los Grandes Bancos.

Los Grandes Bancos son una vasta meseta submarina que se extiende cientos de kilómetros al sureste de Terranova antes de declinar hacia la plataforma continental. Las amenazantes Virgin Rocks acechan a 112 kilómetros al este de San Johns; por lo demás no hay otros bajíos dignos de mención. Una capa de agua fría llamada la corriente del Labrador fluye por encima del extremo norte de los bancos, introduciendo plancton en la cadena alimentaria local, y un indolente flujo de agua cálida, la corriente del Atlántico Norte, avanza despaciosamente hacia Europa al este del Pico de los Flamencos. La Slope Water, una corriente fría de medio nudo que se arquea en derredor de la Cola de los bancos, impulsa el movimiento hacia el este propio de la zona. Bajo la Slope Water fluye la corriente del Golfo, que discurre a velocidades superiores a tres y cuatro nudos. Las revesas se separan a veces de la corriente y se retuercen en el Atlántico Norte, arrastrando ecosistemas enteros consigo. A estas revesas se las denomina corrientes cálidas contrarias. Cuando estas corrientes se disuelven, los ecosistemas mueren.

Billy quiere abrir una ruta entre la corriente del Golfo y la isla Sable hacia el norte. Es una derrota relativamente recta que ni abandona por completo esta corriente cálida ni se acerca demasiado a la isla. Navegando a motor continuamente espera completar el trayecto en una semana; puede que incluso saque un estabilizador del agua para avanzar más rápidamente. El motor diesel lleva tres semanas funcionando sin parar y ahora, sin la distracción del trabajo, el traqueteo resulta insoportable. No hay forma de escapar del ruido: te penetra en la cabeza, te sacude el estómago y te martillea los oídos. Si la tripulación no estuviera tan falta de sueño le resultaría muy molesto; así es que se revuelven en las literas y hacen guardia en la caseta del timón dos veces al día. Después de dos días y medio el *Andrea Gail* ha cubierto cerca de 450 millas, justo en el borde de la plataforma continental. El tiempo es agradable y hay mar tendida del noreste. A las 15.30 del 27 de octubre Billy Tyne comunica por la banda lateral única al servicio de guardacostas canadiense que están entrando en aguas jurisdiccionales de su país. *Éste es el barco de pesca americano Andrea Gail, WYC 6681,* dice. *Estamos a 44,25 norte, 49,05 oeste, en dirección a Nueva Inglaterra. Tenemos todos los aparejos de pesca recogidos.*

El guardacostas canadiense de San Johns le concede el permiso para seguir adelante. La mayor parte de la flota pesquera de pez espada está a unos 320 kilómetros al este, y Albert Johnston se encuentra a la misma distancia, pero hacia el sur. La isla Sable no está mucho más lejos en la misma dirección, por ello Billy gira 14º y pone Gloucester en su punto de mira. Navegan proa al sur; trazan una derrota ortodrómica con el piloto automático. Al caer la noche reciben por el fax del satélite un mapa meteorológico de Canadá. Hay un huracán frente a las Bermudas, un frente frío bajando por la costa del Escudo canadiense y sobre los Grandes Lagos se está formando una tormenta. Todos se dirigen hacia los Grandes Bancos. Unos minutos después de haber recibido el fax, Linda Greenlaw llama por teléfono.

Billy, ¿has visto el mapa? –pregunta ella.

Sí, lo he visto –responde.

¿Qué te parece?

Me parece que las cosas se van a poner feas.

Quedan en hablar el día siguiente para que Billy le dé una lista de las provisiones que vaya a necesitar. No tiene ninguna gana de hablar con Bob Brown. Cortan la transmisión; después le cede el timón a Murph y baja a cenar. Navegan en un gran barco de acero con la bodega llena de 18.000 kilos de pescado y hielo. Resulta muy difícil hundir un barco como éste. Hacia las nueve en punto la media luna aparece por babor. El aire es calmoso; el cielo está cubierto de estrellas. A 2.000 millas de distancia los frentes atmosféricos están chocando entre sí.

LA BOCA DEL LOBO

«Los hombres no podían hacer otra cosa que mirarse unos a otros, a través de la nieve, desde la tierra al mar, desde el mar a la tierra, y darse cuenta de su propia insignificancia.»

Barco en las rocas, Newburyport, Massachusetts, 1839, ningún superviviente.

(Sidney Perley, *Tormentas históricas de Nueva Inglaterra,* 1891)

LA pesca del pez espada supone un cierto grado de resignación. Los barcos se abren paso en medio de los temporales y, por lo general, las tripulaciones se limitan a asegurar las escotillas, encender el vídeo y confiar en la resistencia a la tracción del acero. No obstante, cada uno de los hombres a bordo de un barco de pesca de pez espada sabe que, mar adentro, existen olas que podrían abrirles por la mitad como si fuesen un coco. Los oceanógrafos han calculado que la altura máxima teórica de las olas impulsadas por el viento es de 60 metros; una ola de ese tamaño podría hundir a muchos petroleros, no digamos a un pesquero de veintiún metros.

Sin embargo, una vez instalado en la resignación, es difícil saber cuándo parar. Los capitanes acostumbran a sobrecargar las naves, ignoran los avisos de tormenta, guardan los botes salvavidas en la caseta del timón y desconectan sus radiofaros de emergencia. Los inspectores de costa afirman que, para muchos capitanes-propietarios, un naufragio es algo tan impensable que ni siquiera toman precauciones elementales. «No necesitamos EPIRB porque no tenemos previsto hundirnos»; ésta es una frase que los inspectores de costa escuchan a menudo. Uno de los vídeos utilizados por la guardia costera de Portland, y que se muestra con la mayor frecuencia posible a los pescadores locales, se rodó desde la timonera de un barco comercial en el curso de una tormenta realmente fuerte. Muestra la proa elevándose y descendiendo una y otra vez sobre un mar gigantesco y veteado de blanco. En un determinado momento, el capitán dice con cierta suficiencia: «Sí, aquí es donde tienes que estar, metido en la caseta del timón, tu pequeño dominio personal.»

En ese instante, un muro de agua del tamaño de una casa llena la pantalla. No es mayor que las demás olas, pero es sólido y espumeante, y absolutamente vertical. Se traga la proa, la cubierta de proa, la caseta del timón y después revienta todas las escotillas. Lo último que registra la cámara es el agua espumosa arremetiendo contra ella como un gran puño mojado.

Cuanto más lejos se trabaja de la orilla, menos confianzas cabe tomarse. Un navegante de fin de semana sabe que los guardacostas le librarán de cualquier complicación absurda en la que pueda meterse, pero los barcos de pez espada no tienen esa posibilidad. Trabajan a seiscientos u ochocientos kilómetros de la costa, fuera del alcance de los helicópteros. Así que Billy –cualquier pescador de altura– siente un tremendo respeto por el gran puño mojado. Cuando Billy recibe el mapa meteorológico por fax, indudablemente explica a la tripulación que algo muy fuerte se avecina. Hay cosas concretas que pueden hacerse para sobrevivir a una tormenta en alta mar, y que la tripulación las lleve a cabo, y de qué manera, depende de lo cansados que estén todos. Billy ha pescado toda su vida. Tal vez crea que no hay nada que pueda hundirle; o tal vez el mar haya sido el motivo de todas sus pesadillas.

Una tripulación previsora comienza por asegurar todas las escotillas, portillas y puertas herméticas del barco. Esto evita que las olas, al romper, lo arrasen todo e inunden la bodega. Comprueban las escotillas del pañol, donde está alojado el mecanismo de gobierno, y se ocupan de asegurarlas. Muchos barcos se van a pique cuando se inunda el pañol. Comprueban los filtros de la bomba de achique y extraen cualquier desperdicio que flote en el agua. Recogen todo lo que haya en la cubierta –aparejos de pesca, arpones, impermeables, botas– y lo meten en el vivero. Quitan las tapas de los imbornales para facilitar la limpieza de las cubiertas. Aseguran las fijaciones del ancla. Amarran los barriles de combustible y de agua al espardel. Cierran las llaves del gas de la estufa de propano. Sujetan cualquier cosa que haya en la sala de máquinas que pueda quedar suelta y provocar algún desperfecto. Comprimen los tanques de combustible de modo que algunos queden vacíos y otros lo más llenos posible. Eso reduce lo que se llama el «efecto de superficie libre», por el cual el líquido, al removerse en el interior de los depósitos, desplaza el centro de gravedad.

En algunos barcos se paga un plus a un miembro de la tripulación para que vigile el motor, pero en el *Andrea Gail* no existe un puesto semejante; Billy se encarga personalmente. Baja por la escalera de toldilla de la sala de máquinas y repasa la lista: aceite del motor, hidráulica, baterías, conductos de suministro, entradas de aire, inyectores. Se asegura de que las alarmas de incendio y marea alta estén conectadas y de que funcionen las bombas de achique. Comprueba el generador de reserva. Reparte pastillas contra el mareo. Si uno de los estabilizadores de acero está fuera del agua, lo vuelve a sumergir. Fija su posición en el mapa y calcula cómo afectará el tiempo a su deriva. Establece mentalmente su curso por si una ola les dejara sin electricidad. Revisa la iluminación de emergencia. Revisa los trajes de salvamento. Mira las fotos de sus hijas. Y luego se sienta a esperar.

Hasta ahora el tiempo ha estado nublado pero tranquilo, con ligeros vientos del noroeste y un poco de oleaje. Antes de la tempestad de Portland de 1898, un capitán informó de que era «la noche más encerada que había visto nunca», y, algunas horas más tarde, 450 personas habían muerto. No hay tanta calma, pero casi. El viento vuela a diez nudos y un oleaje de dos metros rueda perezosamente bajo el barco. El *Andrea Gail* pasa al norte de Albert Johnston durante la noche, y al amanecer han llegado casi al extremo occidental de los bancos, a unos 52° al oeste. Están a medio camino de casa. El alba aparece sigilosamente, con algunos jirones de cielo rosa asalmonado, y el viento comienza a avanzar hacia el sureste. A esto se le llama viento de popa; mueve la brújula en sentido inverso al de las agujas del reloj y generalmente indica que se avecina mal tiempo. El viento de popa es un viento malévolo; es el primer aviso distante de un sistema de bajas presiones que entra en su fase ciclónica.

Después llega otro fax:

HURACÁN *GRACE* SE MOVERÁ HACIA EL NE PARA ACELERAR. DESARROLLA PELIGROSA TORMENTA EN DIRECCIÓN E, A 35 NUDOS GIRARÁ AL SE DETENIÉNDOSE EN 12 HORAS. VIENTOS PREVISTOS DE 50 A 60 NUDOS Y OLAS DE 6 A 10 METROS EN UN SEMICÍRCULO DE 400 MILLAS NÁUTICAS.

Parece un inventario de las cosas que los pescadores no quieren oír. Un mapa adicional muestra el huracán *Grace* como un enorme remolino en torno a las Bermudas, y la tormenta en formación como un apretado conjunto de líneas barométricas al norte de la isla Sable. Cada barco de la flota recibe esta información. Albert Johnston, al sur de la Cola, decide poner rumbo al noroeste hacia las aguas frías de la corriente del Labrador. El agua fría es más pesada, dice, y parece acusar menos la acción del viento; no produce mares tan volátiles. El resto de la flota permanece en el extremo este, esperando ver los efectos de la tormenta. De todas formas, no llegarían a tiempo al puerto. El *Contship Holland,* a cien millas al sur de Billy, va directamente a la boca del lobo. A doscientas millas al este, otro carguero, el buque de bandera liberiana *Zarah,* también se dirige a Nueva York. Ray Leonard, en el balandro *Satori,* ha decidido no poner rumbo al puerto; mantiene su curso hacia el sur en dirección a las Bermudas. El *Laurie Dawn 8* continúa abriéndose camino hacia los bancos de pesca, y el *Eishin Maru 78,* a 150 millas del sur de la isla Sable, pone rumbo al puerto de Halifax, al noreste. Billy puede desperdiciar varios días intentando quitarse de enmedio o bien mantener el curso hacia su puerto de destino. Tener la bodega llena de pescado y una cantidad insuficiente de hielo debe pesar en su decisión.

«Hizo lo que el 90 por 100 de nosotros hubiésemos hecho, reforzar las escotillas y aguantar», dice Tommy Barrie, capitán del *Allison.* «Llevaba fuera más de un mes. Lo más probable es que dijera: a la mierda, ya hemos tenido bastante, y mantuvo el rumbo a casa.»

La oficina de Boston del Servicio Nacional de Meteorología ocupa la planta baja de un pequeño edificio de ladrillo junto a una polvorienta carretera de acceso detrás del aeropuerto Logan. Unas ventanas de cristal pesado ofrecen una visión matizada de la terminal de carga de USAir y de un páramo de grava apilada y desperdicios. Los meteorólogos del servicio nacional pueden alzar la vista de sus pantallas de radar y observar los aviones de USAir yendo y viniendo tras la barrera de humo gris de los reactores. Sólo sus estabilizadores se elevan por encima de ella; surcando un mar de cemento, como tiburones plateados.

Por lo general las tormentas recorren el país de oeste a este, como el chorro de los reactores. Dicho de la manera más cruda, la previsión del tiempo significa, sencillamente, llamar a alguien que esté situado al oeste y pedirle que mire por la ventana. En los primeros tiempos –justo después de la guerra civil– el Servicio Nacional de Meteorología estaba bajo los auspicios del Departamento de Guerra porque ése era el único organismo que tenía la disciplina y la tecnología suficientes para enviar la información al este antes de que se desplazase la tormenta. Una vez que se agotó la novedad del telégrafo, el servicio nacional fue transferido al Departamento de Agricultura, para acabar finalmente en el Departamento de Comercio, que se encarga de la aviación y del transporte interestatal por carretera. Las oficinas de los servicios regionales de meteorología suelen estar emplazadas en lugares más bien tristes, como los polígonos industriales que bordean los aeropuertos metropolitanos. Tienen ventanas selladas y aire acondicionado central. De hecho, una cantidad muy escasa del aire que se estudia llega a penetrar en el interior.

El 28 de octubre es un día nítido y soleado en Boston, las temperaturas rondan los diez grados y sopla un viento frío del océano. Un meteorólogo veterano llamado Bob Case da vueltas por la habitación enmoquetada, consultando con los diversos meteorólogos que están de guardia ese día. La mayor parte están sentados en unas grandes consolas azules, contemplando con gesto resuelto unas columnas de números –presión barométrica, punto de condensación, visibilidad– que van bajando por las pantallas de los ordenadores. Detrás de la mesa de aviación hay una hilera de teléfonos de urgencia: Dirección Estatal de Emergencias, Circuito Regional y Huracanes. Dos veces al día suena el teléfono de la Dirección Estatal de Emergencias y alguien de la oficina se apresura a cogerlo. Es el Estado, que comprueba su capacidad para advertir a la gente de un ataque nuclear.

Case es un hombre competente de pelo escaso y unos cincuenta y pico años. Una foto de satélite de un huracán a punto de golpear la costa de Maryland cuelga en su oficina. Es el responsable de suministrar previsiones regionales basadas en las imágenes de satélite y en un sistema nacional llamado Red Limitada de Detalle, una rejilla superpuesta a un mapa del país donde las esquinas representan puntos de recopilación de datos. Dos veces al día se sueltan cientos de globos meteorológicos LFM para medir la temperatura, el punto de condensación, la presión barométrica y la velocidad del viento, y devolver la información por teodolito. Los globos se elevan a 18.000 metros de altura y luego estallan, permitiendo que los instrumentos desciendan a tierra en paracaídas. Cuando la gente los encuentra los envía al servicio meteorológico. Los datos de los LFM, más la información procedente de unos mil puestos terrestres emplazados por todo el país, se introducen en unos enormes ordenadores en el Centro Nacional de Meteorología de Camp Springs, Maryland. Los ordenadores trabajan con modelos numéricos de la atmósfera y luego expulsan previsiones dirigidas a las oficinas regionales, donde son enmendadas por meteorólogos locales. Los seres humanos aún «añaden valor» a una previsión, como dicen los meteorólogos. Hay un elemento intuitivo en la meteorología que ni siquiera los ordenadores más potentes pueden reproducir. Desde primeras horas del día anterior, Case ha observado algo llamado «zona aérea de bajas presiones de onda corta» deslizándose hacia el este desde los Grandes Lagos. En las fotos de satélite se asemeja a una curva en forma de «S» en una franja de aire claro y seco moviéndose hacia el sur desde Canadá. El aire frío es más denso que el aire caliente, y unas ondulaciones enormes y lentas se desarrollan en la frontera entre ambos y avanzan hacia el este –sobre su costado, podría decirse– de manera parecida a un remolino en el océano. La ondulación se hace cada vez más pronunciada, hasta que la «cresta» se separa del resto del frente cálido y comienza a girar sobre su propio eje. A esto se le llama un «bajo desprendido» u oclusión. El aire es absorbido hacia el centro, el sistema gira cada vez más deprisa, y en unas horas se produce la tormenta.

La mecánica de un huracán es fundamentalmente la misma que la de una oclusión, pero sus orígenes son distintos: los huracanes se forman en las aguas tibias en torno al ecuador. Cuando el sol incide sobre el ecuador, lo hace de plano: cada metro cuadrado de irradiación calienta exactamente un metro cuadrado de agua. Cuanto más al norte o al sur se esté, más reducido será el ángulo del sol y más agua tendrá que calentar cada metro cuadrado de luz solar; el resultado es que el agua no se calienta tanto. El mar ecuatorial se cuece todo el año y evapora enormes cantidades de agua. El agua evaporada es inestable y contiene energía del mismo modo que una piedra en lo alto de una colina, un pequeño empujón desata una enorme fuerza destructiva. Igualmente, una caída en la temperatura del aire hace que el vapor se precipite en forma de lluvia y libere su energía latente hacia la atmósfera. El aire situado sobre una superficie de treinta centímetros cuadrados de agua ecuatorial contiene suficiente energía latente para desplazar un coche a más de tres kilómetros de distancia. Una sola tormenta podría suministrar una cantidad de energía eléctrica equivalente a las necesidades de Estados Unidos durante cuatro días.

El aire caliente es menos denso que el aire frío; se eleva desde la superficie del océano, se enfría en la atmósfera superior y luego derrama su humedad antes de regresar velozmente a la tierra. Cúmulos enormes se forman sobre las zonas de aire en elevación, acompañados de truenos, relámpagos y una lluvia terriblemente fuerte. Mientras se produzca un suministro de agua cálida, la tormenta se mantiene, convirtiendo la humedad en un telón de lluvia y en vientos verticales. Otras nubes de tormenta pueden alinearse en el borde de ataque de un frente frío formando una «línea de tormenta», un imponente motor de convección que se extiende por todo el horizonte.

Los huracanes comienzan cuando un ligero remolino –una perturbación en los vientos alisios, una tormenta de polvo desplazándose hacia el mar desde el Sahara– se desarrolla en un estrato superior del aire. La línea de tormenta comienza a rotar en torno al remolino, atrayendo aire cálido y volátil y enviándolo hacia el vórtice recolector en su centro. Cuanto más aire recoge, más rápido gira y más agua del océano se evapora. El vapor de agua se eleva hacia el núcleo del sistema y libera lluvias y calor latente. Llega un momento en que el sistema comienza a girar tan deprisa que el aire de la espiral interna ya no puede vencer la fuerza centrífuga para llegar hasta el centro. Se ha formado el ojo de la tormenta, una columna de aire seco rodeada por una sólida barrera de viento. Las aves tropicales quedan atrapadas en su interior y no pueden escapar. Una semana después, cuando el sistema se ha descompuesto, los rabihorcados y las garcetas pueden encontrarse sobrevolando Terranova o Nueva Jersey.

Un huracán maduro es, con diferencia, el acontecimiento más poderoso de la tierra; los arsenales nucleares de Estados Unidos y la antigua Unión Soviética en combinación no contienen energía suficiente para impulsar un huracán durante un día entero. Un huracán típico abarca más de un millón y medio de kilómetros cúbicos de atmósfera y podría suministrar toda la energía eléctrica que necesita Estados Unidos durante tres o cuatro años. Durante el huracán del día del trabajo de 1935 los vientos sobrepasaron los 320 kilómetros y las personas que fueron sorprendidas en el exterior murieron a causa de los chorros de arena. Los equipos de rescate no encontraron más que sus zapatos y las hebillas de sus cinturones. En el curso de un huracán puede caer tanta lluvia –hasta doce centímetros por hora– que el suelo se licúa. Las laderas de los montes se desprenden sobre los valles y los pájaros se ahogan en pleno vuelo, incapaces de proteger las ventanillas de sus picos. En 1970 un huracán ahogó a medio millón de personas en lo que hoy es Bangladesh. En

1938 un huracán puso a Providence, Rhode Island, a tres metros bajo el océano. Las olas generadas por aquella tormenta fueron tan enormes que movieron, literalmente, la tierra; los sismógrafos de Alaska registraron su impacto a ocho mil kilómetros de distancia.

Una versión menor a ésta se dirige hacia los Grandes Bancos: el huracán *Grace,* un accidente de fin de temporada que todavía contiene energía suficiente para sacar del mapa otro sistema tormentoso. Normalmente el *Grace* llegaría a la costa en algún lugar de las Carolinas, pero el mismo frente frío que engendró la zona aérea de bajas presiones de onda corta también obstaculiza su ruta en la costa (el aire frío es muy denso, y los sistemas de temperatura cálida tienden a rebotar en ellos como pelotas de playa sobre una pared de ladrillo). Según los modelos atmosféricos generados por los ordenadores en Maryland, el *Grace* entrará en colisión con el frente frío y será desviado hacia el norte, en dirección a la ruta de la zona de bajas presiones de onda corta. El viento es, sencillamente, aire que se precipita desde una zona de altas presiones a una de baja presión; cuanto mayor sea la diferencia de presión mayor será su velocidad. Un frente frío del Ártico bordeando un bajo ceñido por un huracán produciría un gradiente de presión que los meteorólogos pueden no ver en toda su vida.

En última instancia, el motor de toda esta actividad es la corriente en chorro, un torrente de aire frío de los niveles superiores que aúlla en torno al globo a 9.000 o 12.000 metros de altura. Tormentas, frentes fríos, zonas de bajas presiones de onda corta... tarde o temprano todos son arrastrados hacia el este por los vientos de nivel superior. La corriente en chorro no es constante; se convulsiona como una manguera suelta, chocando contra las montañas, girando sobre las llanuras. Estas irregularidades crean remolinos del tamaño de continentes que llegan inflados desde el Ártico en forma de frentes fríos. Se les llama anticiclones porque el aire frío que contienen fluye hacia fuera y en el sentido de las agujas del reloj, al contrario que un bajo. Es en el borde de ataque de estos anticiclones donde a veces se desarrollan las olas de bajas presiones; ocasionalmente, la intensidad de estas olas crece hasta dar lugar a una tormenta. Predecir el porqué y el cuándo aún está más allá de las capacidades de la ciencia. Lo habitual es que suceda sobre unas zonas donde un extremo de la corriente en chorro entra en colisión con el aire subtropical, los Grandes Lagos, la corriente del Golfo cerca de Hatteras, el sur de los Apalaches. Dado que el aire fluye alrededor de estas tormentas en sentido inverso a las agujas del reloj, los vientos surgen del noreste a medida que se alejan de la costa. Por este motivo, se los conoce como «vientos del noreste». Los meteorólogos les dan otro nombre. Los llaman «bombas».

La primera señal de la tormenta llega en las últimas horas del 26 de octubre, cuando las imágenes de satélite revelan una ligera curva en el borde de ataque del frente frío situado sobre el oeste de Indiana. La curva es una bolsa de baja presión barométrica –una zona de bajas presiones de onda corta– inserta en la pared del frente frío a unos 6.000 metros de altura. Es el embrión de una tormenta. La zona de bajas presiones se mueve hacia el este a sesenta y cinco kilómetros por hora, reforzándose en su curso. Recorre la frontera de Canadá hasta Montreal, tuerce hacia el este sobre el norte de Maine, cruza la bahía de Fundy y atraviesa Nueva Escocia durante las primeras horas del 28 de octubre. Al amanecer, una tempestad en toda regla se desata al norte de la isla Sable. La zona de bajas presiones del nivel superior se ha desintegrado, siendo reemplazada por un bajo al nivel del mar, y el aire cálido se está elevando desde lo alto del sistema más rápidamente de lo que puede ser absorbido en la parte inferior. La presión barométrica está bajando más de un milibar por hora, y la tormenta de la isla Sable se está alejando rápidamente hacia el sureste con vientos de 65 nudos y olas de nueve metros. Es un bajo muy apretado que Billy Tyne, a más de trescientos kilómetros de distancia, ni siquiera puede advertir todavía.

El gobierno canadiense mantiene una boya de referencia cien kilómetros al este de la isla Sable, 43,8 norte y 57,4 oeste, muy cerca de la posición de Billy. Se la conoce sencillamente como la boya número 44139; hay otras ocho como ésta entre Boston y los Grandes Bancos. Cada hora transmiten información oceanográfica hacia la costa. Durante la mañana del 28 de octubre la boya 44139 apenas registra ninguna actividad; un clima en alta mar propicio para la navegación en bote. Pero a las dos en punto salta la aguja: de pronto, las olas se elevan a tres metros y medio y los vientos aceleran hasta los quince nudos. Eso no supone nada en sí mismo, pero Billy debe ser consciente de que acaba de ver las primeras agitaciones de la tormenta. El viento vuelve a amainar y las olas se apaciguan progresivamente, pero unas pocas horas más tarde otro informe meteorológico sale del radiofax:

AVISO. HURACÁN *GRACE* MOVIÉNDOSE HACIA EL ESTE A 5 NUDOS VIENTOS MÁXIMOS 65 NUDOS ACELERANDO HASTA 80 CERCA DEL CENTRO. PREVISIÓN TORMENTA PELIGROSA VIENTOS DE 50 A 70 NUDOS Y OLAS DE 7 A 10 METROS.

Billy está a 44 norte, 56 oeste y avanza derecho hacia la boca de un infierno meteorológico. Durante la hora siguiente el mar está en calma, una calma espantosa. La única señal de lo que va a venir es la dirección del viento; cambia constantemente de un cuadrante a otro durante toda la tarde. A las cuatro viene del sureste. Una hora después, procede del sur-suroeste. A la hora siguiente ha dado la vuelta y viene del norte. Sigue así a lo largo de otra hora, y despúes, en torno a las siete, comienza a deslizarse hacia el noreste. Entonces, ataca.

Es un cambio radical; el *Andrea Gail* ingresa en la tormenta de la isla Sable igual que se entra en una habitación. En un momento el viento alcanza los cuarenta nudos y atraviesa las jarcias con un aullido estremecedor. Los pescadores dicen que pueden calcular la velocidad del viento –y preocuparse en consecuencia– por el sonido que hace en los estays y los cables del balancín. Un grito significa que el viento está en torno a fuerza 9 en la escala de Beaufort, cuarenta o cincuenta nudos. Fuerza 10 es un aullido. Fuerza 11 es un lamento. Por encima de fuerza 11 los pescadores no quieren oírlo. Linda Greenlaw, capitana del *Hannah Boden,* pasó por una tormenta en la que la velocidad registrada del viento antes de que arrancase el anemómetro del barco era de ciento sesenta kilómetros por hora. El viento, dice, producía un sonido que ella nunca había oído antes, una profunda vibración tonal, como la del órgano de una iglesia. Pero no había melodía; era un órgano de iglesia tocado por un niño.

Hacia las ocho la presión barométrica ha bajado hasta 996 milibares y no muestra signos de estabilizarse. Eso significa que la tormenta continúa reforzándose y creando un vacío aún mayor en su centro. La naturaleza, como todo el mundo sabe, odia el vacío, e intentará llenarlo lo antes posible. Las olas alcanzan la velocidad del viento hacia las ocho de la tarde y comienzan a aumentar exponencialmente; doblan su tamaño cada hora. Después de las nueve cada línea de gráfico de la boya de referencia 44139 comienza a subir casi verticalmente. La altura máxima de las olas llega a los trece metros, cae momentáneamente y luego supera los veintiún metros. El viento asciende a cincuenta nudos hacia las nueve de la noche y sigue aumentando gradualmente hasta alcanzar los 58 nudos. Las olas son tan grandes que bloquean el anemómetro, y la velocidad de las ráfagas llega probablemente a los noventa nudos. O sea, 167 kilómetros por hora, fuerza de la tempestad 12 en la escala de Beaufort. Los cables están gimiendo.

Minutos después del informe meteorológico de la noche Tommy Barrie comunica con Tyne en la banda lateral única. Barrie es un tipo de Florida; sólido, de hombros cuadrados, con el pelo peinado hacia atrás y una voz como una caja de piedras. Quiere saber, curiosamente, qué cantidad puede pescar esa noche. Está a seiscientas millas al este, y se inclina por atrapar toda la pesca que pueda. La conversación, tal como la recuerda Barrie, es breve y concreta:

Estamos aquí cerca del cuarenta y seis, Billy. ¿Qué aspecto tiene?

Está soplando entre los ochenta y los ciento treinta, y las olas son de nueve metros. Estuvo en calma un rato, pero ahora empieza a caer a base de bien. Estoy a 130 millas al este de Sable.

Vale, seguiremos con los aparejos en el barco, pero vamos a hablar a las once. A lo mejor intentamos pescar un poco más tarde.

Está bien, te volveré a llamar después de la tormenta. Te contaré lo que pasa por aquí.

Estaremos atentos.

Después de hablar con Barrie, Billy coge el micrófono de su banda lateral única y lanza un último mensaje a la flota: *Ya viene, chicos, y llega muy fuerte.* La posición que había dado a Linda Greenlaw, del *Hannah Boden* –44 norte, 56,4 oeste–, es una desviación de su ruta inicial. Parece más bien la ruta de alguien que se dirige a Halifax, Nueva Escocia, o puede incluso que a Louisbourg, en la isla de Cabo Bretón, más que a Gloucester, Massachusetts. Louisbourg está sólo a 250 millas al noreste, un viaje de 24 horas con el oleaje en la popa. Puede que Billy, después de ver la boca del lobo, haya decidido echarse hacia el norte como Johnston. O puede que esté preocupado por el combustible, o necesite recoger hielo, o haya decidido que la contracorriente fría de Sable empieza a tener bastante buen aspecto.

Sea cual fuere la razón, Billy cambia el curso en algún momento antes de las seis de la tarde y olvida comunicárselo al resto de la flota. Todos suponen que va derecho hacia Gloucester. Albert Johnston, del *Mary T,* Tommy Barrie del *Allison* y Linda Greenlaw del *Hannah Boden* escuchan el informe meteorológico de las seis emitido por Billy Tyne. Sólo Linda está preocupada –«esos chicos parecían asustados, y nosotros estábamos asustados por ellos»–, dice. El resto de la flota es más indiferente. «Vivimos con todo esto desde hace muchos años», dice Barrie. «Tienes que mirar los mapas, oír los partes, hablar con los demás barcos y tomar una decisión por ti mismo. No se puede salir al mar y esperar que haga buen tiempo.»

La tormenta tiene su centro en torno a la isla Sable, pero sus extremos occidentales ya están rozando la costa de Nueva Inglaterra. El *Satori* –demasiado alejado ya de la costa como para cancelar el viaje– comienza a sufrir la tormenta desde la misma mañana del domingo. Otra muralla de niebla se aproxima desde el banco Georges y el barómetro inicia un lento deslizamiento a la baja que sólo puede significar que algo muy grande está en camino. El *Satori* está en lo alto del Gran Canal del Sur, frente al cabo Cod, y se abre camino en un mar cada vez más inquieto y agitado. Stimson vuelve a mencionar las previsiones meteorológicas, pero Leonard insiste en que no hay motivo para preocuparse. En la mañana del domingo el oleaje comienza a amontonarse de forma inquietante y caótica, y esa tarde, cuando Stimson conecta con el boletín meteorológico de la NOAA, siente las primeras punzadas del miedo:

VIENTO NORESTE DE 30 A 40 NUDOS, PROMEDIO DEL OLEAJE DE TRES A CINCO METROS, VISIBILIDAD POR DEBAJO DE LAS DOS MILLAS BAJO LA LLUVIA.

Al anochecer, como estaba previsto, el viento se abate desde el noreste e inicia un ascenso constante en la escala de Beaufort. Está claro que tanto el *Satori* como el barco con el que zarpó desde Portsmouth van a tener una mala noche. Las dos tripulaciones hablan más o menos cada hora por el VHF, pero, llegada la medianoche del domingo, el aire está tan cargado que las radios resultan inútiles. Hacia las once Stimson recibe una última llamada del otro barco *–lo estamos pasando mal y hemos perdido aparejos de la cubierta–* y no se vuelve a saber más de él. El *Satori* se adentra a solas en la noche, peleando a brazo partido con los remolinos y luchando por mantener la velocidad mínima para gobernar.

El lunes amanece en plena tormenta, con los mares elevándose a seis metros y el viento atravesando las jarcias de modo inquietante. El mar adquiere un aspecto gris, marmóreo, como la carne en mal estado. Stimson le dice a Leonard que cree de verdad que ésta va a ser de las malas, pero él insiste en que se agotará por sí misma en veinticuatro horas. No lo creo, Ray, le dice Stimson, tengo un mal presentimiento. Ella, Leonard y Bylander comen chile preparado por la madre de Stimson y pasan todo el tiempo posible bajo la cubierta, protegidos del temporal. Atravesando la cocina, a estribor, está la mesa de navegación, y Bylander se erige en responsable de comunicaciones, encargándose del radar y las previsiones meteorológicas y estableciendo su posición por GPS. Correr hacia la costa sería arriesgado en este momento, ya que tendrían que atravesar vías de navegación y aguas poco profundas, de modo que arrizan las velas y siguen en mar abierto.

En la noche del lunes la tormenta cruza desde la costa y la «primera oleada de viento» pasa por encima del *Satori*. La radio meteorológica de la NOAA informa que las condiciones mejorarán en breve y volverán a empeorar cuando la tormenta dé un nuevo viraje hacia la costa. Para entonces, no obstante, el *Satori* podría haberse alejado hacia el sur lo bastante como para evitar la plena intensidad de su furia. Siguen trampeando durante la noche del lunes, con el barómetro ligeramente en alza y el viento amainando hacia el noreste; pero, más tarde, bien entrada la noche, vuelve de nuevo como una fiebre crónica. El viento alcanza los cincuenta nudos y las olas se elevan tras el barco como enormes montañas oscuras. La tripulación hace turnos al timón, sujeta a una cuerda de seguridad, y encara en ocasiones un oleaje que rompe sobre la caseta. El barómetro desciende lentamente durante toda la noche, y al amanecer las condiciones son las peores que Stimson haya visto jamás en su vida. Por primera vez empieza a pensar seriamente en la posibilidad de morir en el mar.

Mientras tanto, a quinientas millas al este, la flota de barcos de pez espada está siendo vapuleada. En el barco de Albert Johnston la tripulación está tan aterrorizada que se limita a ver vídeos. Johnston permanece en el timón y bebe grandes cantidades de café; como la mayoría de los capitanes, es reacio a abandonar el timón mientras el tiempo no se calme un poco. En el *Andrea Gail* es probable que Billy haya cogido el timón mientras el resto de los tripulantes bajan y tratan de olvidarse. Algunos se emborrachan, y esto les mantiene tranquilos, algunos duermen, o lo intentan. Otros se quedan tumbados en las literas y piensan en sus familias, o en sus novias, o en lo mucho que desean que esto no estuviera sucediendo.

«Yo imagino una cosa así», dice Charlie Reed, tratando de figurarse la última noche a bordo del *Andrea Gail*. «Los chicos están abajo leyendo libros, y de vez en cuando una gran ola golpea el costado del barco. Suben corriendo a la caseta del timón y preguntan, "eh, ¿qué está pasando, capitán?" y Billy dice algo así como "bueno, ya vamos llegando, chicos, ya vamos llegando". Si Billy va mar adentro, el viaje debe de ser espantoso. A veces, cuando estás en lo alto de la ola, ésta se retira de debajo. Y el barco cae. Es mejor atacar las olas de frente; al menos así ves lo que se te viene encima. Eso es casi lo único que puedes hacer.»

De los hombres del barco son Bugsy, Murph y Billy los que llevan más tiempo en el mar, 34 años en total, gran parte de ellos juntos. Billy tiene en su casa una foto de los tres en el mar con un pez espada gigantesco. Lleva botas de pescar remangadas a la altura de las espinillas, y está sentado sobre la cubierta de una escotilla, abriendo la boca del pez con un gancho de acero. Mira directamente a la cámara. Bugsy está inmediatamente detrás de Billy, con la cabeza inclinada hacia un lado y un aspecto tan lúgubre y etéreo como Cristo en el Santo Sudario de Turín. Murph está al fondo, con los ojos entrecerrados por el brillo del mar, visiblemente enorme aun por debajo de unas voluminosas botas altas de granjero.

Todos estos hombres han tenido su cuota de riesgo en el mar, pero el expediente de Murph es el peor. Mide un metro ochenta y ocho, pesa ciento catorce kilos, está cubierto de tatuajes y en apariencia es extremadamente difícil de matar. Una vez, un tiburón mako le clavó las mandíbulas en el brazo sobre la cubierta y sus amigos tuvieron que matarlo a palos. Los guardacostas le sacaron de allí en helicóptero. En otra ocasión estaba extendiendo el palangre y un anzuelo suelto se enganchó en la palma de su mano, la atravesó y se introdujo en un dedo. Nadie vio lo que ocurría, y fue arrastrado al mar desde la parte posterior del barco. No pudo hacer otra cosa que mirar cómo el casco del barco se hacía más y más pequeño encima de él y esperar que alguien se hubiera dado cuenta de que no estaba. Por suerte, otro miembro de la tripulación se dio la vuelta unos segundos después, comprendió lo que estaba sucediendo y lo haló como si fuese un pez espada. Creí que era el final, mamá, le contó más tarde a su madre. Creí que estaba muerto.

El peor accidente ocurrió en una noche pegajosa y sin viento frente a cabo Cañaveral. Murph trató de dormir en la cubierta, pero hacía demasiado calor, así que bajó para ver si allí mejoraban las cosas. Resultó que el aire acondicionado estaba roto, así que regresó a la cubierta. Estaba medio dormido cuando un tremendo chirrido metálico le hizo ponerse en pie. El barco se inclinaba hacia un costado y el agua comenzaba a inundar la bodega. Una forma brillante y oscura apareció en el agua junto a la proa. Una vez que las bombas de achique quedaron muertas y el barco se estabilizó, lo enfocaron con sus reflectores: habían sido embestidos por la torre de mando de un submarino nuclear británico. Había abierto un agujero en el casco, aplastando la litera de Murph como si fuese una lata de cerveza.

Con todas estas catástrofes en su vida, Murph tenía dos opciones: concluir que estaba bendecido por la fortuna o bien que su muerte era sólo cuestión de tiempo. Decidió que era sólo cuestión de tiempo. Cuando conoció a su mujer, Debra, le dijo abiertamente que no iba a vivir más allá de los treinta años; ella se casó con él de todas formas. Tuvieron un bebé, Dale, pero el matrimonio se rompió porque Murph estaba siempre en el mar. Y unas cuantas semanas antes de apuntarse en el *Andrea Gail* Murph había pasado por la casa de sus padres en Bradenton para despedirse de manera un tanto perturbadora. Su madre le recordó que tenía que poner al día su seguro de vida –que incluía los costos del entierro– y él se encogió de hombros.

Mamá, me gustaría que dejases de preocuparte de mi entierro, le dijo. Voy a morir en el mar.

Su madre se quedó atónita, pero hablaron un rato más, y en un momento determinado él le preguntó si aún tenía sus trofeos del instituto. Por supuesto que sí, dijo ella.

Bien, pues ocúpate de conservarlos para mi hijo, contestó él, y le dio un beso de despedida.

«Me dejó sin respiración», dice su madre. «Y después se fue, quiero decir que estuvo allí un minuto y al siguiente había salido por la puerta. Ni siquiera tuve tiempo para pensar. Era un hombre áspero y duro. No era lo que se dice un hombre hogareño.»

Murph salió en tren hacia Boston a finales de junio (le daba miedo volar). Se llevó *La alegría de la cocina,* que le había dado su madre, porque le encantaba cocinar a bordo de los barcos. Había llevado su manta de viaje a casa de Debra para que la lavara, pero se olvidó de recogerla, así que Debra la dobló y la guardó hasta su regreso. Le dijo que volvería a casa hacia el 2 de noviembre y que la llevaría a cenar el día de su cumpleaños. Más te vale, dijo ella. Después del primer viaje la llamó y dijo que había ganado más de seis mil dólares y que iba a mandar un paquete para Dale.

No llamó a sus padres porque Debra dijo que ella se encargaría de hacerlo. Habló un rato con su hijo y después se despidió de Debra y colgó el teléfono.

Eso fue el 23 de septiembre. El *Andrea Gail* debía zarpar en unas horas.

Hacia las diez de la noche la velocidad media del viento es de cuarenta nudos, dirección norte-noreste con picos de hasta el doble y generando un enorme oleaje. El *Andrea Gail* es un barco de yugo cuadrado, lo que significa que la popa no es afilada ni redonda, y tiende a montar más que a hendir la superficie de las olas de popa. Cada vez que se levanta un gran oleaje en la popa, el *Andrea Gail* gira hacia un lado y Billy tiene que luchar con el timón para evitar embroquelarse. «Embroquelarse» significa que el barco toma las olas de costado y vuelca. Los barcos de acero llenos de carga no se recuperan de un embroquelamiento; se inundan y se van a pique.

Aunque Billy sigue navegando a barlovento, soporta un oleaje casi constante en la popa y corre un riesgo cierto de que una escotilla o una puerta hermética se abra de repente. Y, para empeorar las cosas, las olas tienen unos períodos anormalmente cortos; en lugar de golpear más o menos cada quince segundos, lo hacen a un ritmo de ocho o nueve. Cuanto menor es el período, más empinada es la superficie de las olas y más próximas están a romper; unas olas de trece metros que rompen son mucho más destructivas que una marejada dos veces mayor. Según la boya 44139, la altura máxima de las olas el día 28 de octubre coincide con unos períodos excepcionalmente bajos hacia las diez de la noche. Es una combinación que un barco del tamaño del *Andrea Gail* no podría soportar mucho tiempo. No hay duda de que a las diez –si no antes, pero no más tarde de las diez– Billy Tyne debe haber decidido hacer un viraje.

Si hay una maniobra que pone los pelos de punta a un capitán es la de virar en medio de grandes olas. El barco recibe el oleaje de costado –en posición escorada– durante cerca de medio minuto, un tiempo más que suficiente para volcar. Incluso los portaaviones corren peligro cuando están escorados en medio de un gran oleaje. Si Billy intenta virar a estas alturas de la tormenta, debe asegurarse de que las cubiertas estén despejadas y adquirir la máxima potencia en el giro. El *Andrea Gail* va a escorarse peligrosamente y Billy vigilará por una de las ventanas para ver lo que se les viene encima. Con suerte, encontrará un remanso entre las olas y maniobrará para enfilar el temporal sin ningún problema.

Sin embargo, Billy ha conocido muchas tormentas, y seguramente debe de haber virado antes esa noche, puede incluso que antes de hablar con Barrie. De cualquier forma, es un momento decisivo; significa que han dejado de navegar en dirección a casa y están tratando, sencillamente, de sobrevivir. En cierto sentido, Billy ha dejado de gobernar el timón, lo gobiernan las condiciones, y lo único que él puede hacer es reaccionar. Si el peligro puede describirse como un estrechamiento del margen de elección, las opciones de Billy Tyne acaban de entrar en un desfiladero. Hace una semana hubiese podido regresar temprano. Hace un día hubiese podido navegar hacia el norte, como Johnston. Hace una hora habría podido mandar un mensaje por radio preguntando si había algún barco en las inmediaciones. Ahora el ruido eléctrico ha inutilizado prácticamente el VHF, y la banda lateral única sólo funciona en largo alcance. No se trata tanto de errores como de incapacidad para prever el futuro. Nadie, ni siquiera el servicio meteorológico, sabe con seguridad cómo se va a comportar una tormenta.

Pero navegar hacia el temporal tiene claros inconvenientes. Las ventanas están expuestas al romper de las olas, el barco consume más combustible y la acción del viento sobre la proa tiende a desviar el barco a sotavento. El *Andrea Gail* tiene una proa elevada que obligaría a Billy a forzar las maniobras simplemente para mantener el rumbo. Uno se puede imaginar a Billy frente al timón, aferrándose a la rueda con la fuerza y la determinación con que se acarrea un bloque de cemento. El mar debía de ser un desorden donde las montañas de agua convergen, divergen, se amontonan unas sobre otras en todas las direcciones. El movimiento de un barco puede concebirse como la integración instantánea de todas las fuerzas que actúan sobre él en un momento dado: el movimiento de un barco en medio de una tormenta es tan caótico que apenas sigue ninguna pauta. Billy debió de mantener la proa enfilada dispuesto a aguantar lo peor y esperando no ser acometido por una ola descomunal.

El grado de peligro al que se enfrenta Billy puede medirse por el vapuleo al que estuvo sometido el *Contship Holland,* a unas doscientas millas al este. El *Holland* es un barco grande –165 metros y 10.000 toneladas– y capaz de transportar casi setecientos contenedores tierra/mar en sus cubiertas. Podría transportar fácilmente el *Andrea Gail* como carga. De su diario de a bordo, 29-30 de octubre:

0400– El barco se balancea fuertemente con oleaje de popa de gran altura.
1200– El barco se balancea con olas de tormenta de gran altura (ráfagas huracanadas), agua sobre la cubierta y la carga de cubierta. El barco va muy forzado, se reduce el recorrido.
0200– Rumbo dependiente del temporal. El barco ya no obedece al timón. El barco va muy forzado y da grandes bandazos.
0400– Perdidos los contenedores de la Nave 6.

En otras palabras, Billy cabalga sobre una tormenta que ha forzado a un buque de carga de 10.000 toneladas a abandonar su curso y a limitarse a gobernar para sobrevivir. El siguiente informe de alta mar llega a las once de la noche y Tommy Barrie le da un repaso mientras aguarda a que llame Billy. Se prevé que la tormenta se abata al oeste de la Cola, entre el 42 y el 55, pero el servicio meteorológico no siempre lo sabe todo. El 42 y el 55 están a sólo unas cien millas al sureste de Billy, así que él es una fuente de información sobre las condiciones de la zona mucho más fiable que la radio meteorológica. Es posible, piensa Barrie, que el *Allison* pueda llegar a pescar algo esa noche. Dos secciones, puede que trece kilómetros de cuerda. El barco de Barrie es el que está más al oeste de la flota principal, así que, venga lo que venga, le alcanzará a él primero; pero en primer lugar alcanzará a Billy Tyne. Barrie espera veinte, treinta minutos, pero

Billy no llama. Eso no es tan grave como parece, todos somos mayorcitos por aquí, como dice Barrie, y sabemos cuidar de nosotros mismos. Puede que Billy esté demasiado ocupado, o tal vez haya bajado a echar un sueño, o puede, simplemente, que se haya olvidado.

Por fin, cerca de medianoche, el propio Barrie trata de comunicar con Billy. Pero no recibe ninguna señal, lo que es más grave. Significa que el *Andrea Gail* se ha hundido, que ha perdido sus antenas o que la confusión a bordo es tal que nadie puede llegar a la radio. Barrie supone que se trata de las antenas (están sujetas a un mástil de acero detrás de la caseta del timón y, aunque están a gran altura, son frágiles). La mayoría de los barcos de pez espada las han perdido en un momento u otro, y no se puede hacer gran cosa mientras no amaine la tormenta. No se puede sobrevivir a un paseo por la cubierta en condiciones de fuerza 12, mucho menos a una escalada a lo alto del mástil.

Perder las antenas afectaría seriamente al *Andrea Gail:* supondría que han perdido su GPS, la radio, el fax meteorológico y el loran. Y una ola que les hubiese arrancado las antenas podría muy bien haberles dejado sin radar, sin luces de situación y sin focos. No es sólo que Billy no sabrá dónde está, sino que no podrá comunicar con nadie ni detectar otros barcos en la zona; en definitiva, habrá regresado al siglo diecinueve. No puede hacer gran cosa en este momento salvo mantener el *Andrea Gail* enfilado hacia las olas y esperar que las ventanas no revienten. Son Lexan de 1,2 cm, pero su capacidad de aguante tiene un límite; el *Contship Holland* soportó unas olas sobre sus cubiertas que destaparon los contenedores tierra/mar como si fuesen latas de sardinas, y esto a doce metros de la superficie. La cabina del piloto del *Andrea Gail* mide la mitad.

En torno a la medianoche sucede algo curioso: la tormenta de la isla Sable amaina un poco. Los vientos descienden unos cuantos nudos y la altura máxima de las olas cae hasta los tres metros. Sus períodos también se alargan, lo que significa que hay menos olas rompiendo; en lugar de atravesar murallas de agua, el *Andrea Gail* sube por el frente de cada ola y desciende por su lomo. Las olas de trece metros tienen un frente angulado de dieciocho a veintiún metros, que es casi la longitud del barco. Cuando la ola es excepcionalmente grande, el *Andrea Gail* tiene la popa metida en su seno mientras la proa sigue ascendiendo hacia la cresta.

La calma, en esas condiciones, dura hasta la una de la madrugada. En ese momento el centro del bajo se encuentra exactamente encima del *Andrea Gail*. Es posible que el bajo, con sus vientos feroces y su gradiente de presión extremadamente fuerte, haya desarrollado un ojo similar al de un huracán. Dos días después las fotografías de satélite mostrarán las olas arremolinándose en su centro como el agua en un sumidero. El aire ártico seco da una vuelta y media en torno al bajo antes de alcanzar al fin el centro, una indicación de lo rápido que está girando el sistema. El 28 de octubre el centro no está tan bien definido, pero puede servir para aliviar un poco las condiciones. Pero la tregua no dura mucho; en un par de horas las olas vuelven a alcanzar los veintiún metros. Una ola de veintiún metros tiene un frente angulado de bastante más de treinta metros. La agitación del mar ha alcanzado unos niveles que nadie en el barco, y pocas personas en tierra, han visto jamás.

Cuando el *Contship Holland* llegó por fin a puerto unos días más tarde, uno de sus oficiales juró al descender que nunca volvería a poner los pies en un barco. Había perdido 35 contenedores tierra/mar caídos por la borda, y los propietarios del barco se apresuraron a contratar a un asesor meteorológico americano para que les ayudara en su defensa jurídica. «La tormenta provocó una destrucción a gran escala de barcos de pesca e instalaciones costeras desde Nueva Escocia hasta Florida», escribió Bob Raguso, del *Weathernews New York*. «Los científicos de Estados Unidos lo definieron como un viento extremo del noreste, y figura entre las cinco tormentas más intensas desde 1899 a 1991. La altura de las olas alcanzó los máximos conocidos, ya sea por medición o por cálculo. Algunos científicos la denominaron la tormenta del siglo.»

El *Andrea Gail* está en el epicentro de esta tormenta y prácticamente encima de las aguas poco profundas de la isla Sable. Es muy probable que haya perdido sus antenas, o Billy habría comunicado por radio a Tommy Barrie que las cosas tenían mal aspecto y que, desde luego, no iba a pescar nada esa noche. Por otro lado, es discutible si el oleaje podría haber sumergido el barco de Billy a una hora tan temprana de la noche; el *Fair Wind*, de diecisiete metros, no volcó hasta que los vientos alcanzaron los cien nudos y las olas llegaron a los veintiún metros. Es más probable que Billy consiga atravesar el pico de las diez en condiciones de temporal a costa de un fuerte castigo: las ventanas rotas, los aparatos electrónicos inutilizados y la tripulación aterrada.

Por primera vez están completa, irrevocablemente solos.

EL CEMENTERIO DEL ATLÁNTICO

«En unos pocos días la expedición El Dorado se adentró en la paciente selva, que se cerró sobre ella como se cierra el mar sobre un buceador. Mucho tiempo después llegó la noticia de que todos los asnos habían muerto.»

Joseph Conrad,
El corazón de las tinieblas

ALBERT JOHNSTON:

FUI el primero en saber hasta qué punto iba a ser duro. Hubo una llamada de Halifax hablando de olas de veinte metros, y cuando oímos eso pensamos, Ay, amigo. La verdad es que no tienes tiempo de correr hacia la costa, así que intentamos dirigirnos a las aguas más frías que pudiéramos encontrar. Cuanto más fría es el agua más densidad tiene, y el tamaño de las olas es menor. Además, sabía que íbamos a tener un viento noreste-noroeste. Quería hacer el máximo progreso posible porque la corriente del Golfo estaba al sur y ahí es donde se encuentran las aguas cálidas y la corriente rápida.

Había gran cantidad de ruido eléctrico en el borde de ataque, había tanto ruido que no se podía escuchar nada por la radio. Yo estaba arriba, en la timonera. Cuando la cosa está así de mal, suelo quedarme allí. Si parece que va a amainar un poco, y puedo echar un sueñecito, lo hago. La tripulación se limita a dispersarse y a ver vídeos. Todo el mundo reconoció que ésta era la peor tormenta que habían conocido: se puede saber por el tamaño de las olas, el movimiento del barco, el ruido, los golpes. Siempre llega un punto en que te das cuenta de que estás en mitad del océano y que, si algo falla, se acabó. Ves tantos temporales que, en cierto modo, te acostumbras a ellos. Pero luego ves un temporal malo de verdad. Y a eso no te acostumbras nunca.

Llegaron informes de barcos que hablaban de olas de treinta

> metros. Me imagino –retrospectivamente, la verdad– que si la totalidad de la flota de barcos de pez espada de Estados Unidos se hubiese visto atrapada en el centro de esto, se hubiera hundido todo el mundo. Nosotros sólo vimos, no sé, quizá olas de quince metros, como máximo. Nos metimos dentro hasta que empezó a oscurecer, y entonces viramos y seguimos adelante. No puedes ver esas olas gigantes en la oscuridad y tampoco quieres que te aplasten y perder la timonera de un golpe. Ajustamos las RPM para que estuvieran en sincronía exacta con las olas; demasiado rápido y empezaríamos a deslizarnos, demasiado lento y las olas chocarían directamente sobre el barco. Éste llevaba mucho peso, iba cargado de pesca y estaba muy estable. Hizo un viaje asombrosamente bueno.

Johnston había concluido su última halada al caer la tarde del 28: diecinueve peces espada, veinte atunes patudos, veintidós rabiles y dos tiburones mako. Puso rumbo al norte de inmediato, y por la mañana estaba aproximándose a la Cola de los bancos, con vientos del noreste de 100 nudos y olas de seis a nueve metros. A unos cientos de kilómetros al oeste, sin embargo, las condiciones se salen del gráfico. La escala de Beaufort establece que una tempestad de fuerza 12 tiene vientos de 120 kilómetros por hora y olas de trece metros. Al sur de la isla Sable la boya de referencia 44137 comienza a registrar olas de veintidós metros en la tarde del 29 y se mantiene en esa cifra durante las diecisiete horas siguientes. La altura significativa de las olas –la media del tercio superior, también llamada HSig– está en los quince metros. El pico de la primera ola de treinta metros aparece en el gráfico a las ocho de la tarde, y el segundo pico se registra a medianoche. Durante las dos horas siguientes la altura máxima de las olas sigue siendo de treinta metros y los vientos llegan a los 130 kilómetros por hora. Pero las olas están bloqueando los registros de la boya de referencia, y es probable que el viento esté superando los 190 kilómetros. Un viento de 130 kilómetros por hora puede absorber peces metidos en barriles de carnada. Las olas de treinta metros superan en un 50 por 100 los tamaños más extremos previstos por los modelos de ordenador. Son las olas más grandes que jamás hayan sido registradas en la plataforma de Nueva Escocia. Figuran entre las olas más altas que se hayan medido jamás en cualquier parte del mundo.

Los científicos entienden el funcionamiento de las olas, pero no el funcionamiento exacto de las olas gigantes. Existen en ciertos lugares olas solitarias, o dicho de otro modo, olas que parecen exceder las fuerzas que las generan. Para fines prácticos, no obstante, la altura de las olas es una función definida por la fuerza del viento, su duración y el espacio marino al que afecta, «velocidad, duración y alcance», como se le conoce. Un viento de fuerza 12 sobre el lago Michigan generaría olas de diez metros de altura al cabo de unas diez horas, pero las olas no podrían crecer más porque el alcance –la cantidad de aguas abiertas– no es lo bastante grande. Las olas han conformado lo que se denomina un «estado de la mar de pleno desarrollo». Cada velocidad del viento tiene un alcance y una duración mínimos para alcanzar un estado de la mar de pleno desarrollo; las olas conducidas por un viento de fuerza 12 alcanzan su plena potencia en tres o cuatro días. Una tempestad que se abatiera sobre mil millas de océano durante sesenta horas generaría una altura significativa de las olas de hasta treinta metros; los picos de altura de las olas serían de más del doble. Nunca se han registrado olas de ese tamaño, pero deben de existir en alguna parte. Es posible que destruyesen cualquier cosa en condiciones de medirlas.

Todas las olas, por enormes que sean, comienzan en forma de irregularidades –ahorcaperros– en la superficie del agua. Los ahorcaperros están llenos de ondas en forma de diamante, llamadas olas capilares, que son más débiles que la tensión superficial del agua y se deshacen tan pronto como se detiene el viento. Proporcionan a éste un cierto asidero en un mar por lo demás cristalino, y con vientos de más de seis nudos comienzan a formarse olas de verdad. Cuanto más fuerte sopla el viento, mayores se hacen las olas y más viento son capaces de «coger». Se trata de un efecto de realimentación por el que la altura de las olas se eleva exponencialmente con la velocidad del viento.

Estas olas ascienden con el viento pero no dependen de él; si el viento cesara las olas continuarían propagándose al caer incesantemente en el seno que las precede. A estas olas se las llama olas de gravedad o elevaciones; vistas en sección transversal son sinusoides simétricas que forman ondulaciones sobre la superficie sin apenas pérdida de energía. Un corcho flotando en la superficie se mueve arriba y abajo, pero no lateralmente cuando una elevación pasa por debajo de él. Cuanto más altas las elevaciones, más distancia hay entre las crestas y más rápidamente se mueven. Las tormentas antárticas han generado elevaciones cuyas crestas distan media milla o más unas de otras y que se desplazan a cincuenta o sesenta kilómetros por hora; llegan a las islas hawaianas en forma de cachones de doce metros de altura.

Por desgracia para los marineros, la cantidad total de energía de las olas en una tormenta no aumenta linealmente con la velocidad del viento, sino que se eleva a la cuarta potencia. Las olas generadas por un viento de cuarenta nudos no son el doble de violentas que las de un viento de veinte nudos, son diecisiete veces más violentas. La tripulación de un barco que ve cómo el anemómetro sube apenas diez nudos podría muy bien estar viendo su sentencia de muerte. Por otra parte, los vientos fuertes tienden a acortar la distancia entre las crestas de las olas y a empinar sus frentes. Las olas ya no son sinusoides simétricas, son picos agudos que se elevan más sobre el nivel del mar de lo que los senos descienden bajo su superficie. Si la altura de una ola es de más de una séptima parte de la distancia entre las crestas –la «longitud de onda»–, las olas se hacen demasiado empinadas para sostenerse y comienzan a romper. En aguas poco profundas las olas rompen porque la turbulencia submarina arrastra en el fondo y reduce la velocidad de las olas, acortando la longitud de onda y cambiando la proporción de altura y longitud. En mar abierto sucede lo contrario: el viento levanta las olas con tanta rapidez que la distancia entre las crestas no puede mantenerse, y caen colapsadas bajo su propia masa. Ahora, en lugar de propagarse con una pérdida de energía cercana a cero, la ola rompiente está transportando repentinamente una enorme cantidad de agua. Está cobrando sus fichas, diríamos, y convirtiendo todo su potencial y su energía cinética en desplazamiento de agua.

Una regla general de la dinámica de fluidos sostiene que un objeto en el agua tiende a hacer aquello que haría el agua que reemplaza. En el caso de un barco y una ola rompiente, el barco se convertirá, en efecto, en parte de la onda. O bien volcará por completo o será empujado hacia atrás para recibir el golpe. Se han llegado a medir presiones instantáneas en las olas rompientes de hasta sesenta y seis toneladas por metro cuadrado. Las olas rompientes han levantado un rompeolas de 2.700 toneladas *en masse* para depositarlo en el interior del puerto en Wick, Escocia. Han reventado una puerta de acero a cincuenta y nueve metros sobre el nivel del mar en Unst Light, en las islas Shetland. Han levantado a veintiocho metros de altura una roca de media tonelada en Tillamook Rock, Oregón.

Hay alguna evidencia de que la altura media de las olas están elevándose lentamente, y de que las olas gigantes de veinticinco a veintisiete metros se están haciendo más comunes. La altura de las olas frente a la costa de Inglaterra se ha elevado una media de un 25 por 100 en las dos últimas décadas, lo que supondría un crecimiento de seis metros de las olas más altas durante el próximo medio siglo. Una causa puede ser el reforzamiento de las leyes ecológicas, que ha reducido la cantidad de crudo vertido a los océanos por los petroleros. El petróleo se extiende por el agua formando una película de un grosor de varias moléculas e inhibe la generación de olas capilares, que a su vez impiden que el viento se «agarre» al mar. El plancton libera una sustancia química que produce el mismo efecto, y los niveles de plancton en el Atlántico Norte han descendido drásticamente. Otra explicación es que el reciente calentamiento –algunos lo llaman efecto invernadero– ha hecho que las tormentas sean más frecuentes e intensas. Las olas han destruido muelles y edificios en Terranova, por ejemplo, que no habían sido dañados durante décadas.

Como resultado, han aumentado las pruebas de presión sobre los barcos. La práctica habitual es construir barcos que soporten lo que se denomina una presión de 25 años, la condición más extrema que el barco puede llegar a experimentar en 25 años. La ola que inundó la timonera del *Queen Mary,* a veintiocho metros de altura, debió de exceder prácticamente su presión de 25 años. Las plataformas petrolíferas del mar del Norte están construidas para acomodar una ola de treinta y cuatro metros bajo sus cubiertas, lo cual se cifra en una presión de cien años. Por desgracia, la presión de 25 años no es más que un concepto estadístico que no ofrece garantías sobre lo que sucederá el año o la semana siguientes. Un barco podría enfrentarse a varias olas de 25 años a lo largo de un mes o no encontrarse nunca con ninguna. Los ingenieros navales se limitan a decidir qué nivel de presión es probable que soporte a lo largo de su existencia y después esperan que haya suerte. Es económica y estructuralmente poco práctico construir cada buque con criterios de duración de cien años.

Inevitablemente, por tanto, los barcos se enfrentan a olas que exceden su nivel de resistencia a la presión. En la seca terminología de la construcción naval se las denomina «olas no negociables». Los marineros las llaman «olas solitarias» o «gigantes». Lo habitual es que sean empinadas y que tengan delante un seno igualmente empinado, un «agujero en el océano», como lo han descrito algunos testigos. Los barcos no logran levantar sus proas con la rapidez suficiente y la ola resultante les parte el espinazo. La historia de la navegación está llena de encuentros con olas semejantes. Cuando Ernest Shackleton se vio forzado a cruzar el océano Antártico en un bote salvavidas de siete metros vio una ola tan grande que confundió su cresta espumeante con una nube iluminada por la luna. Sólo tuvo tiempo para gritar: «¡sujetaos, muchachos, viene hacia nosotros!» antes de que la ola rompiera sobre su barca. Milagrosamente, no naufragaron. En febrero de 1883 el vapor *Glamorgan,* de unos cien metros, fue barrido de proa a popa por una ola enorme que arrancó de cuajo la timonera de la cubierta, llevándose consigo a todos los oficiales del barco. Más tarde se hundió. En 1966 el *Michelangelo,* un vapor italiano con 775 pasajeros a bordo, de 44.000 toneladas, se encontró con una ola solitaria y gigantesca en un mar por lo demás tranquilo. La proa se hundió en su seno, quebró al chocar con la ola y ésta inundó la timonera y mató a un tripulante y dos pasajeros. En 1976 el petrolero *Cretan Star* radió este mensaje:

«... El buque ha sido golpeado por una enorme ola que ha inundado la cubierta...» No se supo más. El único testimonio de su final fue una mancha de petróleo de más de seis kilómetros frente a la costa de Bombay.

La «costa salvaje» de Suráfrica, entre Durban y East London, es el medio natural de una enorme cantidad de monstruos de este tipo. La corriente de las Agujas se desplaza a cuatro nudos por la plataforma continental a unos pocos kilómetros de la costa, y hace estragos con el oleaje que llega de las tempestades antárticas. La corriente acorta sus longitudes de onda, haciendo que las elevaciones sean más pronunciadas y peligrosas, y las vuelca sobre las aguas rápidas del mismo modo que el oleaje se vuelca sobre la playa. La energía de las olas se condensa en el centro de la corriente y arrolla a los barcos que acuden allí para ganar impulso. En 1973 el carguero *Bencruachan,* de 12.000 toneladas, fue partido por una ola enorme frente a la costa de Durban y tuvo que ser remolcado hasta el puerto cuando ya estaba a punto de hundirse. Algunas semanas más tarde, el *Neptune Sapphire,* de 12.000 toneladas, se partió por la mitad en su primer viaje tras encontrarse con olas gigantes en la misma zona. La tripulación fue rescatada de la popa por un helicóptero. En 1974 el petrolero noruego de 132.000 toneladas *Wilstar,* cayó en un seno enorme («no había mar frente al barco, sólo un agujero», dijo un miembro de la tripulación) y después sufrió el golpe de una ola igualmente grande en su proa. El impacto arrugó una placa de acero de dos centímetros y medio de grosor como si fuese una chapa de metal y retorció unos baos del tamaño de vías férreas hasta dejarlos hechos un nudo. El bulbo de la proa fue arrancado por entero.

La ola gigante más grande que se conoce se formó en el curso de una tempestad en el Pacífico en 1933, cuando el petrolero de la Armada *Ramapo* viajaba desde Manila a San Diego. Se encontró con un imponente sistema de bajas presiones que estuvo soplando a 68 nudos durante una semana entera y que produjo una tormenta de pleno desarrollo que el *Ramapo* no tuvo más remedio que soportar en su popa. A diferencia de los petroleros de nuestros días, la timonera del *Ramapo* estaba ligeramente por delante del centro del barco. A primera hora de la mañana del 7 de febrero el oficial de guardia miró hacia la popa y vio una ola gigante elevándose tras él en perfecto alineamiento con una torre de vigía situada por encima y detrás del puente. Más tarde, una simple operación geométrica demostró que la ola tenía una altura de treinta y cuatro metros.

Se cree que olas gigantes como ésa son olas de tamaño ordinario que se han «pisado» circunstancialmente, formando columnas de agua muy inestables. Otras son olas que se han superpuesto a marejadas de larga distancia originadas por tormentas anteriores. Tales acumulaciones de energía pueden desplazarse en grupos de tres –un fenómeno llamado «las tres hermanas»– y son tan enormes que pueden localizarse por radar. Hay casos en los que las tres hermanas han cruzado el océano Atlántico y han comenzado a desplazarse a lo largo de una curva de 100 brazas frente a las costas de Francia. Cien brazas son unos ciento setenta metros, lo que significa que las olas gigantes están rompiendo sobre la plataforma continental como si ésta fuese un banco de arena costero. La mayoría de las personas no sobreviven a un encuentro con este tipo de olas, así que los informes de primera mano, aunque existen, son difíciles de conseguir. Una mujer inglesa llamada Beryl Smeeton estaba doblando el cabo de Hornos con su marido en los años 60 cuando vio detrás de ella una ola de superficie que se extendía en una línea recta hasta donde alcanzaba su vista. «Todo el horizonte estaba tapado por una enorme pared gris», escribe en su diario. «No tenía una cresta rizada, sólo una línea blanca y delgada en toda su longitud, y su frente era distinto del frente inclinado de una ola normal. Esto era un muro de agua con un frente completamente vertical por el que bajaban ondas blancas, como si fuese una catarata.»

La ola volcó de lado a lado la embarcación de quince metros, rompió el arnés de Smeeton y la lanzó por la borda.

Tommy Barrie tuvo una experiencia parecida cerca del banco de Georges. Iba al pairo en medio de una tormenta cuando le golpeó una ola surgida de la nada que hizo estallar los cristales. «Hubo un estallido y el cristal Lexan salió despedido», dice. «El cristal dio contra el embrague, que se quedó clavado, y no podíamos engranar. El barco estaba un poco ladeado en medio de un mar radiante, y había mierdas volando por todas partes; cosas del barco que nunca se habían movido antes iban de un lado a otro. La ola arrancó la balsa salvavidas de su soporte y reventó la escotilla frontal. Estaba herméticamente cerrada, pero había tanta agua que se abrió de golpe igualmente. Subí a toda prisa y radié al *Miss Millie:* "Larry, nos ha alcanzado una ola tremenda, atento, estoy aquí." Llevé el barco mar adentro, y unos diez minutos más tarde le golpeó la misma ola. El estabilizador se salió del agua y el casco sufrió una gran abolladura.»

Si una ola revienta los cristales de Billy, debe de ser parecida a la que vieron Smeeton o Barrie: grande, abrupta e inesperada. Imaginar la escena produce espanto: el agua hasta las rodillas en la caseta del timón, los hombres precipitándose por la escalera de toldilla, el viento aullando por la ventana rota. Si entra suficiente cantidad de agua puede llegar a la sala de máquinas, empapar la instalación eléctrica y provocar un cortocircuito. El barco entero queda electrificado; cualquiera que esté con los pies en el agua resultará electrocutado. Un barco que pierde los cristales puede empezar a llenarse de agua en cuestión de minutos, de modo que dos hombres se atan cuerdas de seguridad a la cintura y se arrastran hasta la cubierta del espardel con maderas contrachapadas. «El contrachapado actúa como una cometa, tienes que mover al muy cabrón manualmente», dice Charlie Reed. «Es una idea horrible la de que alguien esté atrapado en una tormenta. Como capitán, tu mayor temor es que alguien se caiga por la borda.»

Es difícil encontrar un trabajo más peligroso que el de aventurarse en el espardel durante una tormenta para hacer una pequeña obra de carpintería. En tierra, un viento de 100 nudos obliga a la gente a arrastrarse; en el mar, te deja tumbado. Las cubiertas están inundadas, el barco está balanceándose, la espuma te azota como si fuese metralla. Trabajas aprovechando la calma de las depresiones y te tumbas boca abajo al llegar a las crestas para evitar ser barrido del barco. Un hombre sostiene la madera contrachapada contra la ventana, mientras el otro enfila una taladradora hacia los agujeros de la caseta del timón y empieza a taladrar. Hace un agujero, encaja un tornillo a martillazos, y luego alguien desde el interior de la timonera enrosca la tuerca mientras los que están en el exterior siguen taladrando y atornillando, taladrando y atornillando hasta que el contrachapado está fuertemente sujeto. Algunos capitanes dejan una cámara entre la madera y el acero para impermeabilizarlos.

Aunque es un trabajo suicida, las tripulaciones que se quedan sin cristales casi siempre consiguen colocar el contrachapado, aun cuando esto suponga girar mar adentro. Una vez que el contrachapado está seguro, la tripulación comienza a achicar el agua de la timonera con cubos y a poner otra vez en orden la cabina. Puede que alguien intente conectar el loran o la radio a una batería para ver si recibe alguna señal. Billy comienza a trasvasar combustible de un tanque a otro, tratando de equilibrar el barco. Probablemente alguien revisa la sala de máquinas y la cubierta principal, ¿están achicando el agua los imbornales? ¿Están bajados los estabilizadores? ¿Está segura la compuerta de la pesca?

A estas alturas no pueden hacer más que poner rumbo a la tormenta y esperar que no les lleguen más olas grandes. Si las olas les siguen rompiendo las ventanas podrían dar la vuelta y seguir mar adentro, pero eso crea un nuevo conjunto de problemas. Una serie de olas de gran tamaño podría sencillamente sepultarlos, o inundar el pañol, o hacer que el sedimento se removiera en los tanques y atascase los filtros de combustible. Si el movimiento del barco es muy violento la tripulación debe cambiar los filtros ininterrumpidamente: sacarlos, limpiar el sedimento, volver a ponerlos una y otra vez tan deprisa como puedan. De lo contrario, el motor se para y el barco vuelca.

No hay duda de que Billy llamaría ahora por radio pidiendo ayuda si tuviera la posibilidad de hacerlo. No tendría más que decir «mayday» por el canal 16 o en 2.182 kilohercios y dar sus coordenadas. El 16 y el 2.182 están atendidos por los guardacostas, los militares y todas las embarcaciones que navegan por el océano; de acuerdo con la ley marítima, todo barco que reciba un «mayday» debe responder inmediatamente, a menos que las vidas de sus propios tripulantes puedan verse en peligro. Los guardacostas enviarían un helicóptero de rescate Aurora para localizar al *Andrea Gail* y circundarlo. Una equipo de buceo y un helicóptero permanecerían en estado de alerta en la base aérea de los alrededores de Halifax. El cúter de la guardia costera canadiense saldría rápidamente de Halifax para lo que probablemente sería un viaje de 36 horas. El *Triumph C,* un remolcador transatlántico con base en una plataforma petrolífera cercana a las costas de la isla Sable, también saldría al mar. El *Contship Holland,* el *Zarah,* y posiblemente el *Mary T* intentarían llegar hasta Billy. Una vez allí, no podrían irse hasta que la guardia costera les diese la señal.

Así pues, es probable que las radios de Billy estén averiadas. La guardia costera no recibe ninguna llamada. Ahora, su único lazo con el resto del mundo es su EPIRB, que está metido en una funda de plástico y situado en el exterior, sobre la cubierta principal. Es aproximadamente del tamaño de un bolo y dispone de un interruptor que puede situarse en: encendido, apagado y alerta. Los EPIRB están permanentemente situados en posición de alerta, y si el barco naufraga, un interruptor sensible al agua lanza una señal de radio que es transmitida por satélite a los puestos de escucha de la costa. La guardia costera sabe inmediatamente el nombre del barco, su ubicación y que algo ha ido desastrosamente mal. Sin embargo, si un barco pierde sus radios antes de su efectivo hundimiento, el capitán puede mandar una señal de socorro haciendo girar el interruptor hacia la posición de encendido. Esto es lo mismo que gritar «mayday» por la radio.

Pero Billy no lo hace; en ningún momento toca el interruptor. Esto sólo puede significar una cosa: que tendrá confianza en sus posibilidades hasta el momento mismo en que no les quede la menor posibilidad. Debe de suponer que el tipo de olas que les han arrancado las ventanas no volverán a golpearles de nuevo, o que, si lo hacen, podrán soportarlo. Estadísticamente, un viento de cuarenta nudos genera olas rompientes de nueve a doce metros aproximadamente cada seis minutos, lanzando agua verde sobre la proa y espuma en la cubierta. Cada hora, tal vez, Billy podría ser golpeado por una ola rompiente de quince metros. Esa es, probablemente, la clase de ola que destrozó las ventanas. Y cada cien horas Billy puede tener la seguridad de encontrarse con una ola no negociable: una ola rompiente de más de veintiún metros que podría volcar el barco sobre su propio eje. Tiene que suponer que la tormenta cesará antes de que se agoten esas cien horas.

Cada persona a bordo de un barco que se hunde reacciona de modo diferente. Un tripulante de un barco de Gloucester se hizo un ovillo y comenzó a llorar mientras sus compañeros trabajaban sin descanso sobre la cubierta. La tripulación del *Andrea Gail,* formada por pescadores experimentados, trata seguramente de convencerse de que es una tormenta más: ya han pasado antes por esto, les volverá a suceder otras veces, y por lo menos no están vomitando. Billy está sin duda demasiado concentrado en el timón como para pensar en ahogarse. Ernie Hazard afirma que fue lo último que se le ocurrió: «No conversábamos, todo eran cuestiones prácticas», afirma refiriéndose a su hundimiento cerca del banco Georges. «Ya sabes, vamos a terminar esto de una vez. Nunca hubo un sentimiento abrumador de peligro. Estábamos muy, muy ocupados.»

Sea como fuere, ciertas realidades acaban por imponerse a la fuerza. En algún momento Tyne, Shatford, Sullivan, Moran, Murphy y Pierre deben darse cuenta de que ese barco no tiene salida. Podrían accionar el EPIRB, pero un rescate nocturno en estas condiciones resultaría prácticamente imposible. Podrían desplegar el bote salvavidas, pero seguramente no sobrevivirían a un oleaje tan enorme. Si el barco se hunde, ellos se hunden con él, y no hay nadie en el mundo que pueda evitarlo. Sus vidas están total y absolutamente en sus propias manos.

Ese hecho debe caer en el estómago de Bobby Shatford como una mala comida. Fue él, después de todo, quien tuvo esos terribles presentimientos el día que zarparon. Esa última tarde en el puerto estuvo a un paso de negarse, de decirle a Chris, sencillamente, que arrancase el coche. Podrían haber regresado a su casa, haber seguido por la costa o haber ido a cualquier parte. No hubiese importado; ahora mismo no estaría en medio de esta tormenta, ni lo estaría ninguno de ellos. Billy hubiese tardado por lo menos un día en reemplazarle, y ahora mismo seguirían al este como el resto de la flota.

La primavera pasada Bobby y Chris alquilaron una película titulada *The Fighting Sullivans,* que trataba de cinco hermanos que murieron en un buque de la armada estadounidense durante la segunda guerra mundial. Sentado allí con Chris, viendo la película y pensando en sus hermanos, Bobby empezó a llorar. No era un hombre que llorase fácilmente, y Chris no sabía muy bien qué hacer. ¿Debía decir algo? ¿Debía fingir que no se daba cuenta? ¿Debía apagar la tele? Por fin, Bobby dijo que le disgustaba la idea de que todos sus hermanos fuesen pescadores, y que si algo le pasaba a él, quería que le enterrasen en el mar. Chris dijo que no le iba a pasar nada, pero él insistió. Que me entierren en el mar, dijo. Prométemelo.

Y ahora está aquí, enterrándose en el mar. Las condiciones han empeorado, pasando de malas a inenarrables. Fuerza Beaufort 10 u 11. El *Manual de náutica* británico describe así una tempestad de fuerza 10: «Se crean grandes bancos de espuma que vuelan en forma de chorros blancos y espesos en la dirección del viento. La agitación del mar se hace intensa y violenta.» La fuerza 11 es aún peor: «Olas excepcionalmente altas pueden tapar la visión de los barcos de pequeño o mediano tamaño. El mar está completamente cubierto por grandes bancos de espuma blanca.» El huracán *Grace* sigue abriéndose paso hacia el norte, y cuando entre en colisión con la tormenta de la isla Sable –probablemente en uno o dos días– las condiciones se harán aún más rigurosas, llegándose tal vez a fuerza 12. Muy pocas embarcaciones de ese tamaño pueden soportar una tempestad de fuerza 12.

Como presumiblemente Billy no puede utilizar su radio, no hay modo de saber cómo van las cosas a bordo del *Andrea Gail.* Sin embargo, la situación del *Eishin Maru 78,* el buque de altura japonés que está a doscientas millas al sureste, permite hacerse una idea bastante aproximada. El *Eishin Maru* lleva a bordo a una observadora canadiense, Judith Reeves, que está encargada de asegurar que la embarcación respete las normas pesqueras de

Canadá. La tormenta alcanza al *Eishin Maru* más o menos a la misma hora que al *Andrea Gail,* pero no de manera tan tremenda; la boya 44137, a sesenta millas al sur, revela un aumento gradual de la velocidad del viento con inicio a las cinco de la tarde del día 28. Al amanecer del 29 el viento es de cuarenta nudos, acelerando hasta los cincuenta, y los picos de altura de las olas son de sólo 14 metros. Eso es bastante menos de lo que está padeciendo Billy, pero sigue empeorando progresivamente. Hacia la medianoche la velocidad sostenida del viento es de cincuenta nudos, las ráfagas alcanzan los sesenta y los picos de altura de las olas se sitúan por encima de los treinta metros. A las ocho y diez de la noche del 29 de octubre la primera ola de gran tamaño golpea al *Eishin Maru.*

Revienta una ventana de babor con el ruido de una escopeta. El agua inunda el puente y baja a raudales por el pasillo hasta el camarote de Reeves. Ésta escucha gritos de pánico de la tripulación y luego unas órdenes que no comprende. Los hombres se precipitan a tapar la ventana y a achicar el agua, y en una hora el capitán ha retomado el control del puente. Sin embargo, el barco está recibiendo una paliza espantosa. Mide cerca de cuarenta y seis metros –más del doble que el *Andrea Gail*– y las olas están inundando sus cubiertas por completo. No tienen chalecos salvavidas a mano, no hay trajes de salvamento ni EPIRB. Un poco antes del amanecer llega la segunda ola.

Esta vez revienta cuatro ventanas, incluyendo la que estaba cubierta por el contrachapado. «Se fundieron todos los circuitos, había humo y cables echando chispas», dice Reeves. «Estropeamos el barco. El VHF, el radar, el sistema interno de comunicaciones, los monitores de navegación, todos quedaron inutilizados. Fue entonces cuando el operador de radio se acercó y me dijo –en lenguaje de señales– que quería que fuera a la cabina de radio.»

El operador de radio había conseguido contactar, gracias al teléfono por satélite, con el administrador del barco, y Reeves se pone en comunicación para explicar qué tipo de daños han sufrido. Mientras está hablando entra en antena la guardia costera de Nueva York; han estado escuchando la conversación y quieren saber si el *Eishin Maru* necesita ayuda. Reeves dice que han perdido la mayor parte de su equipo electrónico y que se encuentran en serios apuros. Nueva York le pasa con la guardia costera de Halifax, y mientras discuten sobre el modo de sacar a la gente del barco el operador de radio le interrumpe. Está señalando una línea en un libro de frases inglés. Reeves se inclina para leerla: «Estamos imposibilitados y navegamos a la deriva. Por favor, envíen toda la ayuda necesaria.» (Aunque Reeves no lo sabe, acaba de fallar el mecanismo de dirección, pero el operador de radio no sabe cómo explicárselo). Es en este momento cuando Reeves se da cuenta de que se está hundiendo en alta mar.

«No teníamos dirección y estábamos en el ojo de la tormenta», dice. «El mar era un desorden, las olas venían de direcciones distintas. El viento levantaba las crestas de las olas y las lanzaba tan lejos que cuando llegó el avión de búsqueda y rescate ni siquiera pudimos verlo. La embarcación caía sobre su costado a fuerza de empujones, de modo que estábamos boca abajo por completo. Si te golpea una ola y después otra, el barco acaba sumergido por el agua. Así que el segundo antes de que vuelva a subir estás a la expectativa, aguantando la respiración.»

Están inmovilizados en el agua, recibiendo el impacto de las olas de costado. Según Reeves, están haciendo giros laterales de 360º, para volver a la superficie. Cuatro embarcaciones tratan de responder a su llamada de socorro, pero tres de ellas tienen que retirarse a causa del temporal. No pueden continuar sin poner en peligro sus propias vidas. El remolcador transatlántico *Triumph C* sale de la isla Sable y avanza penosamente hacia el sur, y el guardacostas *Edward Cornwallis* llega desde Halifax. Los tripulantes del *Eishin Maru,* impasibles, tienen la seguridad de que van a morir. Reeves está demasiado ocupada para pensar en ello: tiene que buscar los chalecos salvavidas, hacer funcionar la radio y el teléfono por satélite, hojear apresuradamente el libro de frases japonés. Llegado un punto, tiene un momento para valorar sus posibilidades.

«O me voy del barco o me hundo con el barco. En cuanto a la primera posibilidad, la estuve considerando un rato hasta que me di cuenta de que habían cerrado a cal y canto todas las escotillas. Pensé: Dios mío, nunca podré salir de este puñetero barco, va a ser mi tumba. Así que decidí hacer lo que tuviera que hacer en cada momento, y la verdad es que no tenía mucho sentido pensar en ello, porque daba demasiado miedo. Estaba atenazada por la sensación de que iba a tener que hacer algo muy desagradable. En fin, algo así como que ahogarse no va a ser agradable. Y no fue hasta el momento en que nos quedamos sin dirección cuando verdaderamente pensé que íbamos a morir. Es decir, yo sabía que había una posibilidad real, e iba a tener que afrontarlo.»

Poco después de que perdieran la dirección un oficial de comunicaciones de Nueva York preguntó a Reeves cómo les iba. No muy bien, dijo ella. ¿Ha sacado su traje de salvamento? Sí, lo tengo aquí, dice. Bueno, ¿cuántos japoneses pueden meterse dentro? Reeves se ríe; incluso esa pequeña broma es suficiente para aliviar lo desesperado de la situación. Un par de horas más tarde suena el teléfono por satélite. Sorprendentemente, se trata de un reportero radiofónico canadiense que quiere entrevistarla. Su nombre es Rick Howe.

Señorita Reeves, ¿está la cosa mal por ahí? Pregunta Howe, entre las interferencias y el aullido del viento.

Está bastante mal.

¿Qué le pasa al arrastrero, qué problema tiene?

No es un arrastrero, es un palangrero. El problema es que nos quedamos sin tres ventanas del puente esta mañana y no funciona ningún instrumento.

¿Se encuentran en peligro o tienen confianza en que todo vaya a salir bien?

Bueno, estamos en peligro, desde luego que estamos en peligro. Vamos a la deriva en medio de una marejada de 12 metros y vientos de entre 50 y 60 nudos. Si nos entra más agua por el puente la comunicación que nos queda va a desaparecer de un golpe. Así que no cabe duda de que estamos en peligro.

¿Sabe a qué distancia está el barco más próximo a ustedes?

Calculamos que a unas cien millas. Si tenemos que abandonar el barco hay helicópteros que pueden llegar aquí en tres horas y media. Por desgracia, no podrán acercarse en la oscuridad, así que si ocurre algo cuando no haya luz, estamos perdidos.

Ha dicho que espera que el tiempo se despeje a lo largo del día. ¿Qué más nos puede decir al respecto?

El tamaño del oleaje debería bajar a cinco u ocho metros y los vientos que vienen hacia el este, a 25 o 30 nudos. Así que eso quitaría algo de hierro al temor que tengo ahora, que es el de que nos llegue un golpe directo. Si sufrimos un impacto así y el barco vuelca, y recibimos otro golpe más, el barco se hunde. Aquí estamos apuntalados, todo está reforzado con listones, las escotillas están prácticamente clavadas. Si volcamos, no hay manera de que nadie salga de aquí, punto.

¿Puede darse el caso de que tengan que abandonar el barco? Y si es así, ¿están la tripulación y usted misma preparados para esa eventualidad?

Bueno, si le digo la verdad, no creo que la tripulación esté muy preparada para una emergencia. No tienen torre baliza de emergencia y yo no estoy muy enterada de sus procedimientos en caso de emergencia, lo que me da un poco de miedo. Soy la única que tiene un traje de salvamento. Pero con una marejada como la que tenemos hoy no creo que me sirviera de mucho.

De acuerdo. Oiga, le doy las gracias por haber hablado con nosotros. Toda la provincia está rezando por un feliz regreso.

Gracias.

Después, Reeves vuelve a los asuntos que tiene entre manos.

Puede que, tras hablar con Tommy Barrie, Billy pueda avanzar hacia el noroeste otras dos o tres horas más antes de que el mar se encrespe demasiado como para poner la popa. Esto le situaría justo al norte de la boya de referencia 44139 y en el límite de Banquereau, una de las antiguas zonas de pesca de Nueva Escocia. La línea de 200 brazas da un rodeo en Banquereau, sigue por el norte atravesando el canal de San Lorenzo y en dirección sur-sureste hasta la isla Sable. A unas sesenta millas al este hay una quebrada submarina llamada «El Barranco», y después comienzan las aguas poco profundas de la isla Sable.

La isla Sable es un banco de arena de treinta y dos kilómetros que se extiende otros sesenta o setenta y cinco kilómetros bajo el mar de este a oeste. Desde la distancia las rompientes de los bancos tienen la apariencia de un acantilado de arena blanca. Los marineros se han acercado a ellas en medio de las tormentas pensando que podrían salvarse desembarcando en la orilla, y acabaron destrozados por olas de seis metros en la barra exterior. El historiador de la isla Sable, George Patterson, escribió en 1894: «Desde el extremo este una barra de arena se extiende veintisiete kilómetros hacia el noreste, de los cuales los seis primeros son secos cuando el tiempo es bueno, los quince siguientes están cubiertos por intensos cachones y los seis últimos por un fuerte mar cruzado. La isla y su barra presentan una línea continua de más de ochenta kilómetros de cachones aterradores. Las corrientes en torno a la isla son enormemente conflictivas e inciertas, y a veces recorren el circuito completo de la brújula en 24 horas. Un tonel vacío se moverá en torno a la isla una y otra vez realizando el circuito en varias ocasiones, y esto sucede también con los cadáveres de los naufragios.»

La isla ronda incansablemente en torno a la plataforma de Nueva Escocia perdiendo sin cesar arena de un extremo y acumulándola en otro, a lo largo de los siglos. Desde 1873 se ha desmoronado bajo los pilares de seis faros. Hay manadas de caballos salvajes viviendo en la isla, descendientes de los endurecidos caballos bretones de montaña que dejaron allí los franceses. Sólo la barrón sostiene las dunas en su sitio, y los arándanos y las rosas silvestres crecen en los pantanos interiores. La corriente del Golfo y la glacial corriente del Labrador convergen en la isla Sable, envolviéndola en la niebla. Se dice que cinco mil hombres se han ahogado en sus orillas, por lo que ha recibido el nombre de «El cementerio del Atlántico», y al menos ese número ha sido arrastrado a lugar seguro por los equipos de rescate que llevan instalados allí desde 1801. «Hemos tenido un invierno tolerable, y no ha habido restos de naufragios, excepto el casco de la goleta *Juno,* de Plymouth», consignaba un guarda de la isla en 1820.

«Llegó a la orilla sin mástiles, sin velas y sin aparejos de ninguna clase, y no había nadie a bordo salvo un hombre muerto que estaba en la bodega.»

Durante los temporales unos jinetes daban vueltas a la isla en busca de barcos en dificultades. Si localizaban alguno, los jinetes regresaban apresuradamente hacia la lancha y remaban a través de las rompientes para salvar a cualquiera que siguiese con vida. En ocasiones podían disparar cohetes con una cuerda en los extremos e improvisar un salvavidas en forma de pantalón. Una vez que amainaba la tormenta rescataban el cargamento y aserraban la madera del barco para obtener leña o material de construcción. Las personas rescatadas de los barcos a la deriva solían pasar todo el invierno en la isla. Algunas veces, doscientas o trescientas personas acampaban en las dunas a la espera de que llegase un barco de auxilio en la primavera.

En la actualidad hay dos faros, un puesto de la guardia costera, una estación meteorológica y varias docenas de pozos de petróleo y gas natural. Hay un bajío de dieciocho metros a cuarenta y ocho kilómetros al noroeste y otro de catorce metros a treinta y dos kilómetros al este. Señalan, respectivamente, los extremos occidental y oriental del banco de arena. Billy aún no está situado en lo alto de las barras, pero se está aproximando. Antiguamente se sabía que la mayor parte de los naufragios de la isla Sable se producían como consecuencia de errores de navegación; la corriente occidental era tan fuerte que podía arrojar a los barcos a cien e incluso a ciento sesenta kilómetros de distancia. Si Billy se ha quedado sin sus equipos electrónicos –GPS, radar y loran– ha regresado, en efecto, a los días de antaño. Debe de tener en su mesa de navegación una carta marina de los Grandes Bancos, y estará estableciendo su posición a partir de la orientación de la brújula, la velocidad de avance y las condiciones del viento. A esto se le llama estima. Tal vez las corrientes y los vientos del temporal empujen a Billy hacia el oeste más de lo que cree, y acabe en los bajíos que rodean la isla Sable. Tal vez haya virado a propósito a favor de la corriente para evitar que el agua entre en la caseta del timón, o para ahorrar combustible. O quizá se hayan quedado sin dirección y, al igual que el *Eishin Maru,* estén avanzando hacia el oeste con la tormenta.

De cualquier forma, una cosa sí es segura. Alrededor de la medianoche del 28 de octubre –cuando la tormenta está en su punto culminante frente a la isla Sable– algo catastrófico sucede a bordo del *Andrea Gail.*

EL MOMENTO CERO

«Miré entonces y había un caballo verdoso; el que lo montaba se llamaba Muerte, y el Infierno le seguía.»

Apocalipsis, VI,8

En los años cincuenta y sesenta el gobierno de Estados Unidos decidió hacer detonar una serie de artefactos nucleares en el océano Pacífico. Se pensaba que las aguas profundas absorberían la onda expansiva y reducirían el impacto ambiental, permitiendo a la vez que los científicos midieran la fuerza de las explosiones. Pero un oceanógrafo llamado William Van Dorn, asociado al Instituto Scripps de La Jolla, California, les advirtió que una explosión nuclear en un lugar inadecuado «convertiría toda la plataforma continental en una zona de rompientes».

Preocupada por esto, la Marina realizó una serie de pruebas de ondas en tanques sellados para ver qué fuerza podría soportar la flota. (Ya habían perdido tres destructores en un tifón en 1944. Antes de hundirse, los barcos habían radiado un mensaje comunicando que estaban balanceándose en unos arcos de 140°. El agua entró por las chimeneas y se hundieron). La Marina utilizó modelos de destructores y portaaviones para someterlos a la acción de distintos tipos de olas y descubrió que una única ola no rompiente –con independencia de su tamaño– era incapaz de hundir un barco. Una única ola rompiente, sin embargo, podía volcar una embarcación de proa a popa si su altura superaba la longitud del barco. En general, éste ascendería por la ola en un ángulo de 45°, no lograría llegar a la cima y volvería a bajar por el frente. La popa se hundiría en el seno y la cresta de la ola alcanzaría la proa y volcaría la embarcación. A esto se le llama «cabezada con pértiga»; Ernie Hazard dio una de estas cabezadas en el banco Georges. Éste es uno de los escasos movimientos que pueden dar fin a la comunicación barco-tierra de manera instantánea.

Otro es una sucesión de olas que, sencillamente, llevan el barco a pique, los marineros las llaman «hundidoras». El diccionario define hundir como «derrumbar, naufragar, fallar completamente, venirse abajo». En un barco de acero las ventanas estallan hacia adentro, fallan las escotillas y el barco empieza a inundarse. La tripulación queda incapacitada para huir por la pura fuerza del agua que entra en el camarote, es como caminar hacia la boca de un lanzallamas. En ese sentido, las cabezadas con pértiga son mejores que un hundimiento, porque un barco volcado recoge aire en la bodega y puede quedar a flote durante una hora o más. Eso puede permitir que los miembros de la tripulación salgan nadando por una puerta y suban a un bote salvavidas. Los botes están diseñados para inflarse automáticamente y desengancharse del barco cuando éste empieza a hundirse. En teoría, el EPIRB también flota libremente y comienza a enviar señales a la costa. Lo único que tiene que hacer la tripulación es seguir con vida.

En las últimas horas del 28 de octubre el oleaje es sobradamente alto como para volcar o bien hundir al *Andrea Gail.* Y si el barco pierde potencia –a causa de un filtro de combustible atascado o una avería en la hélice– podría girar sobre un costado y zozobrar. La misma regla que rige para los vuelcos es aplicable a las zozobras: la altura de la ola debe ser superior a la anchura del barco. El bao del *Andrea Gail* mide seis metros. Pero aunque el barco no reciba el impacto de una ola gigante, el oleaje creciente ofrece a Billy un margen de maniobra cada vez menor. Si conserva la velocidad suficiente para gobernar, hará pedazos el barco; si reduce la marcha, perderá el control del timón. Éste es el resultado final de dos días en que las posibilidades han ido reduciéndose; la única alternativa que queda ahora es navegar a favor o en contra de la corriente, y la única consecuencia será hundirse o flotar. Entre medias apenas hay lugar para nada.

Si las condiciones no cambian, la única esperanza razonable que le queda a Billy es sobrevivir hasta el amanecer. Entonces, al menos, tendrán la posibilidad de ser rescatados; ahora esto es impensable. «En los temporales violentos hay tanta agua en el aire, y tanto aire en el agua, que se hace imposible distinguir dónde acaba la atmósfera y dónde empieza el mar», escribe Van Dorn. «Eso puede hacer literalmente imposible que se distinga lo que está arriba de lo que está abajo.» En semejantes condiciones un piloto de helicóptero no podría de ningún modo rescatar a seis personas de la cubierta de un barco. Así que, durante las próximas ocho horas, la tripulación del *Andrea Gail* deberá mantener las bombas y el motor en funcionamiento y esperar no encontrarse con olas solitarias. Hay olas de más de veintiún metros vagando por la tempestad como gigantes ariscos, y Billy puede hacer poco más que tomarlas de frente e intentar llegar a su cima antes de que rompan. Si se ha quedado sin focos, ni siquiera tendrá esa posibilidad, notará tan sólo una caída en el seno, una sacudida y cómo el barco sube una pendiente demasiado pronunciada como para salir con vida de ella.

«Olas de veintiún metros, llegado a ese punto, yo me pondría los pañales», dice Charlie Reed. «Estaría muy nervioso. Esa altura es superior al punto más alto del *Andrea Gail.* Una vez hice un viaje de regreso desde los Grandes Bancos con olas de once metros. Estar subiendo y bajando durante seis días era una perspectiva de lo más jodida. Yo supongo que Billy se inclinó sobre un costado y volcó. Una de esas olas acaba por ladearte, la siguiente viene en un ángulo distinto, empuja el barco de un sitio a otro y después te da la vuelta. Si el barco se pone boca abajo, por mucho que todo esté cerrado, el agua acaba por entrar. El barco vuelca, el contrachapado se abomba y se acabó todo.»

Cuando Ernie Hazard zozobró en el banco Georges en 1982 el movimiento fue más un enorme salto mortal que puso el barco sobre su espalda que una sacudida violenta. Hazard recuerda que una ola les hizo dar vueltas y otra les levantó de una punta a otra. No fueron como las vueltas de campana de un coche que va a gran velocidad, fue más bien como si rodara una casa. Hazard tenía 33 años en ese momento; tres años antes había contestado a un anuncio del periódico y había conseguido un trabajo en el *Fair Wind,* un barco langostero de Newport, Rhode

Island. La tormenta les alcanzó en su último viaje del año, a finales de noviembre. Todos los tripulantes eran buenos amigos; celebraron el fin de la temporada en un asador de carne y después salieron hacia el banco Georges a última hora de la mañana siguiente. Los vientos eran ligeros y la previsión meteorológica anunciaba varios días más de buen tiempo. Al amanecer el viento soplaba a cien por hora:

> «Estábamos dirigiendo bien el barco. Lo enfilas mar adentro y tratas de dominarlo hasta que amaina: mantienes el rumbo, soportas los golpes, equilibras el barco, llenas los tanques, intentas salvar lo que tengas en la cubierta. Se oía el típico aullido del viento en los cables y había mucha espuma a causa del viento, espuma amarilla, salpicaduras. Perdíamos potencia sobre las olas porque tenían más espuma que agua, y la hélice no se agarraba.
>
> Sucedió deprisa. Estábamos cerca del borde de la plataforma continental y las olas estaban creciendo, empezaban a romper. Formaban crestas. Recuerdo que miré desde la cabina del piloto y vi cómo llegaba una ola gigante que rompió sobre la proa y nos empujó hacia atrás. No había nada que nos sujetase y debimos enterrar la popa para luego dar vueltas. Ahora estábamos en pleno mar de popa. No habíamos conseguido remontar otra ola cuando ya teníamos la proa enterrada en el seno y habíamos volcado. Primero rompió la ola, después tuvimos la sensación de que el barco giraba, y al momento siguiente estábamos cabeza abajo. Flotando en el interior del barco.
>
> Acabé saliendo a la superficie en una pequeña bolsa de aire y no supe si estaba cabeza abajo o de pie sobre la pared o qué. Intenté ir buceando hasta la cabina del piloto y vi algo de luz –pudo ser una ventana o una portilla, no lo sé– y cuando volví a la timonera ya no quedaba aire. Había desaparecido. Yo pensaba «se acabó. Traga agua y termina de una vez». Era algo muy prosaico. Había llegado a una encrucijada y tenía trabajo que hacer: nadar o morir. No me daba miedo, no pensé en mi familia ni en nada. Era una cuestión práctica. La gente piensa que siempre se lucha por vivir, pero no es así. Puedes abandonar.»

Por razones que aún no entiende, Hazard no abandonó. Hizo un cálculo y se puso a nadar. El lado de babor de la cabina era de acero soldado y él sabía que si elegía esa dirección no sobreviviría. Sintió cómo se deslizaba por una abertura estrecha –¿la puerta? ¿una ventana?– y de repente, había vuelto al mundo. El casco del barco estaba en pie, se deslizaba velozmente y el bote salvavidas sufría convulsiones agónicas. Era su única esperanza; se quitó la ropa como pudo y comenzó a nadar.

Zozobre, vuelque o se hunda, el *Andrea Gail* acaba en una posición de la que no puede recuperarse. Los ingenieros navales conocen esta situación como el momento cero, el punto de no retorno. La transición de crisis a catástrofe es rápida, probablemente inferior a un minuto, o alguien hubiese disparado el EPIRB (de hecho, el EPIRB ni siquiera envía señales cuando cae al agua, lo que significa que se ha averiado por algún motivo. En la gran mayoría de los casos la guardia costera sabe cuándo está muriendo gente en alta mar). No hay tiempo para ponerse trajes de salvamento ni para agarrar un chaleco salvavidas; el barco está sufriendo los movimientos más extremos de su existencia y ni siquiera queda tiempo para gritar. El frigorífico se sale de la pared y va chocando por toda la cocina. Los platos sucios caen en cascada del fregadero. El televisor, la lavadora, las cintas de vídeo, los hombres, todo sale volando. Y, unos segundos más tarde, entra el agua.

Cuando un barco se inunda lo primero que se produce es un cortocircuito de su sistema eléctrico. Las luces se apagan, y por unos momentos la única iluminación es el azul frenético de las chispas formando un arco en dirección al agua. Se dice que las personas en situaciones extremas perciben las cosas de una manera distorsionada, casi surreal, así que cuando los cables empiezan a echar chispas y a arder puede que algún tripulante piense en los fuegos artificiales, en el último 4 de julio, dando un paseo por Gloucester con su novia, contemplando el surgir de los colores sobre el puerto. Habría turistas paseando por la calle Rogers, pescadores voceando en los bares y el olor de la pólvora y las almejas fritas extendiéndose por la ciudad. Tenía toda su vida por delante aquella noche de julio; tenía todas las oportunidades del mundo.

Y acabó pescando pez espada. Acabó, por una vía o por otra, en este viaje, en esta tormenta, en este barco que se llena de agua y con uno o dos minutos de vida por delante. Ahora ya no hay vuelta atrás, no hay helicóptero de rescate que pueda salvarle. Lo único que queda es esperar que acabe pronto.

Cuando el agua alcanza por primera vez a los hombres que están atrapados, está fría pero no llega a paralizar, su temperatura es de unos once grados. Un hombre atrapado puede sobrevivir con esa temperatura si hay algo que lo sostenga. Si el barco zozobra o vuelca los hombres de la timonera son los primeros en ahogarse. Su experiencia es idéntica a la de Hazard, salvo que ellos no consiguen salir de la timonera y subir a un bote salvavidas; tragan el agua y se acaba todo. Después de eso, el agua sube por la escalera de toldilla, inundando la cocina y los camarotes, y luego comienza a ascender por la escotilla invertida de la sala de máquinas. Es probable que también entre a borbotones por la puerta de popa y el vivero, si estos se han abierto durante el naufragio. Si el casco del barco está hacia arriba y hay hombres en la sala de máquinas, éstos son los últimos en morir. Están en una oscuridad absoluta, bajo una avalancha de herramientas y aparejos, el agua asciende por la escalera de toldilla y probablemente el rugido de las olas queda amortiguado por el casco. Si el agua tarda lo suficiente pueden intentar escapar con la última bocanada de aire –bajando la escalera de toldilla, siguiendo por el corredor, atravesando la puerta de popa y saliendo por debajo del barco– pero no lo consiguen. Está demasiado lejos, mueren en el intento. O bien el agua llega con tanta fuerza y a tal velocidad que no tienen tiempo para pensar. Les llega hasta la cintura, luego hasta el pecho, más tarde hasta la barbilla, y entonces ya no queda aire. Sólo el que tienen en los pulmones, lo suficiente para aguantar un minuto.

El instinto de no respirar bajo el agua es tan fuerte que se sobrepone a la agonía de quedarse sin aire. Por muy desesperada que esté la persona que se ahoga, no inspira hasta que está a punto de perder la conciencia. En ese momento hay tanto dióxido de carbono en la sangre, y tan poco oxígeno, que los sensores químicos del cerebro ponen en marcha el mecanismo de la respiración, se esté o no bajo el agua. A esto se le llama el «punto de ruptura»; los experimentos de laboratorio han demostrado que el punto de ruptura se produce al cabo de 87 segundos. Es una especie de optimismo neurológico, algo así como si el cuerpo dijese «aguantar la respiración nos está matando, y puede que inspirar no nos mate, así que más vale que inspiremos». Si la persona está previamente hiperventilada, como sucede con los buceadores, o puede suceder con una persona desesperada, el punto de ruptura no llega hasta pasados 140 segundos. La hiperventilación desaloja inicialmente el dióxido de carbono del sistema, de modo que ése es un tiempo que se añade al que transcurre hasta llegar a niveles críticos.

Hasta que llega el punto de ruptura se dice que una persona que se ahoga sufre una «apnea voluntaria» al evitar respirar. La falta de oxígeno en el cerebro provoca una sensación de oscuridad envolvente, como sucede en una cámara fotográfica cuando cierra el diafragma. El pánico de una persona al ahogarse se mezcla con una extraña incredulidad ante lo que está sucediendo. Al no haberlo hecho antes, el cuerpo –y la mente– no saben cómo morir con elegancia. El proceso está lleno de desesperación y de torpeza. «Así que esto es ahogarse», podría pensar una persona que se ahoga. «De modo que así es como va a acabar mi vida.»

Junto con la incredulidad hay una sobrecogedora sensación de estar siendo arrancado de la vida en el momento más banal e inoportuno que pueda imaginarse. «No puedo morir, tengo entradas para el partido de la semana que viene», es un pensamiento plausible en una persona que se está ahogando. La persona que se ahoga puede incluso sentirse avergonzada, como si dilapidase una gran fortuna. Se imagina a la gente meneando la cabeza con desaprobación ante su muerte, tan falta de sentido. La persona que se ahoga puede sentir que ése es el último y el mayor acto de estupidez de su vida.

Estos pensamientos penetran en la mente como un aullido durante el minuto aproximado que tarda una persona aterrorizada en quedarse sin aire. Cuando se produce la primera inspiración involuntaria, la mayor parte de las personas siguen conscientes, lo que es una desgracia, porque si hay algo más desagradable que quedarse sin aire es respirar en el agua. En ese momento la persona pasa de la apnea voluntaria a la involuntaria, y comienza la verdadera asfixia. Una respiración espasmódica introduce agua en la boca y la tráquea, y entonces pueden suceder dos cosas. En cerca del 10 por 100 de las personas, el agua –o cualquier otra cosa–, al entrar en contacto con las cuerdas vocales, dispara una contracción inmediata de los músculos en torno a la laringe. En efecto, el sistema nervioso central considera que una interferencia en la caja de la voz es una amenaza mayor que un bajo nivel de oxígeno en la sangre, y actúa en consecuencia. A esto se le llama un laringospasmo. Es tan potente que supera al reflejo de respirar y acaba por asfixiar a la persona. Un individuo que sufre un laringospasmo muere sin agua en los pulmones.

En el otro 90 por 100 de los casos el agua inunda los pulmones e impide la más mínima transferencia de oxígeno a la sangre. Ahora el reloj se está quedando sin cuerda; semiconsciente y debilitado por la falta de oxígeno, la persona ya no está en situación de luchar para salir a la superficie. El proceso mismo del ahogo hace que cada vez sea más difícil no ahogarse, es una curva exponencial de desastre semejante a la de un barco que se hunde.

Pero hay ocasiones en que alguien regresa de ese mundo oscuro, y gracias a ellos sabemos qué se siente al ahogarse. En 1892 un médico escocés llamado James Lowson viajaba en un barco de vapor con destino a Colombo, Sri Lanka, cuando se encontraron con un tifón y naufragaron en plena noche. La mayor parte de las 150 personas de a bordo se hundieron con el barco, pero Lowson consiguió abrirse camino desde la bodega y por un costado. El barco se hundió bajo sus pies, arrastrándole al fondo, y lo último que recuerda es haber perdido la conciencia bajo el agua. Unos cuantos minutos más tarde, sin embargo, su chaleco salvavidas le disparó hacia la superficie, fue arrojado a una isla y vivió para relatar sus experiencias en el *Edinburgh Medical Journal.* Atribuyó la claridad de sus recuerdos a la «calma sobrenatural» de quienes se enfrentan a la muerte. Ésta es la mayor aproximación que cabe a los últimos momentos del *Andrea Gail:*

> «Toda la tarde prosiguió el martilleo de las grandes olas sobre la nave condenada, mientras que la noche sólo añadió oscuridad

al resto de nuestros horrores. Poco antes de las diez tres olas inmensas se abrieron paso por el cuarto de calderas y apagaron los fuegos, con lo que nuestra situación se hizo desesperada. El final llegó poco antes de la medianoche, cuando se produjo un fuerte impacto sobre el arrecife y la embarcación quedó tendida en el fondo de los estrechos de Formosa en menos de un minuto.

Sin apenas tiempo para pensar tiré de los cinturones de salvamento y, tras lanzar dos de ellos a mis compañeros, me até al tercero y me abalancé sobre la escalera de toldilla. En esta tesitura no había tiempo que perder en el estudio de la humanidad, pero nunca olvidaré la manifiesta falta de iniciativa que vi a mi alrededor. Todos los pasajeros parecían paralizados, incluso mis compañeros, algunos de ellos militares capaces. Los camareros del barco, lanzando gritos de desesperación y despedidas finales, bloqueaban la entrada a la cubierta, y sólo logré abrirme paso entre ellos empleando la pura fuerza. Al salir a la cubierta una montaña perfecta de agua parecía venir desde lo alto, así como desde abajo, y me estrelló contra la escalerilla del puente. El barco se estaba hundiendo con rapidez y yo me veía arrastrado con él, luchando para liberarme.

Ya estaba completamente sumergido e inmediatamente traté de alcanzar la superficie, pero me hundí aún más. Este ejercicio constituía un grave despilfarro de aire, y después de diez o quince segundos ya no podía reprimir el esfuerzo de inspirar. Me parecía encontrarme en un torno cada vez más apretado, hasta que sentí que el esternón y la espina dorsal iban a romperse. Hace muchos años mi antiguo profesor me explicaba lo fácil e indolora que era la muerte por ahogamiento –«como rodar por una verde pradera al comienzo del verano»– y esto cruzó fugazmente por mi cerebro en aquel momento. Los esfuerzos por tragar se hacían menos frecuentes, y la presión parecía insoportable, pero el dolor pareció remitir gradualmente. Me encontraba como en un sueño placentero, aunque tenía la fuerza de voluntad suficiente para pensar en mis amigos de siempre y en la imagen de los montes Grampianos, familiares para mí desde mi infancia, y que aparecían ante mi vista. El dolor de pecho había desaparecido completamente antes de perder la conciencia, y lo cierto es que la sensación era agradable.

Cuando recobré la conciencia me encontré en la superficie, y realicé doce buenas inspiraciones. La tierra estaba a unos trescientos setenta metros de distancia, y utilicé una bala de seda y después una larga tabla de madera para ayudarme a alcanzar la orilla. Al llegar a tierra, y protegiéndome detrás de una roca, no me costó gran esfuerzo producir un copioso vómito. Tras la agitación llegó un sueño profundo, y este sueño duró tres horas, pasadas las cuales sobrevino una profusa diarrea, consecuencia evidente del agua de mar ingerida. Hasta que amaneció, todos mis músculos sufrieron un temblor constante que no podía controlar. Unas semanas más tarde estaba durmiendo en una cama confortable y, bien entrada la noche, una pesadilla me llevó a mantener una enconada pelea con el mobiliario de la alcoba, que acabó en una caída de cabeza desde la cama con final lamentable en el suelo.»

Lowson supone que el laringospasmo evitó que el agua entrase en sus pulmones cuando estaba inconsciente. Los tripulantes del *Andrea Gail* tienen laringospasmos o los pulmones completamente saturados. Están suspendidos, con los ojos abiertos e inconscientes, en las entrañas inundadas del barco. La oscuridad es absoluta y el barco pudiera estar bajando hacia el fondo. Llegados a ese punto, sólo una cantidad masiva de oxígeno podría salvar a estos hombres. Han sufrido, como máximo, durante uno o dos minutos. Sus cuerpos, tras haber impuesto medidas cada vez más drásticas para seguir funcionando, han comenzado por fin a ceder. El agua de los pulmones desaloja una sustancia llamada surfactante que permite a los alveolos extraer el oxígeno del aire. Los propios alveolos, unos racimos de membranas situados en las paredes del pulmón, acaban colapsándose al no poder pasar la sangre por la arteria pulmonar. La arteria se ha constreñido al esforzarse por desviar sangre a las zonas de los pulmones en las que hay más oxígeno. Por desgracia, éstas ya no existen. El corazón opera con niveles de oxígeno críticamente bajos y comienza a latir de forma errática –«como un saco lleno de gusanos»–, dice un médico. A esto se le llama fibrilación ventricular. Cuanto más irregulares son los latidos del corazón menos sangre mueve y más rápidamente declinan las funciones vitales. Los niños –que tienen el corazón proporcionalmente más fuerte que los adultos– pueden mantenerlo latiendo durante cinco minutos sin aire. Los adultos mueren más deprisa. El corazón late cada vez con menor eficacia hasta que, pasados unos minutos, carece totalmente de movimiento. Sólo el cerebro sigue vivo.

El sistema nervioso central no sabe lo que le ha pasado al cuerpo; lo único que sabe es que no llega oxígeno suficiente al cerebro. Siguen enviándose órdenes –¡Respira! ¡Bombea! ¡Circula!– que el cuerpo no puede obedecer. Si la persona fuese desfibrilada en ese momento, puede que aún pudiera sobrevivir. Se le podría aplicar una resucitación cardiopulmonar, colocarle un respirador y devolverla pacientemente a la vida. Pero el cuerpo sigue haciendo todo lo que puede para retrasar lo inevitable. Cuando el agua fría entra en contacto con la cara un impulso viaja desde el nervio trigémino hasta el sistema nervioso central y reduce el nivel metabólico. El pulso se hace más lento y la sangre se acumula allá donde es más necesaria, en el corazón y en el cráneo. Es una especie de hibernación temporal que reduce drásticamente la demanda de oxígeno del cuerpo. Las enfermeras arrojan agua fría a la cara de una persona con taquicardia para obtener esa misma reacción.

El reflejo de buceador, como se le denomina, es acentuado por el efecto general de las temperaturas frías sobre el tejido, al que preserva. Todas las reacciones químicas y los procesos metabólicos se hacen extremadamente lentos, y el cerebro puede subsistir con menos de la mitad del oxígeno que normalmente requiere. Hay casos de gente que ha pasado cuarenta o cincuenta minutos bajo un lago helado y ha sobrevivido. Cuanto más fría es el agua más fuerte es el reflejo de buceador, más lentos los procesos metabólicos y más largo el tiempo de supervivencia. Pero la tripulación del *Andrea Gail* no está sumergida en un agua excesivamente fría; podrían prolongar sus vidas cinco o diez minutos. Y de todos modos no hay nadie en los alrededores que pueda salvarles. La actividad eléctrica en sus cerebros se hace cada vez más débil hasta que, al cabo de quince o veinte minutos, cesa por completo.

El cuerpo puede compararse a una tripulación que recurre a medidas cada vez más desesperadas para mantener su barco a flote. Llega un momento en que se funde el último cable, y el último pedazo de cubierta se deposita bajo el agua. Tyne, Pierre, Sullivan, Moran, Murphy y Shatford están muertos.

EL MUNDO DE LOS VIVOS

«El mar había levantado su cuerpo mortal, pero había ahogado lo infinito de su alma. Vio el pie de Dios sobre el pedal del telar y lo dijo; y sus compañeros le llamaron loco.»

Herman Melville, *Moby Dick*

ALBERT Johnston, cincuenta millas al sur de la Cola en el *Mary T,* es golpeado unas pocas horas después que el *Andrea Gail,* pero con la misma dureza. La primera señal de la tormenta es una cantidad ingente de interferencias en el VHF, después llega el viento: treinta, cuarenta, cincuenta nudos, y por fin arranca el anemómetro de la boya número 44138. La boya está a unas cincuenta millas al noroeste de la posición de Johnston y marca 56 nudos antes de tocar fondo en el gráfico. La velocidad del viento por encima de la interferencia de las crestas de las olas es probablemente un 50 por 100 más alta. El centro del bajo se desliza al lado de Johnston a última hora del día 28 y continúa curvándose en retroceso hacia la costa a lo largo del día siguiente. Ese movimiento ahorra a Johnston lo peor de la tormenta. También, por lo que a él se refiere, le mantiene con vida.

Johnston avanza lentamente contra el viento y las olas hasta que cae la noche, después hace un viraje y se coloca a favor. No quiere correr el riesgo de toparse en la oscuridad con una ola solitaria y quedarse sin ventanas. Durante las primeras horas del 29 de octubre se desliza con el viento a lomos de unas olas enormes, siguiendo un tramo de la fría corriente del Labrador, y, cuando rompe el alba, da la vuelta y se abre paso hacia el norte nuevamente. Quiere ganar suficiente espacio de maniobra para no toparse con la corriente del Golfo cuando vuelva a dirigirse al sur la noche siguiente. Al segundo día la tripulación sube a duras penas a la cubierta para revisar la bodega del pescado y las escotillas del pañol y para tensar las sujecciones del ancla. Ha salido el sol, que ilumina pálidamente el océano verdoso, el viento aúlla desde el este, haciendo que giman los cables y lanzando largas ráfagas de espuma por el aire. Las ondas de radio encuentran tantos obstáculos en el aire saturado que el radar deja de funcionar; en un determinado momento, un barco de pez espada japonés sin identificar surge de la nada, con el reflector indagando en la penumbra, y pasa a unos cientos de metros del *Mary T*. En mares más abruptos no puede levantar la proa a tiempo y se sumerge directamente en el muro de agua. No se ve más que su timonera y después, lenta, imparablemente, vuelve a elevarse su proa. Las embarcaciones se cruzan sin una palabra ni una señal, incapaces de comunicarse, incapaces de ayudarse mutuamente, siguiendo sus propios rumbos a través del infierno.

Salvo por esa expedición a la cubierta para revisar la bodega del pescado, la tripulación permanece en sus literas y Johnston sigue clavado al suelo de la timonera, luchando con el timón y tomando notas en el diario de a bordo. Sus entradas son descripciones nítidas y cortantes del interminable caos externo. *«Vientos del NE de 80-100 a nuestro paso por el lado oeste del ojo»,* anota el día 29. *«Olas de 6-9 metros. Tormenta peligrosa en dirección E 15 nudos se hace estacionaria deriva SO y se funde con* Grace.» Johnston es uno de los capitanes con más inclinación por la meteorología de toda la flota de pez espada, y con ese ojo de experto no ha dejado de observar al huracán *Grace* mientras se deslizaba sigilosamente por la costa. A las ocho de la mañana del día 29, como estaba previsto, el *Grace* entra en colisión con el frente frío y sale dando vueltas hacia el mar. Se está moviendo con extrema rapidez, acompañado de vientos de ochenta nudos y olas de nueve metros. Ahora entra en el juego como elemento importante –aunque agónico– de la maquinaria atmosférica que se está ensamblando al sur de la isla Sable. Esa tarde *Grace* cruza el paralelo 40, y a las ocho de la tarde del 29 de octubre el huracán conecta con la tormenta de la isla.

El efecto es instantáneo. El aire tropical es una especie de acelerador meteorológico que puede hacer que otro sistema tormentoso salga de sus límites, y así, a las pocas horas de encontrarse con el huracán *Grace,* el gradiente de presión en torno a la tormenta forma el equivalente de un acantilado. La presión barométrica aparece en los mapas meteorológicos de la misma manera que la elevación en los mapas topográficos, y en ambos casos, cuanto más próximas están las líneas más abrupto es el cambio. Los mapas meteorológicos de los Grandes Bancos durante las primeras horas del 30 de octubre muestran las isobaras convergiendo en una masa negra en el lado norte de la tempestad. Se dice que una tormenta con líneas isobáricas muy apretadas tiene un gradiente de presión muy pronunciado, el viento caerá en pendiente, por así decirlo, con especial violencia. En el caso de la tormenta de la isla Sable el viento comienza a precipitarse sobre el bajo a velocidades de hasta ciento sesenta kilómetros por hora. Como señalaba discretamente un informe de la NOAA un año más tarde: «A partir de entonces, la peligrosa tormenta que se había previsto ya era un hecho.»

Lo único bueno de estas tempestades invernales, en lo que respecta a los residentes de la costa, es que tienden a viajar de oeste a este sin tocar el litoral. Eso significa que su movimiento de avance se sustrae de la velocidad del viento; un viento de setenta nudos de una tormenta que se aleja a veinte nudos se convierte, en efecto, en un viento de cincuenta nudos. Lo contrario es cierto también –el movimiento de avance se añade a la velocidad del viento–, pero eso no sucede casi nunca en la costa Este. El movimiento atmosférico va siempre de oeste a este en las latitudes medias, y es casi imposible que un sistema tormentoso altere este hecho. Las tormentas pueden tambalearse un rato en dirección noreste o sureste, pero nunca llegan a salir por completo de la corriente en chorro. Hace falta un extraño alineamiento de variables para que eso pueda suceder, un tercer eslabón en las gigantescas maquinaciones celestes.

Hablando en términos generales, hace falta un huracán.

El 30 de octubre la tormenta de la isla Sable está firmemente encajada entre los restos del huracán *Grace* y la zona de altas presiónes canadiense. Como a todos los cuerpos voluminosos, a los huracanes les cuesta mucho reducir su velocidad, y su circulación en sentido inverso a las agujas del reloj continúa mucho después de que sus estructuras internas se hayan desmoronado.

Mientras tanto, la zona de altas presiones canadiense sigue girando en el sentido de las agujas del reloj, con un aire denso y frío. Estos dos sistemas funcionan como enormes engranajes que atrapan la tormenta entre sus dientes y la expulsan hacia el oeste. A esto se le llama un movimiento retrógrado; se trata de un desafío meteorológico que puede producirse en el curso de una tormenta una vez cada cien años. Desde el día 27 de octubre los ordenadores de la NOAA en Maryland informaban que la tormenta haría este movimiento retrógado hacia la costa; dos días después, Bob Case estaba en su despacho observando exactamente lo que ocurría en imágenes del satélite GOES. Los meteorólogos ven la perfección en cosas extrañas, y una de ellas es la unión de tres sistemas completamente independientes dando lugar al suceso del siglo. Dios mío, pensó Case, ésta es la tormenta perfecta.

Como resultado de este horrible alineamiento, el grueso de la flota de pez espada –que se encuentra lejos, junto al Pico de los Flamencos– se salva de lo más duro de la tormenta, mientras que todos aquellos que están más próximos a la costa reciben una paliza. La puerta de popa del *Mr. Simon,* un barco de 32 metros situado a cien millas al oeste de Albert Johnston, se viene abajo, la timonera se inunda y se desprenden las sujecciones del ancla. El ancla comienza a dar golpes por toda la cubierta y un tripulante tiene que salir a desatarla. El *Laurie Dawn 8* se queda sin antenas y luego recibe una ola que baja por los tubos de ventilación e inunda uno de los motores. Bajando la costa, hacia el sur, la situación es aún peor. Un carguero de nombre *Eagle* se encuentra con serias dificultades frente a las Carolinas, junto a otro buque de carga llamado *Star Baltic,* y ambos, seriamente dañados, luchan por llegar a puerto. La goleta de veintisiete metros *Anne Khristine,* construida hace 123 años, se hunde frente a las costas de Delaware y su tripulación ha de ser rescatada por los helicópteros de la guardia costera. El carguero *Zarah,* a sólo cincuenta millas al sur del *Andrea Gail*, embarca olas de veintisiete metros sobre sus cubiertas que arrancan los cerrojos de acero que aseguran las portillas. Treinta toneladas de agua inundan el comedor de la tripulación, siguen hasta el comedor de oficiales, revientan un mamparo de acero, atraviesan dos paredes más, inundan los dormitorios de la tripulación, bajan por una escalera de toldilla y paralizan el motor del barco. El *Zarah* tiene 168 metros de eslora.

Y el buque de vela *Satori,* solo en la boca del Gran Canal del Sur, comienza a perder la batalla para seguir a flote. Karen Stimson se encoge abrumada frente a la mesa de navegación y escucha la previsión meteorológica de la NOAA para la mañana del martes:

UNA DE LAS PEORES TORMENTAS DESDE LA VENTISCA DEL 78, YA HAY TRES DOCENAS DE BARCOS VARADOS O HUNDIDOS EN LA PLAYA DE NAUSET. UN BARCO INFORMA DE OLAS DE VEINTE METROS, LO QUE PROBABLEMENTE RESULTA ELEVADO PERO ES UNA SEÑAL DE LOS PROBLEMAS QUE SE AVECINAN. SE ESTÁ ENVIANDO UN AVISO DE FUERTE OLEAJE AUNQUE HAY UNA DISMINUCIÓN TEMPORAL DEL VIENTO.

En lugar de debilitarse, como insistía Leonard, la tormenta no deja de empeorar; las olas son de nueve metros y los vientos se acercan a la fuerza de huracán. El barco se balancea indefenso y escorado cada vez que una ola le alcanza en un lateral. «Estábamos recibiendo una verdadera paliza –de una violencia descomunal–», dice Stimson. «Las cosas salían volando, cada ola nos lanzaba de un lado a otro de la cabina. Era sólo cuestión de tiempo que el barco comenzase a despedazarse.» Bylander se niega a subir a la cubierta, y Leonard se acurruca en su litera, triste y silencioso, bebiendo furtivamente una botella de whisky. Stimson se pone toda la ropa que tiene, sube por la estrecha escalerilla y se engancha a la cuerda de salvamento.

Haga lo que haga –amarrar la caña del timón, navegar a favor del viento, resguardar más el foque– no puede controlar el barco. En varias ocasiones es azotada hasta el límite de sus fuerzas por olas de abordaje. Stimson sabe que si no mantienen su proa hacia el temporal van a zozobrar, así que decide que no hay más elección que poner en marcha el motor. Baja de la cubierta para preguntarle a Leonard cuánto combustible les queda, pero él le da una respuesta distinta cada vez que pregunta. Eso es una mala señal, tanto por lo que se refiere al nivel de combustible como por el estado mental de Leonard. Pero el combustible no es su único problema, señala Leonard; también está la propia hélice. En medio de un mar tan caótico, el propulsor sale constantemente del agua y acelera demasiado; llegará un momento en que se quemen los cojinetes.

Mientras Leonard está explicando las sutilezas de la cavitación de la hélice se produce el primer derribo. Una ola coge al *Satori* de costado y hunde su mástil en el agua. La tripulación al completo se estrella contra la pared opuesta. La comida enlatada sale disparada de un extremo a otro de la cocina y el agua empieza a entrar a borbotones en la cabina del piloto. Al principio Stimson cree que se ha abierto el casco –lo que sería una sentencia de muerte–, pero el agua sólo ha atravesado la escotilla principal. El camarote se llena de desperdicios y cristales rotos, y la mesa de navegación está empapada. La banda lateral única se ha roto y el VHF tiene un aspecto dudoso.

Stimson ha adquirido la mayor parte de su experiencia en barcos de madera; en los temporales tienden a saltar los calafates y el barco se hunde. La fibra de vidrio es mucho más resistente, pero también tiene sus límites. Cuáles son esos límites es lo que Stimson desconoce. Parece que no hay manera de mantener el barco enfilado hacia las olas, ni hay modo de reducir las acometidas que están sufriendo. Aunque el VHF pudiese transmitir un «mayday» –y eso es imposible saberlo con seguridad– sólo tiene un alcance de algunos kilómetros. Están a cincuenta millas mar adentro. Entre las olas y los golpes, Stimson grita, ¡Creo que deberíamos preparar una bolsa de supervivencia por si tenemos que abandonar el barco!

Bylander, agradecida por tener algo que hacer, busca entre los restos del suelo y atiborra un saco de marinero con latas de comida, agua embotellada, ropa y un rayador de queso. ¡Sue, no necesitamos el rayador, podemos morder el queso! dice Stimson, pero Bylander menea la cabeza. ¡He leído acerca de estas cosas y son los pequeños detalles los que marcan la diferencia! Ray, ¿dónde están los cojines del barco? Mientras preparan su bolsa de emergencia son derribados una segunda vez. Ésta es aún más violenta que la primera, y el barco tarda mucho en ponerse de nuevo en pie. Stimson y Leonard se levantan del suelo, magullados y aturdidos, y Bylander saca la cabeza por la escotilla para comprobar si hay daños en la cubierta. ¡Dios mío, Karen! grita. ¡Hemos perdido el bote salvavidas!

«Yo estaba en un rincón y me cubrí con cosas blandas», dice Stimson, «cogí una linterna, en diez minutos escribí algunas cartas de despedida, las metí en una bolsa de cremallera y las guardé debajo de la ropa. Ése fue el peor momento. No teníamos contacto con nadie, estábamos en plena noche –que llega acompañada de sus terrores propios– y yo tenía la sensación de que las cosas iban a empeorar. Pero es curioso. No había sentimiento ni tiempo para el temor. Para mí, miedo es pasear por una calle de la ciudad a las dos de la madrugada y que alguien me esté siguiendo, eso para mí es un terror sin nombre. Aquí se trataba de un sentido lúgubre de la realidad, una lucha por decidir qué iba hacer a continuación, una determinación de seguir viva y de mantener a las demás personas con vida, y una percepción del estruendo oscuro y ensordecedor del barco. Pero no era un terror sin nombre. Es que tenía una sensación abrumadora de que no íbamos a sobrevivir.»

Stimson no lo sabe, pero Bylander se pega el pasaporte al estómago con cinta adhesiva para que su cuerpo pueda ser identificado. Ambas mujeres, llegado este punto, están preparadas para morir. Una vez que Stimson termina de escribir sus despedidas, le dice a Leonard que es hora de lanzar un «mayday». «Mayday» viene del francés *venez m'aidez* –venid a ayudarme– y significa esencialmente que los que están a bordo han perdido toda esperanza. Salvarles depende de otros. Leonard está inmóvil en su litera. Bueno, se dice. Stimson se abre paso hasta la caseta del timón y Bylander se sienta frente a la mesa de navegación para ver si, con paciencia, puede recuperar el VHF.

A las once y cuarto de la noche del 29 de octubre un carguero situado frente a Long Island recoge la voz aterrorizada de una mujer en el VHF: *Esto es el* Satori, *el* Satori, *39:49 norte y 69:52 oeste, somos tres personas, esto es un mayday. Si alguien puede oírnos, por favor, que comunique nuestra posición a la guardia costera. Repito, esto es un mayday, si alguien puede oírnos que comunique nuestra posición a la guardia costera...*

El carguero *Gold Bond Conveyor,* transmite el mensaje al centro de la guardia costera de Boston, que a su vez se pone en contacto con el guardacostas *Tamaroa* en el puerto de Provincetown. El *Tamaroa* acaba de abandonar el banco Georges, donde estaba realizando comprobaciones sobre la situación de la flota pesquera, y ahora está esperando a que pase la tormenta en el interior del gigantesco brazo doblado del cabo Cod. Un pequeño reactor Falcon sale apresuradamente del aeródromo del cabo Cod y el *Tamaroa,* 1.600 toneladas y sesenta y dos metros, leva anclas a medianoche y entra en la garganta de la tempestad.

La tripulación del *Satori* no tiene modo de saber si la radio sigue funcionando, sólo les queda repetir el «mayday» y esperar que haya suerte. Y aun en el caso de que la radio funcione, tendrían que estar a dos o tres millas de otra embarcación para que se escuchase la señal. Eso es mucho pedir en una noche como ésta. Bylander, clavada detrás de la mesa de navegación, transmite intermitentemente su nombre y su posición durante media hora sin recibir ninguna respuesta; hasta donde alcanza su conocimiento, están solos en la tormenta. Sigue intentándolo –¿qué otra cosa se puede hacer?– y Stimson regresa a la cubierta para tratar de mantener el curso del *Satori* mar adentro. No lleva allí mucho rato cuando escucha el sonido de un avión elevándose y desvaneciéndose en el fragor de la tormenta. Mira frenéticamente a su alrededor en la oscuridad, y un minuto más tarde un reactor Falcon, que vuela a poca altura bajo la cubierta de las nubes, ruge sobre su cabeza y comunica con Bylander a través del VHF. «Sue estaba tan agitada que se mareaba», dice Stimson, «pero yo no. Recuerdo que mi sensación no era tanto de alegría o de alivio como de haberme reincorporado instantáneamente al mundo de los vivos.»

El piloto del Falcon vuela en círculos inmediatamente por debajo del nivel de las nubes y discute por VHF con Bylander qué hacer a continuación. El *Tamaroa* no llegará allí hasta pasadas doce horas, y tienen que mantener el barco a flote hasta entonces, aunque eso suponga quemar el motor. No pueden correr el riesgo de sufrir más derribos. Bylander, contra los deseos de

Leonard, sujeta finalmente con cabilla el interruptor de arranque, y, para asombro suyo, cede. Con el foque de tormenta arriado y la hélice funcionando pueden girar unos cuantos grados hacia la tormenta. No es mucho, pero es suficiente para evitar que las olas los hagan volcar.

Durante toda la noche el piloto del Falcon vuela por encima de ellos, dando a Bylander la seguridad de que van a salir de ésta con vida. Stimson permanece al timón y Leonard está tumbado en su litera, en espera de la inminente pérdida de su barco. Cuando llegue el *Tamaroa,* tendrá que abandonar el barco, lo que es un acto casi inimaginable para un capitán. El *Satori* es su casa, su vida, y si permite que la guardia costera le saque de ahí, es probable que no vuelva a verlo nunca. Por lo menos intacto. En algún momento de la noche, tumbado en su litera esperando el amanecer, Ray Leonard decide que no va a desembarcar. Las mujeres pueden irse si quieren, pero él acompañará al barco hasta el puerto.

Durante toda esa noche el *Tamaroa* avanza penosamente contra la tormenta. Es un navío sólido como un bulldog, construido para salvar buques de guerra inutilizados en la segunda guerra mundial, y puede «remolcar cualquier cosa que siga a flote», según dice su leyenda. El oleaje es tan alto, sin embargo, que lo más que alcanza son los dos o tres nudos (más o menos la velocidad de un hombre caminando). Al llegar a las olas más grandes se sumerge en la cresta, se detiene y reemprende su marcha desde el extremo opuesto, con la espuma cayendo a chorros desde la cubierta y agua verde rebosando en los imbornales. Cruza la bahía del cabo Cod, se desliza por el canal, deja las islas Elizabeth a estribor y por fin dobla Martha's Vineyard. El comandante Lawrence Brudnicki, oficial jefe de a bordo, estima que llegarán a su objetivo al final de la tarde siguiente; la tripulación del *Satori* tiene que permanecer a flote hasta entonces. No tienen bote salvavidas ni hay trajes de supervivencia a bordo, y el helipuerto más cercano se encuentra a una hora. Si el *Satori* se hunde, la tripulación morirá.

Brudnicki no puede hablar directamente con el *Satori,* pero puede transmitir mensajes por medio del Falcon que está dando vueltas por encima de ellos. Tanto el barco como el avión están en contacto con la Comandancia del Primer Distrito en Boston –D1 Comcen– como se le designa en los informes de la guardia costera. El D1 Comcen es responsable de coordinar todas las embarcaciones y aeronaves de rescate y de elaborar la estrategia más segura para sacar a la gente del barco. Toda decisión debe ser aprobada por ellos. Dado que el *Satori* aún no se está hundiendo, deciden que el Falcon se ponga a cubierto hasta que llegue el *Tamaroa* y se lleve después a la tripulación en una balsa. Un rescate aéreo en estas condiciones puede ser más arriesgado que quedarse en el barco, de modo que se deja como último recurso. En cuanto amanezca el Falcon será relevado por un helicóptero de rescate H-3, y este H-3 se turnará con otros hasta que aparezca el *Tamaroa*. Los helicópteros tienen un tiempo de vuelo limitado –por lo general de cuatro horas–, pero pueden sacar a la gente del agua si es preciso. Los reactores Falcon no pueden hacer gran cosa por los que están en el agua, salvo volar en círculos por encima de ellos y ver cómo se ahogan.

Del diario de a bordo, D1 Comcen:

2.30 AM– Barco de vela se está quedando sin combustible, recomendamos que el Falcon trate de permanecer en escena hasta que llegue el Tamaroa.
5.29 AM– Falcon ha perdido comunicación con barco, barco está escaso de batería y se llena de agua. Bombas siguen funcionando, pero movidas por corriente eléctrica.
7.07 AM– Falcon en escena, barco ha sido localizado. Le queda combustible para seis horas. La gente de a bordo está asustada.

El H-3 aparece en la zona hacia las seis y media de la mañana y tarda sólo media hora en localizar al *Satori*. Las condiciones son tan malas que ha desaparecido del radar del Falcon, y el piloto del H-3 ya está casi encima del barco cuando lo localiza en medio de un mar veteado de espuma. El Falcon da un rodeo hacia el sureste para preparar el lanzamiento de una balsa de rescate mientras el H-3 permanece suspendido sobre la embarcación. En estas condiciones, el piloto del Falcon no podría de ninguna manera colocarse en línea con algo tan pequeño como un velero, de modo que el H-3 actúa como sustituto. El Falcon regresa a una velocidad de 140 nudos con el radar fijo en la posición del helicóptero, y en el último momento el H-3 se retira y el reactor hace el lanzamiento. El piloto vuela estruendosamente sobre el mástil del *Satori* y el copiloto lanza desde una trampilla dos paquetes que contienen balsas de rescate. Las balsas están unidas por una larga cuerda de nailon, y al caer giran sobre sí mismas y se separan, amerizando a ambos lados del *Satori*. La cuerda, lanzada desde sesenta y cinco metros de altura con un viento huracanado, cae en las manos de Bylander.

El H-3 sobrevuela la zona mientras la tripulación del *Satori* iza los paquetes, pero ambas balsas han explotado a causa del impacto. No hay nada en ambos extremos de la cuerda. El *Tamaroa* sigue a cinco horas de distancia y la tormenta ha retrocedido a unas doscientas millas de la costa; en las próximas veinticuatro horas pasará directamente por encima del *Satori*. Un rescate diurno sería difícil en estas condiciones, y un rescate en plena noche es inconcebible. Si no se recoge a la tripulación del *Satori* en las próximas horas, existe una posibilidad cierta de que no se la recoja nunca. Al final de la mañana llega el segundo H-3, y el piloto, el teniente Klosson, explica la situación a Ray Leonard. Leonard comunica por radio que no va a abandonar la nave.

No está claro si Leonard habla en serio o sólo trata de salvar la cara. De cualquier modo, la guardia costera no está dispuesta a aceptarlo. Dos helicópteros, dos reactores Falcon, una lancha de tamaño medio y un centenar de aviadores y marinos han sido destinados al rescate; la tripulación del *Satori* va a ser recogida. «*El propietario se niega a desalojar y dice que ya ha atravesado otras tormentas anteriormente*», registra el diario de a bordo del Comcen a las 12.24 de esa tarde. «*El* Tamaroa *solicita viaje manifiestamente inseguro para que el propietario pueda ser obligado a abandonar.*»

Un «viaje manifiestamente inseguro» significa que el barco ha sido considerado un peligro inasumible para su tripulación o para otras y que la guardia costera tiene autoridad legal para obligar a todos a abandonar el barco. El comandante Brudnicki habla por radio con el Distrito Uno y solicita una designación de «manifiesta inseguridad» para el *Satori,* y a las 12.47 ésta es concedida. El *Tamaroa* está ya a sólo un par de millas de distancia, al alcance del VHF del *Satori,* y Brudnicki habla con Leonard por radio y le dice que no tiene elección en este asunto. Todo el mundo abandonará el barco. A las 12.57 de la tarde, trece horas después de levar anclas, el *Tamaroa* aparece en escena.

Hay gran cantidad de instrumental acumulado en torno al *Satori*. Está el Falcon, el H-3, el *Tamaroa* y el carguero *Gold Bond Conveyor,* que ha estado dando vueltas en torno al *Satori* desde la primera llamada de «mayday». Pero el problema no radica en los equipos, sino en el tiempo. Quedan sólo tres horas de luz, y el piloto del H-3, a punto de partir, no cree que el *Satori* sobreviva una noche más. Se quedará sin combustible, empezará a sufrir derribos y, llegado un momento, se hará pedazos. La tripulación será arrojada al mar, y el piloto del helicóptero se negará a lanzar a su buceador de rescate porque no puede estar seguro de recuperarle. Quedaría a cargo del *Tamaroa* maniobrar junto a los buceadores y subirlos a bordo, y con este oleaje resultaría casi imposible. Ahora o nunca.

La única manera de sacarlos, concluye Brudnicki, es transportándolos por turnos hasta el *Tamaroa* en uno de los pequeños Avon. Los Avon son balsas hinchables de seis metros y medio con casco rígido y motores fuera borda; una de ellas podría ir a toda velocidad hasta el *Satori,* lanzar trajes de salvamento y volver de nuevo para recoger a los tres tripulantes. Si alguien cayera al agua al menos estaría aislado del frío y permanecería a flote. No es una maniobra especialmente complicada, pero nadie la había realizado antes en condiciones como éstas. Nadie ha visto nunca unas condiciones como éstas. A la 1.23 de la tarde la tripulación del *Tamaroa* se concentra en los pescantes de babor, tres hombres suben a bordo del Avon y descienden al agua.

La cosa va mal desde el principio. Lo que se ha tomado por un remanso entre dos olas es en realidad un cambio de cresta a seno de nueve a doce metros. El contramaestre en jefe Thomas Amidon hace descender el Avon a medio camino, es alzado por la ola siguiente, no puede situarse en el seno y cae hasta el final del cable. El torno elevador se desprende de su soporte y Amidon está a punto de caer por la borda. Forcejea hasta recuperar su posición, termina de bajar el bote y se aleja del *Tamaroa*.

Las olas miden el doble del tamaño de la lancha Avon. Con insoportable lentitud lucha para llegar hasta el *Satori*, se aproxima de proa a popa y un miembro de la tripulación lanza los tres trajes de salvamento a la cubierta. Stimson se hace con ellos y los reparte, pero Amidon no retrocede a tiempo. El barco se eleva sobre una ola, cae sobre el Avon y pincha una de sus cámaras de aire. Ahora las cosas empiezan a suceder muy deprisa: la proa del Avon se desploma, una ola lo inunda hasta la regala, el motor se detiene y se aleja por la popa. Amidon trata desesperadamente de volver a arrancar el motor y por fin lo consigue, pero el agua les llega hasta la cintura y la balsa está inutilizada. No hay manera de que puedan siquiera regresar a bordo del *Tamaroa*, ni mucho menos salvar a la tripulación del *Satori*. Ahora hay que salvar no a tres, sino a seis personas.

La tripulación del H-3 contempla todo esto con incredulidad. Están sobrevolando la zona con la puerta de descenso abierta, justo por encima de las crestas de las olas. Pueden ver la balsa arrastrándose pesadamente a través de las aguas y al *Tamaroa* subiendo y bajando en un oleaje de 90°. El piloto Claude Hessel coge por fin la radio y les dice a Brudnicki y a Amidon que tal vez haya otra manera de hacer las cosas. Él no puede subir a la tripulación del *Satori* desde la cubierta, porque el mástil está moviéndose violentamente y podría enredar la cuerda. Eso arrastraría al H-3, haciéndolo caer sobre el barco. Pero podría soltar a su buceador de rescate para que sacase a la gente del barco de uno en uno y los subiera con la cuerda. Es la mejor opción que tienen, y Brudnicki lo sabe. Consulta con el Distrito Uno y después da su permiso.

El buceador de rescate del helicóptero de Hessel se llama Dave Moore, tiene una experiencia de tres años y jamás ha participado en una operación de rescate importante («los casos buenos no se presentan muy a menudo, lo normal es que alguien te empuje a ellos», dice. «Si un velero tiene problemas en alta mar es frecuente que hagamos un rescate, pero por lo general no hay más que cosas pequeñas»). Moore es un hombre de un atractivo un tanto aniñado: mandíbula cuadrada, ojos azules y una sonrisa grande y franca. Tiene un cuerpo denso y compacto más parecido al de una foca que al de un atleta. Abrazó la profesión de buceador de rescate después de que un petrolero se hundiese frente a la costa de Nueva York a mediados de los 80. Un helicóptero de la guardia costera sobrevolaba la zona, pero era invierno y la tripulación del petrolero sufría demasiado de hipotermia como para meterse en la barquilla de rescate. Se ahogaron todos. El Congreso decidió que había que hacer algo, y la guardia costera creó el programa de rescate de la Marina. Moore tiene 25 años, nació el año en que Karen Stimson se graduó en el instituto.

Moore ya lleva un traje impermeable de neopreno. Se pone calcetines y capucha, se ata las aletas, se coloca las gafas y el tubo de respiración en la cabeza y luego se ajusta los guantes de neopreno. Se abrocha un chaleco salvavidas y luego hace una señal al ingeniero de vuelo Vriesman indicando que está listo. Vriesman, que tiene un brazo extendido a la manera de una barrera ante la puerta de descenso, se hace a un lado y permite a Moore inclinarse en el borde. Eso significa que están en «diez y diez»: volando a diez pies de altura y a una velocidad de diez nudos. Moore, que ya no está conectado al intercomunicador, hace unas indicaciones finales a Vriesman con las manos y éste las transmite al piloto. Es el momento; Moore ha entrenado durante tres años para llegar a esto. Hace una hora estaba en la base, en la cola del almuerzo. Ahora está a punto de lanzarse al torbellino.

Hessel mantiene un vuelo bajo con el barco en posición de dos en punto. Moore puede ver a la tripulación apiñada en la cubierta y al *Satori* avanzando despacio y de frente hacia las olas. Vriesman está sentado junto a Moore en los controles de la grúa, y Ayres, el técnico en electrónica aérea, está detrás del copiloto con la radio y el equipo de búsqueda. Ambos llevan trajes de vuelo y cascos y están conectados al sistema de comunicación interna de la pared. Son las 2.07 de la tarde. Moore elige un lugar entre dos olas, inspira profundamente y salta.

Es una caída de tres metros, y ameriza con los pies por delante y las manos a los lados. Sale a la superficie, aclara su tubo respiratorio, se ajusta las gafas y luego nada hacia el *Satori*. El agua está tibia –es la corriente del Golfo– y las olas son tan grandes que le da la impresión de estar nadando montaña arriba y montaña abajo en lugar de atravesar olas individuales. En ocasiones el viento arranca una cresta, y tiene que sumergirse bajo la cascada de espuma antes de avanzar de nuevo. El *Satori* aparece y desaparece detrás del oleaje y el H-3 atruena sobre su cabeza, formando un círculo de aguas llanas con sus rotores. Desde la puerta de descenso Vriesman observa con ansiedad a través de unos prismáticos y trata de calibrar la dificultad de restituir a Moore al helicóptero. En última instancia, como ingeniero de vuelo le corresponde a él la decisión de lanzar al buceador, y es su cometido que todo el mundo regrese a salvo a la aeronave. Si tiene alguna duda, Moore no salta.

Moore nada con fuerza durante varios minutos y, por fin, mira hacia Vriesman, negando con la cabeza. El barco está moviéndose y no hay modo de que pueda alcanzarlo en medio de este oleaje. Vriesman baja la barquilla y Moore se sube de nuevo. Cuando está a punto de ascender, llega la ola.

Es enorme, mide entre quince y dieciocho metros, y forma una cresta. Se precipita sobre Moore y le entierra junto con la barquilla. Vriesman cuenta hasta diez antes de que Moore reaparezca finalmente entre la espuma, metido aún en la barquilla. Pero ésta ya no está atada al cable; ha sido arrancada del gancho y está flotando a la deriva. Moore tiene la visión tan limitada que no advierte que la barquilla se ha desprendido; se queda sentado, esperando que le levanten. Por fin comprende que no va a ninguna parte, nada con la barquilla hasta el cable y la engancha. Se sube al interior y Vriesman lo levanta.

Esta vez van a hacer las cosas de un modo diferente. Hessel sitúa el helicóptero a unos quince metros del *Satori* y muestra una pizarra que dice, «Canal 16». Bylander desaparece bajo la cubierta, y cuando Hessel la escucha en el VHF le dice que van a intentar rescatarles desde el agua. Deben ponerse sus trajes de salvamento, atar la caña del timón y luego saltar del barco. Una vez que estén en el agua deben permanecer en grupo y esperar a que Moore llegue nadando hasta ellos. Él los meterá en la barquilla y los irá subiendo de uno en uno.

Bylander regresa a la cubierta y da las instrucciones al resto de la tripulación. Moore, que observa con unos prismáticos, ve cómo se ponen los trajes de salvamento e intentan saltar por encima de la regala. Primero, uno de ellos coloca una pierna sobre la barandilla, luego lo hace otro, y por fin los tres caen al agua. Tardan cuatro o cinco minutos en reunir el valor suficiente. Leonard lleva una bolsa en la mano, pero al iniciar el descenso no la sujeta bien y la deja caer en la cubierta. Dentro están sus efectos personales. Baja aferrándose al casco y al final se da un golpe en la frente cuando descubre que la ha perdido sin remedio. Moore se da cuenta de esto, y se pregunta si Leonard va a plantear problemas en el agua.

Como el agua está tan templada Moore se despoja de la capucha y los guantes y vuelve a colocarse las gafas sobre los ojos. Este es el momento; si no pueden hacerlo ahora, no lo podrán hacer nunca. Hessel se sitúa con el *Satori* en la posición de las seis, alineándose por medio de un pequeño espejo retrovisor, y sobrevuela a baja altura. Es un delicado ejercicio de vuelo. Por fin da vía libre a Moore y éste respira profundamente y se lanza. «Dejaron caer a Moore y él se deslizó a ras del agua, volando hacia nosotros», dice Stimson. «Cuando llegó nos dijo "hola, soy Dave Moore, el buceador de rescate, ¿cómo están?" Y Sue dijo "bien, ¿cómo está usted?" Fue muy cordial. Luego nos preguntó quién iba primero, y Sue dijo "voy yo". La agarró por el dorso del traje de salvamento y volvió volando a ras del agua.»

Moore sube a Bylander a la barquilla y veinte segundos más tarde está en el helicóptero. Del salto al rescate pasan cinco minutos (Ayres, el técnico en electrónica, lo está anotando todo en el diario). El siguiente rescate, el de Stimson, dura dos minutos, y el de Leonard tarda tres. Leonard está tan desanimado que es un peso muerto en el agua, así que Moore tiene que luchar para meterle en la barquilla y, tras él, sus piernas. Moore es el último en subir, y regresa a la aeronave a las 2.29. Han estado en escena apenas dos horas.

Moore comienza a despojarse de su equipo, y ya está a punto de quitarse el traje impermeable cuando advierte que el helicóptero no va a ir a ninguna parte. Está volando junto al costado de babor del *Tamaroa*. Se coloca el casco y oye a Hessel hablando con el *Tamaroa,* donde le dicen que esté atento porque la tripulación del Avon aún tiene que ser rescatada. Dios mío, piensa. Moore se vuelve a colocar el equipo y toma posición junto a la puerta de descenso. Hessel ha decidido realizar otro rescate desde el agua, y Moore ve a los tres guardacostas cogerse de las manos y abandonar el barco de mala gana. Ya en la distancia parecen nerviosos. Hessel desciende sobre ellos y vuelve a situarlos en la posición de las seis, sin poder localizar apenas un objetivo tan pequeño en su espejo retrovisor. Moore recibe la señal y salta por tercera vez; ya tiene la lección aprendida, y el rescate no dura más de diez minutos. Cada guardacostas que sube a la aeronave hace una señal de aprobación con el pulgar a Stimson. Moore sube en último lugar –«sólo con el gancho», como dice el informe– y Vriesman le arrastra hacia adentro desde la puerta. El H-3 gira, inclina el morro y se dirige a casa.*

«Cuando subí al helicóptero recuerdo que todo el mundo nos miraba a la cara a mí y a Sue para asegurarse de que estábamos bien», dice Stimson. «Me acuerdo de la intensidad, me impresionó de veras. Aquellos chicos estaban tan inflados, pero también eran humanos, era auténtica humanidad. Nos cogían por los hombros, nos miraban a los ojos y nos decían "estoy muy contento de que estéis vivos, estuvimos pensando en vosotros anoche, rezamos por vosotros. Estábamos preocupados por vosotros"». «Cuando estás en un equipo de rescate eres muy consciente de la vida y de la muerte, mientras que si estás siendo res-

* Ray Leonard no concedió ninguna entrevista a los medios de comunicación después de la tormenta; tampoco al autor hasta la publicación del libro. Desde entonces se ha mostrado en desacuerdo con el relato de los hechos del viaje del *Satori*. En primer lugar, Leonard sostiene que él y su tripulación nunca corrieron peligro durante la tormenta, y que los guardacostas no debieron haberles obligado a abandonar el barco. Para apoyar sus argumentos se remite a su dilatada experiencia como marinero, a la construcción extremadamente sólida del barco y al hecho de que éste quedó intacto tras la tormenta y que finalmente pudo ser rescatado y llegar a la costa de Nueva Jersey. Afirma que «quedarse a palo seco», esto es, fijar con listones los encerados de la escotilla y refugiarse en la litera, no fue una muestra de pasividad por su parte, sino más bien una táctica para combatir el mal tiempo. Contradiciendo el recuerdo de Karen Stimson, miembro de la tripulación, Leonard insiste en que tomó parte activa en el gobierno del barco, y que no bebió alcohol hasta después de que llegara el guardacosta. Se le ordenó que abandonara el barco, insiste, porque las dos miembros de su tripulación no tenían experiencia y estaban aterrorizadas.

catado sólo tienes una especie de conciencia entumecida. En algún momento dejé de ver el riesgo con claridad, y éste se convirtió simplemente en una amalgama de experiencia y observación.»

Stimson ya lleva 48 horas despierta, gran parte de ellas en cubierta. Está empezando a delirar. Se desploma en un asiento de tela en la parte trasera del helicóptero y mira hacia el océano que ha estado a punto de tragársela. «Vi las cosas más asombrosas; vi Egipto y supe que era Egipto», dice. «Y vi unos animales de barro, estaban en unos pastos verdes parecidos al jardín del Edén. Veía estos animales de barro y también unos maravillosos animales vivos comiendo hierba. Y seguí viendo ciudades que reconocí como del Oriente Medio.»

Mientras Stimson entra y sale de sus alucinaciones, el H-3 avanza pesadamente hacia su destino con un viento de setenta nudos. Tarda una hora y cuarenta minutos en regresar a la base. A tres millas de Martha's Vineyard, la tripulación mira hacia abajo y ve otro helicóptero de la guardia costera descendiendo sobre un terreno desolado que se llama isla de Nadie. Un barco de altura de Florida llamado *Michelle Lane* había embarrancado con una carga de pez espada, y la tripulación había pasado la noche en la playa bajo un bote salvavidas puesto boca abajo. Se envió un H-3 desde el aeródromo del cabo Cod para sacarles de allí, y casualmente Hessel vuela en las inmediaciones mientras aterrizan.

Hessel toma tierra a las 4.40 en el aeródromo del cabo Cod, y el otro H-3 llega unos minutos más tarde (cuando aterrizaba en la isla de Nadie, ocurrió que el aire levantado por el rotor hizo volcar la balsa y el golpe dejó inconsciente a uno de los pescadores. Fue retirado en una camilla). Casi ha oscurecido; la lluvia cae en diagonal frente a los focos del aeródromo y el pino bajo se extiende a lo largo de varios kilómetros en todas las direcciones. Los seis supervivientes pasan junto a las cámaras de televisión y son conducidos hacia los vestuarios del piso superior. Stimson y Bylander se quitan los trajes de salvamento, y Bylander se acurruca en un sofá mientras Stimson regresa al piso de abajo. El simple hecho de estar viva le pone tan nerviosa que apenas puede estarse quieta. Los guardacostas están reunidos con los reporteros en una pequeña sala de televisión, y Stimson entra y se encuentra a Leonard sentado en el suelo en actitud lamentable y con la espalda contra la pared. No dice una palabra.

No quería abandonar el barco, explica Stimson a un reportero local. Era su casa, y todo lo que poseía estaba a bordo.

Dave Coolidge, el piloto del Falcon que voló la noche anterior, se dirige hacia Stimson y le da la mano. Los flases de las cámaras relampaguean. Chica, qué contentos estamos de veros a las dos, dice. Ha sido una noche larga, me temía que no salierais de ésta. Stimson responde cortésmente: cuando os oímos por radio nos dijimos sí, vamos a salir de ésta. No vamos a perecer en alta mar sin que nadie lo sepa.

Los reporteros van marchándose poco a poco, y Leonard se retira a un cuarto en el piso superior. Stimson se queda y responde a los miembros del equipo de rescate, que están muy interesados en la relación entre Leonard y las dos mujeres. Las reacciones de él no fueron exactamente las que esperábamos, admite uno de los guardacostas. Stimson explica que ella y Bylander no conocen mucho a Leonard, se lo presentó su jefe.

Sue y yo habíamos trabajado varios meses sin descanso, dice. Este viaje iba a ser nuestras vacaciones.

Mientras están hablando suena el teléfono. Uno de los pilotos del Falcon acude a contestarlo. ¿A qué hora fue eso?, dice el piloto, y todos en la habitación dejan de hablar. ¿Cuántos había? ¿En qué zona?

Sin decir una palabra, los guardacostas se levantan y se van, y un minuto más tarde Stimson oye ruido de cisternas. Cuando regresan, uno de ellos pregunta al piloto del Falcon dónde descendieron.

Al sur de Montauk, dice.

Los guardacostas se suben las cremalleras de sus trajes de vuelo y salen en fila por la puerta. Un helicóptero de rescate acaba de caer a noventa y tres kilómetros de la costa y cinco guardias nacionales están nadando en el agua en ese momento.

HACIA EL ABISMO

«El Señor inclinó los cielos y descendió,
densas nubes había debajo de sus pies.
Apareció entonces el fondo del mar,
y quedaron descubiertos los cimientos del orbe.»

Samuel, XXII, 10-16

«No sabía que hubiese un problema, sólo sabía que el *Andrea Gail* debía llegar en cualquier momento», dice Chris Cotter, la novia de Bobby Shatford. «Me fui a la cama y poco antes del amanecer tuve un sueño. Iba en el barco, y el día estaba muy feo y gris y el barco daba vueltas y se balanceaba y yo me puse a gritar, ¡BOBBY! ¡BOBBY! No había respuesta, así que empecé a caminar por el barco y bajé a la bodega y me puse a escarbar. Había un montón de fango y de algas y de mierda viscosa y yo estaba histérica, gritando como loca, llamando a Bobby, y por fin llego al fondo y encuentro uno de sus brazos. Lo agarro y sé que está muerto. Y después me desperté.»

Es la mañana del 30 de octubre; no ha habido noticias del *Andrea Gail* desde hace más de 36 horas. El temporal está tan concentrado que pocas personas en Gloucester –a sólo unos centenares de kilómetros del centro de la tormenta– tienen la menor idea de lo que está sucediendo. Chris permanece en la cama unos instantes, intentando disipar el sueño, y por fin se levanta y entra arrastrando los pies en la cocina. Su apartamento da a la bahía de Annisquam, y Christina puede ver el agua, fría también y gris como el granito, estrellándose contra las orillas graníticas del cabo Ann. El aire es cálido, pero un viento desagradable está haciendo retroceder la aguja y Chris se sienta en la mesa de la cocina para verlo venir. Nadie ha dicho nada de una tormenta, no hubo ninguna mención en las noticias. Chris fuma un cigarrillo detrás de otro, viendo cómo se acerca el temporal desde el mar, y aún sigue allí cuando Susan Brown llama a la puerta.

Susan es la mujer de Bob Brown. Ella extiende los cheques de la compañía Seagale, que es como se llama la empresa de Brown, y la semana pasada había dado a Christina otro cheque por equivocación. Le había dado el cheque de Murph, que era más cuantioso que el de Bobby Shatford, y ahora ha vuelto para rectificar el error. Susan parece incómoda, observa a su alrededor y se resiste a mirar a Chris a los ojos.

Escucha, Chris, dice Susan finalmente, tengo malas noticias. No sé muy bien cómo decirte esto. Parece que no conseguimos contactar con el *Andrea Gail*.

Chris se queda sentada, aturdida. Aún sigue en el sueño –todavía le rodea el hedor oscuro y viscoso de la bodega– y la noticia no hace más que confirmar lo que ya sabe: está muerto. Bobby Shatford ha muerto.

Susan le dice que siguen intentando comunicar y que lo más probable es que el barco haya perdido las antenas, pero Chris sabe la verdad; siente en las tripas que no es cierto. En cuanto Susan se va Chris llama a Mary Anne Shatford, la hermana de Bobby. Mary Anne le dice que es verdad, que no logran hablar con el barco de Bobby, y Chris baja conduciendo hasta el Nest y entra corriendo por la puerta grande y pesada. Sólo son las diez de la mañana, pero ya hay gente esperando con cervezas en la mano, conmocionados y con los ojos enrojecidos. Ethel está allí, y la otra hermana de Bobby, Susan, y su hermano Brian, y Preston, y docenas de pescadores. Aún no hay nada seguro –el barco podría seguir a flote, o la tripulación podría estar en un bote salvavidas o borracha en algún bar de Terranova–, pero la gente va asumiendo en silencio lo peor.

Chris comienza a beber de inmediato. «La gente no quería darme detalles porque yo había perdido completamente la cabeza», dice. «Todo el mundo estaba borracho porque eso es lo que hacemos, pero la crisis puso las cosas aún peor, no se hacía más que beber y beber y llorar y beber, no podíamos concebir que hubiesen muerto. Salió en la prensa y en la televisión, y decíamos: ése es mi amor, mi amigo, mi hombre, mi compañero de barra, y no podíamos aceptarlo. Me venían imágenes de lo que había pasado: Bobby y Sully y Murph con los ojos desorbitados, sabiendo que era su último momento, mirándose unos a otros, y una jarra de alcohol pasando de mano en mano a toda prisa porque estaban tratando de perder la conciencia, y después Bobby sale volando y Sully se hunde. Pero, ¿cuál fue el momento final? ¿Fue ése el final, el final de todo?»

La única persona que no está en el Crow's Nest es Bob Brown. Como propietario del barco es muy posible que no se sintiera bien acogido, pero además tiene trabajo que hacer, tiene que encontrar un barco. Hay una banda lateral única en su dormitorio, y ha estado llamando a sus dos barcos en 2.182 desde primera hora de ayer. No se ponen ni Billy Tyne ni Linda Greenlaw. Ay, Dios, piensa. A las nueve y media, después de intentarlo unas cuantas veces más, Brown coge el coche y se va treinta y dos kilómetros al sur por la ruta 128, atravesando las alturas rocosas y grises de la orilla norte. Aparca en la taberna King's Grant de Danvers y va andando hasta la sala de conferencias para asisitir al comienzo de una reunión de dos días del Consejo de Administración de las Pesquerías de Nueva Inglaterra. Ahora el viento mueve con fuerza las copas de los árboles, amontonando las hojas muertas contra una cerca de eslabones de hierro y escupiendo lluvia desde un cielo acerado. Aún no es una tormenta, pero se va aproximando.

Brown toma asiento al fondo de la sala con un cuaderno de notas entre las manos y soporta una reunión larga y sin interés. Alguien se refiere al hecho de que la Unión Soviética se ha desintegrado en varios países y que la legislación pesquera de Estados Unidos debe cambiar en consecuencia. Otra persona cita un artículo del *Boston Globe* que dice que las reservas de bacalao, abadejo y platija son tan escasas que las normativas resultan inútiles, se trata de especies sin salvación posible. El Servicio Nacional de Pesca Marítima no es la única institución con conocimiento científico de los temas pelágicos, replica una tercera persona. La reunión se suspende después de una hora de este tenor, y Bob Brown se levanta para ir a hablar con Gail Johnson, cuyo marido, Charlie, está en los bancos en ese momento.

Charlie es el dueño del *Séneca,* que había hecho escala unas semanas antes en la bahía de Bulls, Terranova, a causa de un cigüeñal roto.

¿Has sabido algo de tu marido? pregunta Brown.

Sí, pero apenas pude captarle. Está al este de los bancos, y tienen mal tiempo por allí.

Ya lo sé, dice Brown. Ya lo sé.

Brown pide a Gail que le llame si Charlie sabe algo de cualquiera de sus barcos. Luego vuelve a casa apresuradamente. En cuanto llega sube a su dormitorio y vuelve a hacer un intento con la banda lateral única, y esta vez –gracias a Dios– comunica con Linda. La escucha débilmente entre las interferencias.

No he podido comunicar con Billy desde hace un par de días, grita Linda. *Estoy preocupada por ellos.*

Sí, yo también estoy preocupado, dice Brown. *Sigue intentándolo. Yo volveré a llamarte.*

A las seis de la tarde, la hora en que habitualmente toma contacto con sus barcos, Brown hace un último intento por hablar con el *Andrea Gail.* No hay ni una señal. Linda Greenlaw tampoco ha podido comunicar con ellos, ni nadie de la flota. A las 6.15 del 30 de octubre, dos días exactos desde que se supo por última vez de Billy Tyne, Brown llama a la guardia costera de Boston e informa de la desaparición de la nave. Creo que mi barco está en peligro y me temo lo peor, dice. Añade que no ha recibido llamadas de socorro ni señales del EPIRB. Ha desaparecido sin dejar rastro. En cierto sentido, eso es una buena noticia, porque puede significar que, sencillamente, ha perdido las antenas; una llamada de socorro o una señal del EPIRB sería algo completamente distinto. Significaría sin lugar a dudas que algo ha ido mal.

Mientras tanto, los informativos han recogido la historia. Circulan rumores en Gloucester de que el *Allison* se ha ido a pique junto con el *Andrea Gail,* y que incluso el *Hannah Boden* puede estar en peligro. Un informador de News Channel Five llama a la mujer de Tommie Barrie, Kimberly, y le pregunta por el *Allison*. Kimberly responde que ha hablado con su marido la noche anterior por la banda lateral única y que, aunque apenas ha podido escucharle, parecía estar bien. Channel Five emite la exclusiva en las noticias de la noche y, de pronto, todas las mujeres de los pescadores de la costa Este empiezan a llamar a Kimberly Barrie para preguntar si tiene alguna noticia de la flota. Ella no deja de repetir que habló con su marido el 29 y que apenas podía oírle. «En cuanto las tormentas se desplazan hacia alta mar el servicio meteorológico deja de localizarlos», dice. «Las mujeres de los pescadores se quedan en suspenso y les entra el pánico. A las mujeres siempre les entra el pánico.»

En realidad la flota del este salió relativamente bien parada; se ponen al pairo bajo fuertes vientos y en medio de un extenso oleaje y esperan. Barrie piensa incluso en faenar esa noche, pero decide no hacerlo; nadie sabe hacia dónde se dirige la tormenta y él no quiere que le coja con las redes en el agua. Barrie sigue intentando hablar con Billy cada dos horas durante la noche del 28 y a lo largo del día siguiente, y el 30 de octubre llega a la conclusión de que Billy puede estar fuera de alcance. Habla por radio con Linda y le dice que ya no hay duda de que algo va mal, y que Bob Brown debería ordenar una búsqueda. Linda está de acuerdo. Esa noche, una vez que los barcos han sacado sus aparejos, los capitanes hablan por el canal 16 para elaborar un plano de la deriva del *Andrea Gail*. Tienen una opinión extremadamente mala de la capacidad de la guardia costera para interpretar las corrientes oceánicas, de modo que ponen en común la información, como cuando rastrean a los peces espada, para tratar de figurarse dónde puede haber ido un barco a la deriva o un bote de salvamento. «El agua da la vuelta en torno a la Cola y tiende a ir hacia el norte», dice Barrie. «Hablando con barcos que están en lugares diferentes y reuniendo la información se puede obtener un mapa bastante detallado del comportamiento de la corriente del Golfo.»

Bien entrada la noche del día 30 Bob Brown llama a la guardia costera canadiense en Halifax y les dice que probablemente el *Andrea Gail* está navegando en dirección a puerto por una ruta que corta por el sur de la isla Sable. Añade que Billy no suele llamar durante sus viajes de treinta días. La patrullera canadiense *Edward Cornwallis* –que ya está en el mar ayudando al *Eishin*

Maru– empieza a llamar al *Andrea Gail* cada cuarto de hora por el canal 16. «*No hay suerte en el intento de contactar con el Andrea Gail en la frecuencia indicada*», informa a lo largo de la mañana. Halifax inicia por su lado un rastreo en todas las frecuencias del espectro del VHF, pero tampoco tiene éxito. El pesquero *Jennie* y el *Doug* dicen haber oído un lejano *Andrea Gail* en 8.294 kilohercios, y durante las doce horas siguientes Halifax prueba esa frecuencia pero no logra comunicar. Judith Reeves, del *Eishin Maru,* cree haber oído a alguien con acento inglés diciendo por radio al *Andrea Gail* que se dirigía a ayudarle, pero no logró distinguir el nombre de la embarcación. No vuelve a oír el mensaje. Un radar localiza un objeto que pudiera ser el *Andrea Gail,* y Halifax trata sin éxito de establecer contacto por radio. Al menos media docena de barcos situados en torno a la isla Sable –el *Edward Cornwallis,* el *Lady Hammond,* el *Sambro,* el *Degero,* el *Yankee Clipper,* el *Melvin H. Baker* y el *Mary Hitchins*– están realizando búsquedas, pero nadie logra comunicar. Se han caído por el borde del mundo.

El centro de coordinación de rescate de Nueva York, mientras tanto, sigue intentando descubrir qué personas integran exactamente la tripulación. Bob Brown no lo sabe con seguridad; a menudo los propietarios no quieren saber, e incluso los amigos y la familia no están seguros al cien por cien. Finalmente, la guardia costera recibe una comunicación de un pescador de Florida llamado Douglas Kosco que dice que solía faenar en el *Andrea Gail* y sabe quiénes son los tripulantes. Va nombrando a aquellos que conoce: el capitán Billy Tyne, de Gloucester, Bugsy Moran, también de Gloucester, pero residente en Florida. Dale Murphy, de Cortez, Florida. Alfred Pierre, el único hombre negro de a bordo, de las islas Vírgenes, pero con familia en Portland.

Kosco dice que el quinto miembro de la tripulación era del *Haddit* –el antiguo barco de Tyne– y que la empresa Merrit Seafoods de Pompano tiene su nombre. Yo debía haber ido en ese barco, pero abandoné en el último momento, dice. No sé por qué, pero tuve una sensación extraña y lo dejé.

Kosco da a la guardia costera un número de teléfono de Florida donde recibe sus mensajes (pasa tanto tiempo en el mar que no tiene teléfono propio). Creo que pueden haber salido faltos de personal, espero que así sea, dice. No creo que Billy pudiera encontrar a otro en tan poco tiempo...

Es una ilusión. La mañana en que Kosco se fue, Billy llamó a Adam Randall y le preguntó si necesitaba trabajo. Randall contestó que sí y Billy le dijo que subiera a Gloucester lo antes posible. Randall apareció con su suegro, estuvo revisando el barco y se asustó igual que Kosco. Acabó marchándose. Así que Billy llamó a David Sullivan y, casualmente, le encontró en su casa. Sully aceptó ir, aunque de mala gana, y llegó una hora después al muelle de pesca del Estado con su saco de marinero al hombro. El *Andrea Gail* salió al mar con seis hombres, una tripulación completa. Pero Kosco no lo sabe; lo único que sabe es que una decisión tomada en el último minuto hace cinco semanas probablemente le ha salvado la vida.

Aproximadamente a la misma hora que Kosco confiesa su buena suerte a la guardia costera, Adam Randall se acomoda en el sofá de su casa en East Bridgewater, Massachusetts, para ver las noticias de la noche. Es una víspera del día de Todos los Santos azotada por la lluvia, y Randall acaba de volver de llevar a sus hijos a las fiestas de Halloween. Su novia, Christina Hansen, está con él. Es una rubia guapa y de firme carácter que conduce un coche deportivo y trabaja en AT&T. Comienzan las noticias locales, y Channel Five informa que un barco llamado *Andrea Gail* ha desaparecido en algún punto al este de la isla Sable. Randall se incorpora en su asiento. Ése era mi barco, cielo, dice.

¿Cómo?

Ése era el barco en el que debía haber ido. ¿Recuerdas cuando fui a Gloucester? Ése era el barco. El *Andrea Gail*.

Mientras tanto, la peor crisis de la historia de la Guardia Nacional del Aire ha estado desarrollándose en el mar. A las 2.45 de esa tarde –en pleno rescate del *Satori*– la comandancia del Distrito Uno de Boston recibe una llamada de socorro de un marinero japonés de nombre Mikado Tomizawa que se encuentra en un velero a 250 millas de la costa de Jersey y comienza a hundirse. La guardia costera envía un C-130 y después alerta a la Guardia Nacional del Aire, que dirige un grupo de rescate en la base aérea de Westhampton Beach, Long Island. La guardia aérea se ocupa de cualquier cosa que vaya más allá de un rescate marítimo, cuyos límites están definidos por el alcance del combustible de un helicóptero H-3 de la guardia costera. Más allá de eso –y Tomizawa se encuentra mucho más allá– hay que utilizar un H-60 de la guardia aérea, que puede respostar en pleno vuelo. El H-60 vuela en tándem con un avión de carga C-130, y cada pocas horas el piloto se coloca detrás del depósito e introduce una sonda en una de las mangas que cuelgan de cada ala. Es una maniobra muy difícil cuando hay mal tiempo, pero permite que el H-60 permanezca en el aire casi indefinidamente.

El controlador de la guardia aérea habla por el intercomunicador unos minutos después de que llegue el «mayday» y pide que un equipo de rescate se concentre en el ODC, el Centro de Control de Operaciones. Dave Ruvola, el piloto del helicóptero, se reúne con su copiloto y los pilotos del C-130 en un cuarto adyacente y extiende una carta aeronáutica de la costa Este sobre la mesa. Estudian las previsiones meteorológicas y deciden recargar combustible en el aire en cuatro ocasiones: una nada más abandonar la costa, otra antes del intento de rescate y dos al regreso. Mientras los pilotos establecen los puntos en los que van a repostar un buceador de rescate llamado John Spillane y otro buceador llamado Rick Smith se encaminan lentamente por el pasillo hacia la sección de apoyo para recoger su equipo de supervivencia. Un empleado de suministros con el pelo cortado a cepillo les entrega unos trajes de inmersión, ropa de buceo, chalecos salvavidas hinchables y chalecos de combate de tela. Los chalecos de combate son utilizados por los aviadores americanos en todo el mundo, y contienen la cantidad mínima de material –radio, bengalas, cuchillo, estroboscopio, cerillas, brújula– necesario para sobrevivir en cualquier medio. Guardan sus equipos en bolsas de lona y abandonan el edificio por una puerta lateral, donde se encuentran a los dos pilotos en un camión de servicio. Suben, cierran las puertas de un golpe y cruzan la base a toda velocidad.

Un equipo de mantenimiento ya ha remolcado un helicóptero desde el hangar y lo ha cargado de combustible, y el ingeniero de vuelo Jim Mioli está ocupado en comprobar los historiales y en inspeccionar el motor y los rotores. Es un día cálido y con viento, los pinos bajos bailan y se retuercen en los bordes de la pista de despegue y las aves marinas van y vienen hendiendo el aire de un cielo cargado. Los saltadores cargan sus equipos por la puerta de descenso y luego se acomodan en la parte trasera del aparato, apoyados en los depósitos de combustible. Los pilotos ocupan sus asientos angulados en la cabina, revisan la lista de control previo al vuelo y después encienden los motores. Las hélices se ponen en funcionamiento, recuperando la tensión doblegada por su enorme peso, y el helicóptero se desplaza sobre sus neumáticos y súbitamente se eleva, inclinando su morro sobre los matorrales. Ruvola pone rumbo al sureste y en cuestión de minutos se encuentra sobrevolando el océano. La tripulación, que observa desde sus ventanillas, puede ver las rompientes atronando sobre Long Island. Por toda la línea de la costa, hasta donde llegan sus miradas, la orilla está ribeteada de blanco.

En términos oficiales el intento de ayudar a Tomizawa fue catalogado como una misión de «riesgo superior», lo que significa que las condiciones eran extremas y que el superviviente estaba en peligro de perecer. El equipo de rescate, por tanto, estaba dispuesto a aceptar un nivel más elevado de riesgo con el fin de salvarle. Las tripulaciones se refieren a este tipo de misión como «deportiva», por ejemplo: chico, esta noche sí que ha sido deportiva. En general lo deportivo es bueno; el rescate consiste en eso. Un saltador de rescate de la guardia aérea –el equivalente militar de los buceadores de rescate de la guardia costera– puede llegar a realizar media docena de rescates «deportivos» a lo largo de su vida. Estos rescates son comentados, estudiados y, a veces, envidiados durante años.

La guerra, por supuesto, es lo más deportivo que existe, pero es una circunstancia rara y espantosa que la mayoría de los saltadores de rescate no experimentan nunca (la Guardia Nacional del Aire es considerada una milicia del Estado –lo que quiere decir que está pagada por el Estado– pero también es una ramificación de la Fuerza Aérea. Como tal, los saltadores de la guardia son intercambiables con los saltadores de la Fuerza Aérea). Entre guerras, la Guardia Nacional del Aire se encarga de rescatar civiles en «alta mar», lo que significa cualquier cosa que esté más allá del alcance del combustible de un helicóptero H-3 de la guardia costera. Esta distancia, dependiendo del tiempo, vienen a ser unas doscientas millas desde la costa. La misión de la Guardia Nacional del Aire en tiempo de guerra es «salvar la vida de los combatientes americanos», lo que generalmente significa saltar detrás de las líneas enemigas para recuperar pilotos abatidos. Cuando los pilotos caen en el mar, los llamados PJ saltan con escafandras autónomas. Cuando caen en un glaciar, saltan con crampones y picos de alpinista. Cuando caen en la jungla, saltan con sesenta metros de cuerda para escalar árboles. No hay absolutamente ningún lugar del mundo donde no pueda ir un PJ. «Podría escalar el Everest con el equipo en mi caja», dijo uno de ellos.

Todas las fuerzas armadas disponen de alguna clase de saltador de rescate, pero los saltadores de la Guardia Nacional del Aire –y sus equivalentes de la Fuerza Aérea– son los únicos que realizan una misión continuada en tiempo de paz. Cada vez que despega la lanzadera espacial un C-130 de la guardia aérea de Westhampton Beach vuela hacia Florida para vigilar la operación. Un equipo de rescate de la Fuerza Aérea viaja también a África para controlar el resto de la trayectoria de la lanzadera. Cuando un barco –de cualquier nacionalidad– se encuentra en peligro frente a las costas de Norteamérica, la Guardia Nacional del Aire puede ser movilizada. Si, por ejemplo, un tripulante griego de un buque de bandera liberiana acaba de caer en la bodega de carga, los saltadores de la guardia podrían lanzarse en paracaídas para ayudarle incluso a setecientas millas de la costa. Una base de la guardia aérea en Alaska que recupera a numerosos reclutas de la Fuerza Aérea está en alerta permanente –«totalmente preparada y dispuesta para salir»– y las otras dos bases, en California y en Long Island, permanecen en reserva. Si se produce una crisis en alta mar, se reúne un equipo formado por hombres de la base y cualquiera que pueda ser contactado por teléfono; lo habitual es que la tripulación de un helicóptero despegue en menos de una hora.

Hacen falta dieciocho meses de entrenamiento a tiempo completo para convertirse en un PJ, pasados los cuales se deben al gobierno cuatro años de servicio activo cuya prolongación es fuertemente incentivada (hay unos 350 PJ en todo el país, pero su formación es un proceso tan largo y costoso que el gobierno tiene dificultades para reemplazar a los que se pierden cada año). Durante los tres primeros años de entrenamiento los candidatos son seleccionados por medio del puro y simple maltrato. El índice de abandonos suele ser superior al 90 por 100. En uno de los ejercicios el equipo realiza sus habituales 3.500 metros de natación, y después el instructor lanza su silbato a la piscina. Diez hombres luchan por cogerlo, y el que consigue hacerlo sonar en la superficie sale de la piscina. Ese día, su entrenamiento ha terminado. El instructor vuelve a lanzar el silbato y los nueve hombres restantes luchan por hacerse con él. Esto continúa hasta que sólo queda un hombre, y a éste se le echa de la escuela de PJ de una patada. En una variante denominada «acoso en el agua», dos buceadores comparten un tubo de respiración mientras los instructores intentan poco menos que ahogarles. El que sale a la superficie para respirar se va de la escuela. «Había veces en que llorábamos», admite un saltador. Pero «de alguna manera tienen que reducir la tropa».

Después de la preinstrucción, como se la denomina, los supervivientes inician un período conocido como «la tubería»: escuela de submarinismo, escuela de salto, escuela de caída libre, escuela de entrenamiento para la zambullida, escuela de supervivencia. Los PJ aprenden a tirarse en paracaídas, a escalar montañas, a sobrevivir en el desierto, a resistir los interrogatorios del enemigo, a huir de la persecución, a moverse bajo el agua por la noche. Las escuelas son implacables en sus métodos de selección; en los entrenamientos de salto, por ejemplo, los candidatos son atados a un helicóptero de simulación y lanzados al agua. Si logran escapar, se les lanza boca abajo. Si aun así consiguen escapar, se les lanza boca abajo y con los ojos vendados. Los hombres que salen de ésta llegan a ser PJ; los demás son rescatados por buceadores que esperan en los bordes de la piscina.

Estas escuelas valen para todos los cuerpos del ejército, y así, los candidatos a PJ pueden encontrarse entrenando junto a los marines y los Boinas Verdes que sólo tratan de añadir la supervivencia en el agua a su repertorio de habilidades. Si el marine no completa uno de estos cursos vuelve sencillamente a ser un marine; si un PJ fracasa, está completamente excluido del programa. Durante un período de tres o cuatro meses el PJ corre el riesgo diario de ser excluido de la escuela. Y si consigue pasar por la tubería, aún le queda casi un año entero por delante: entrenamiento paramédico, turnos en el hospital, alpinismo, supervivencia en el desierto, aterrizaje en el bosque, más escuela de submarinismo, maniobras tácticas, operaciones aéreas. Y como tienen una misión de guerra, los PJ también realizan maniobras militares. Se lanzan en paracaídas sobre el océano, de noche, con lanchas neumáticas. Se lanzan en paracaídas sobre el océano, de noche, con equipos de submarinismo para sumergirse de inmediato. Se despliegan desde un submarino utilizando una cámara de aire y nadan hasta una orilla desierta. Se entrenan con fusiles, lanzagranadas, M-16, y «mini-fusiles» de seis cañones (los mini-fusiles disparan 6.000 proyectiles por minuto, y pueden cortar un árbol). Finalmente –una vez que han dominado cualquier posible escenario de guerra– aprenden una disciplina denominada salto HALO.

HALO son las siglas inglesas de Máxima Altura Baja Apertura; se emplea para lanzar a los PJ en zonas calientes donde un despliegue más pausado supondría la muerte de todos ellos. En términos de desafío a los límites del mundo físico, el salto HALO es una de las cosas más extravagantes que los seres humanos han hecho jamás. Los PJ saltan desde una altura tan elevada –hasta 12.000 metros– que necesitan bombonas de oxígeno para respirar. Se lanzan desde el aparato con dos bombonas atadas a los costados, un paracaídas a la espalda, un paracaídas de reserva en el pecho, un botiquín médico completo en los muslos y un M-16 en el arnés. Están en lo alto de la troposfera –el estrato donde se producen las tormentas– y lo único que pueden escuchar es el silbido de su propia aceleración. Están tan arriba que descienden en caída libre durante dos o tres minutos y abren sus paracaídas a trescientos metros o menos. De este modo, es casi imposible matarles.

El H-60 vuela en una calma relativa durante la primera media hora, y después Ruvola llama por radio al avión de carga y avisa que va a acercarse a repostar. Hacen falta casi sesenta y cinco kilos de presión para disparar el mecanismo de acoplamiento en la manga de suministro, así que el helicóptero tiene que aproximarse al avión de carga a una velocidad media bastante considerable. Ruvola conecta con la manguera de suministro al primer intento, carga 310 litros de combustible y sigue su camino hacia el sureste. Abajo, el viento está empujando las olas hacia delante, formando una serie interminable de festones de crestas blancas. La tripulación se encamina hacia el peor temporal de sus vidas.

Las reglas que gobiernan el despliegue de los H-60 establecen la «prohibición de cualquier vuelo intencionado hacia zonas de grandes turbulencias, sean éstas conocidas o anunciadas». El informe meteorológico enviado por fax al comienzo del día desde la base de la Fuerza Aérea de McGuire hablaba de turbulencia entre moderada y grande, lo que ofrecía una protección semántica suficiente como para permitir que Ruvola iniciase la operación. Estaban entrenados para salvar vidas, y éste es uno de esos días en que hay vidas que salvar. Tras una hora de vuelo, Dave Ruvola reposta por segunda vez y fija la manguera de suministro después de cuatro intentos, cargando 408 litros de combustible. Las dos naves se separan y continúan avanzando hacia Tomizawa.

Diez minutos más tarde se encuentran en la zona, en medio de una oscuridad casi completa. Spillane se ha pasado el viaje poniéndose lentamente su traje de buzo, intentando no sudar demasiado, intentando no deshidratarse. Ahora está sentado junto a la ventanilla, mirando la tormenta. Un C-130 de la guardia costera da vueltas a ciento cincuenta metros de altura, y el avión de carga de la Guardia Nacional del Aire lo hace algunos centenares de metros por encima. Sus luces hurgan débilmente en la intensa oscuridad. Ruvola se cierne a poca altura sobre la popa del velero y enciende sus focos, que envían un cono de luz desde el vientre de la aeronave. Spillane no puede creer lo que ve: olas inmensas y espumeantes elevándose y descendiendo en el círculo iluminado, y algunas casi rozando el vientre del helicóptero. Por dos veces tiene que gritar pidiendo altura para impedir que el helicóptero sea barrido del cielo.

El viento está soplando con tanta fuerza que las ondas del rotor, que normalmente caen directamente por debajo del helicóptero, se encuentran a doce metros de distancia, rezagadas del mismo modo que si el helicóptero estuviese volando de frente a ochenta nudos. A pesar de las condiciones, Spillane sigue pensando que Rick Smith y él van a deslizarse hasta el mar por una «cuerda rápida» de siete centímetros y medio de grosor. La pregunta es: ¿qué harán entonces? El barco da la sensación de estar moviéndose a demasiada velocidad para que un nadador lo alcance, lo que significa que Tomizawa tendrá que ser sacado del agua, como lo fue la tripulación del *Satori*. Pero eso le colocaría en una nueva situación de riesgo; hay un momento en que los rescates «deportivos» se vuelven más peligrosos que los barcos al hundirse. Mientras Spillane evalúa las posibilidades de Tomizawa, el ingeniero de vuelo Jim Mioli toma el intercomunicador y dice que tiene dudas acerca de la posibilidad de rescatar a nadie del agua. Las olas se elevan a una velocidad que impide que los controles de subida puedan responder a tiempo, así que la cuerda de la barquilla estará demasiado floja cuando descienda sobre las crestas. Si se recogiera a un hombre en un momento de oscilación del cable y la ola se retirase de repente, el tipo se partiría por la mitad.

Durante los veinte minutos siguientes Ruvola mantiene el helicóptero suspendido sobre el velero, mientras la tripulación se asoma por la puerta de descenso y discute qué hacer. Por fin se ponen de acuerdo en que el barco parece estar seguro en el agua –flota a buena altura, con relativa estabilidad– y que cualquier intento de rescate pondrá a Tomizawa en una situación aún más peligrosa que la presente. Debe quedarse en el barco. *Estamos fuera de juego, chicos,* dice por fin Ruvola por el intercomunicador. *No vamos a hacerlo.* Ruvola habla por radio con el piloto del C-130 y le comunica su decisión, el piloto del C-130 la transmite al velero. Tomizawa, desesperado, contesta por radio que no es necesario que envíen a sus buceadores, basta con que bajen la barquilla y él se salvará solo. *No, ése no es el problema,* contesta Buschor. *No nos importa meternos en el agua; lo que sucede es que no creemos que sea posible el rescate.*

Ruvola se retira y el avión de carga deja caer dos botes salvavidas conectados por doscientos cuarenta y cuatro metros de cuerda por si el barco de Tomizawa comienza a hundirse, y después las dos aeronaves ponen rumbo a la base (Tomizawa fue recogido finalmente por un carguero rumano). Diez minutos después de iniciado el regreso, Ruvola se coloca detrás del avión de carga por tercera vez, alcanza la manguera de suministro de inmediato y absorbe 705 litros de combustible. Necesitarán repostar una vez más para llegar a la costa. Spillane se coloca junto a la ventanilla de babor y mira hacia el océano, a trescientos metros bajo sus pies. Si Mioli no hubiese intervenido, Rick Smith y él podrían estar nadando ahí abajo, intentando subir a la barquilla de rescate. Hubiesen muerto. En condiciones como éstas el aire está tan cargado de agua que los nadadores se ahogan en el solo intento de respirar.

Meses más tarde, una vez que la Guardia Nacional del Aire ha reunido todas las piezas, se determinará la existencia de fallas en el conjunto de recursos destinados a dar soporte a una misión de alto riesgo en el medio acuático. En todo momento había alguien que tenía la información necesaria para mantener en el aire al helicóptero de Ruvola, pero esa información no fue correctamente distribuida durante la última hora del viaje de Ruvola. Varias veces al día, con misión o sin ella, la base de la Fuerza Aérea de McGuire, en Nueva Jersey, envía boletines meteorológicos por fax a la base aérea de Suffolk para su uso en la planificación de las rutas. Si Suffolk está planificando una misión difícil puede también comunicar con McGuire para pedir una actualización verbal de las rutas de vuelo, información de satélite, etc. Una vez que se pone en marcha la misión, una persona –generalmente el piloto del avión de carga– se responsabiliza de obtener y transmitir la información meteorológica a todos los pilotos implicados en el rescate. Si necesita más información llama a Suffolk y les dice que la consigan; sin esa llamada, Suffolk no realiza una búsqueda activa de información meteorológica. Son, en palabras de los investigadores del accidente, más «reactivos» que «activos» en el cumplimiento de sus deberes.

En el caso de Ruvola, la base de la Fuerza Aérea de McGuire dispone de información de satélite en tiempo real que muestra una enorme banda de lluvias en desarrollo frente a la costa de Long Island entre las 7.30 y las 8.00 de la tarde, el momento mismo en que regresa a Suffolk. Pero Suffolk no llama a McGuire para pedir una actualización ya que el piloto del avión de carga no la solicita en ningún momento, y McGuire nunca adelanta los datos porque, para empezar, no saben que hay un helicóptero de la guardia aérea en la zona. Si Suffolk llamase a McGuire para pedir una actualización sabrían que la ruta de Ruvola está bloqueada por un fuerte temporal, pero que puede evitarlo volando quince minutos en dirección oeste. Tal como están las cosas, el piloto del avión de carga llama a Suffolk para pedir una actualización del estado del tiempo y recibe un informe que habla de un techo de 2.450 metros, una visibilidad de quince millas y un ligero viento sesgado. Transmite esa información a Ruvola, quien –habiendo dejado atrás lo peor de la tormenta– considera razonablemente que las condiciones no harán más que mejorar a medida que avance hacia el oeste. Lo único que tiene que hacer es repostar antes de toparse con el viento sesgado que se registra en torno al aeródromo. Ruvola está equivocado, todos lo están.

La banda de lluvias es un frente nuboso de ochenta kilómetros de anchura, ciento treinta kilómetros de longitud y tres mil quinientos metros de grosor. Está siendo arrastrado hacia el bajo por el cuadrante noroccidental de la tormenta; los vientos son de 75 nudos y la visibilidad es nula. Las imágenes de satélite muestran la banda de lluvias oscilando hacia la ruta de vuelo de Ruvola como una puerta que se cerrase de golpe. A las 7.55 Ruvola pide por radio al piloto del avión de carga que confirme si van a repostar por cuarta vez, y el piloto contesta con un «recibido». Se programa la operación para cinco minutos después, a las ocho en punto exactamente. A las 7.56 hay un ligero incremento de las turbulencias, y a las 7.58 alcanza niveles moderados. «Vamos a hacerlo de una vez», dice Ruvola por radio al piloto del avión de carga. A las 7.59 activa el disparador de la sonda, lo extiende hacia delante y se coloca en posición de contacto. Acierta.

Los vientos frontales en todo el borde de ataque de la banda lluviosa son tan fuertes que parece que el helicóptero haya quedado paralizado de un soplo. Ruvola no sabe dónde se ha metido; lo único que sabe es que apenas puede controlar el aparato. Volar se ha convertido en una cuestión de fuerza física tanto como de destreza; empuña el colector con una mano, la palanca de mando con la otra y se inclina hacia delante para ver a través de la lluvia que repiquetea en el parabrisas. Los manuales de vuelo se mueven por toda la cabina y su copiloto empieza a vomitar en el asiento de al lado. Ruvola se coloca en línea con el avión de carga y trata de conectar con la manguera de suministro, pero los aparatos se están moviendo de un modo tan incontrolado que eso es como arrojar dardos por el cañón de un fusil; acertar en el blanco es una pura ruleta. En términos técnicos, la aeronave de Ruvola está haciendo una serie de cosas «con ausencia de *input* desde los controles»; en términos humanos, está siendo baqueteado en las alturas. Ruvola intenta descender a noventa metros –«al borde mismo de las nubes», como él dice– y elevarse hasta los 1.370 metros, pero no encuentra aire limpio. La visibilidad es tan mala que, incluso con las gafas de visión nocturna, apenas puede distinguir las luces de las alas del avión de carga que tiene delante. Y están encima, justo encima de él; en varias ocasiones disparan más allá de la manguera de suministro y Spillane piensa que van a arrancar el timón del aparato.

Ruvola lleva ya veinte o treinta intentos de conexión con la manguera de suministro –una verdadera proeza de concentración– cuando el piloto del avión de carga llama por radio para decir que tiene que apagar su motor número uno. El indicador de la presión del combustible está fluctuando violentamente y corren el riesgo de que haya un apagón. El piloto inicia la operación de cierre y, de pronto, el conducto de combustible de la izquierda se retrae; al apagar el motor se ha interrumpido el flujo de aire alrededor del ala y el mecanismo de rebobinado ha confundido esto con una inclinación excesiva. Ha realizado lo que se denomina «una retracción espontánea». El piloto termina de apagar el motor, recupera a Ruvola y luego vuelve a extender el tubo. Ruvola se coloca de nuevo en línea y advierte de inmediato que algo va mal. La manguera de suministro tiene la forma de un paracaídas pequeño, y habitualmente se llena de aire y mantiene la estabilidad del tubo; ahora no hace más que moverse convulsivamente tras el avión de carga. Ha sido destruida después de cuarenta y cinco minutos de intentos desesperados por repostar.

Ruvola le dice al piloto del avión de carga que la manguera de suministro de la izquierda está rota y que tendrán que cambiar al otro lado. En estas condiciones, repostar con la manguera del lado derecho es una pesadilla desesperante porque la sonda del helicóptero también se extiende desde el lado derecho de la cabina, de modo que el piloto tiene que acercarse aún más al fuselaje del avión de carga para hacer contacto. Ruvola hace un intento de conectar con la manguera de la derecha, falla, vuelve a intentarlo y vuelve a fallar. La técnica habitual consiste en vigilar los alerones del avión de carga y prever el movimiento de la manguera, pero la visibilidad es tan baja que Ruvola no alcanza a ver tan lejos; apenas puede ver más allá del morro de su propio helicóptero. Ruvola hace dos intentos más de conectar con la manguera de suministro, y en el último se acerca demasiado rápido, lanza la sonda más allá del ala y cuando vuelve a ponerse en línea el avión de carga ha desaparecido. Han perdido a todo un C-130 entre las nubes. Están a 1.220 metros de altura, con visibilidad cero y combustible para unos veinte minutos; pasado este tiempo, sencillamente caerán en picado. Ruvola puede seguir intentando conectar con la manguera de suministro o tratar de descender hasta el nivel del mar mientras aún les queda combustible.

Vamos a prepararnos para un amaraje forzoso, le dice a su tripulación. *Vamos a amerizar ahora que aún podemos*. Dave Ruvola baja entonces el morro del helicóptero y comienza a consumir el combustible hasta llegar al nivel del mar.

John Spillane, que mira silencioso desde el asiento del observador, está seguro de haber escuchado su sentencia de muerte. «Durante toda mi carrera siempre he conseguido –a duras penas– dominar las situaciones», dice Spillane. «Pero ahora, de repente, el riesgo se está haciendo incontrolable. No podemos repostar, vamos a estrellarnos en ese océano enfurecido, y no vamos a tener el control de nada. Y sé que las posibilidades de ser rescatados son prácticamente nulas. He estado en muchas operaciones de rescate, y sé que ni siquiera se puede localizar a alguien en estas condiciones, y mucho menos rescatarlo. Estamos entre los mejores de la profesión: los mejor equipados, los mejor entrenados. Hacía un rato no habíamos podido llevar a cabo un rescate, y ahora estábamos en la misma situación. Las cosas tenían muy mala pinta. No había posibilidad alguna.»

Mientras Ruvola desciende a ciegas a través de las nubes el copiloto Buschor lanza un «mayday» en una frecuencia de socorro de la Guardia Nacional del Aire y luego se pone en contacto con el *Tamaroa,* que está a quince millas al noreste. Les dice que se han quedado sin combustible y que se preparan para un amaraje forzoso. El capitán Brudnicki ordena que se enfoquen hacia el cielo los reflectores del *Tamaroa* para tener la posición del helicóptero, pero Buschor dice que no ve nada. *Bien, entonces dirigíos hacia nosotros,* dice el radiofonista del *Tamaroa*. *No tenemos tiempo, vamos a bajar ahora mismo,* responde Buschor. Jim McDougal, que maneja las radios en la ODC de Suffolk recibe simultáneamente el aviso de amaraje y una llamada de teléfono de la mujer de Spillane, que quiere saber dónde está su marido. Ella no tenía la menor idea de que hubiese problemas, y casualmente ha llamado en un mal momento; McDougal, aterrado por el cronometraje, cuelga el aparato. A las 9.08 un funcionario del cuartel general de la guardia costera en Boston recibe una llamada comunicando que un helicóptero de la Guardia Nacional del Aire está cayendo, y escribe frenéticamente en el diario de incidentes: *«Helicóptero en giro 130º en dirección a Suffolk. No pueden repostar por visibilidad. Posible amaraje forzoso. ¿Cuánto tiempo en el aire? 20-25 minutos. ¡SALIR!»* Después comunica con la base aérea de cabo Cod, donde Karen Stimson está charlando con uno de los miembros de la tripulación que la ha rescatado. Los cinco aviadores se levantan sin decir una palabra, se dirigen al baño y después se presentan en la pista de despegue.

Ruvola sale por fin de entre las nubes a las 9.28, a sólo sesenta y un metros sobre la superficie del océano. Se queda suspendido y pide inmediatamente la lista de control de amarajes, lo que hace que la tripulación se prepare para abandonar el aparato. Han practicado esto docenas de veces durante sus entrenamientos, pero las cosas están sucediendo tan deprisa que los preparativos comienzan a fallar. Jim Mioli tiene dificultades para orientarse en una cabina con luz sólo apta para equipos de visión nocturna, así que no encuentra la palanca del bote salvavidas de nueve plazas. Cuando por fin da con ella no le queda tiempo para ponerse su traje de salvamento. Ruvola llama tres veces a Mioli para que le lea la lista de control de amarajes forzosos, pero Mioli está muy atareado para contestarle, de modo que Ruvola tiene que repasarla de memoria. Una de las normas más importantes de la lista es que el piloto debe inclinarse para expeler su puerta, pero Ruvola se encuentra demasiado ocupado para apartar las manos de los controles. Según la terminología militar está «saturado de tareas», y la puerta sigue en su sitio.

Mientras Ruvola trata de mantener el helicóptero suspendido, los PJ se apresuran a reunir el equipo de supervivencia. Spillane se cuelga una cantimplora al hombro y engancha a la correa un bote salvavidas de una plaza. Jim Mioli, que por fin logra sacar la balsa de nueve plazas, la empuja hasta el borde de la puerta de descenso y espera la orden de saltar. Rick Smith, envuelto en el equipo de supervivencia, se pone en cuclillas junto a la otra puerta de descenso y mira hacia abajo. El océano está tan azotado por el viento que ni siquiera se distinguen las olas de las depresiones; el salto bien pudiera ser de noventa metros. Pero por muy horrible que esto sea, la perspectiva de quedarse donde están es aún peor. El helicóptero va a caer al océano y no hay nadie de la tripulación que quiera estar cerca cuando eso ocurra.

Sólo Dave Ruvola se quedará a bordo; como piloto, uno de sus cometidos es asegurarse de que el aparato no caiga sobre el resto de la tripulación. Sus posibilidades de escapar no habiendo expelido la puerta son insignificantes, pero ésa no es la cuestión. La lista de control establece un determinado procedimiento, un procedimiento que asegura la supervivencia del mayor número posible de tripulantes. Que Mioli se olvide de ponerse su traje de salvamento es también, en cierto modo, un suicidio, pero no tiene elección. Su deber es organizar un desalojo seguro, y si se detiene para ponerse el traje de salvamento la balsa de nueve plazas no estará lista para ser desplegada. Salta sin el traje.

A las 9.30 hay una avería en el motor número uno; Spillane oye cómo se detiene la turbina. Llevan suspendidos a escasa altura menos de un minuto. Ruvola habla por el intercomunicador: *¡El número uno se ha apagado! ¡Desalojad! ¡Desalojad!* El número dos está echando humo; en teoría deberían apagarse ambos a la vez. Es el final. Van a bajarse.

Mioli empuja el bote salvavidas por la puerta de la derecha y ve cómo cae, en palabras suyas, «hacia el abismo». Están a tanta altura que ni siquiera lo ve llegar al agua, y no se decide a saltar a continuación. Sin decírselo a nadie, decide agotar sus posibilidades en el helicóptero. El procedimiento del amaraje forzoso exige que el copiloto Buschor permanezca también a bordo, pero Ruvola le ordena que se vaya porque ha pensado que las posibilidades de supervivencia de Buschor serán mayores si salta. Buschor tira de la palanca de lanzamiento de la puerta, pero ésta no se desprende del fuselaje, así que la mantiene abierta con una mano y se coloca sobre el estribo. Vuelve la vista para mirar el altímetro del radar, que está fluctuando entre los tres y los veinticinco metros, y se da cuenta de que el momento del salto va a determinar su supervivencia o su muerte. Ruvola repite la orden de desalojo, y Buschor desconecta los cables del intercomunicador de su casco y se baja las gafas de visión nocturna. Ahora puede observar cómo las olas se encrespan bajo sus pies a la luz verde y pálida de una visión intensificada. Localiza una cresta enorme, respira hondo y salta.

Spillane, mientras tanto, está aprovechando el último momento para completar su equipo. «No estaba aterrorizado, estaba asustado», dice. «Cuarenta minutos antes, al pensar en nuestras posibilidades, había tenido más miedo, pero al final estaba completamente metido en situación. El piloto había tomado la decisión de hacer un amaraje forzoso, y era una decisión magnífica. ¿Cuántos pilotos hubieran empleado los últimos veinte minutos en tratar de conectar con la manguera de suministro? De haber sido así habríamos caído desde lo alto y habría muerto todo el mundo.»

El helicóptero está extrañamente inmóvil sin el motor número uno. Debajo, el océano, en palabras de otro piloto, tiene el aspecto de un paisaje lunar, lleno de cráteres, roturado y deformado por el viento. Spillane localiza a Rick Smith en la puerta de estribor inclinado para saltar y se dirige hacia él. «Estoy convencido de que estaba calculando el tamaño de las olas», dice Spillane. «Yo quería estar junto a él a toda costa. Sólo tuve tiempo para sentarme y rodearle los hombros con el brazo; entonces saltó. No tuvimos tiempo de decir nada, quieres despedirte, quieres hacer un montón de cosas, pero no hay tiempo para nada de eso. Rick saltó, y una fracción de segundo después lo hice yo.»

Las personas que han sobrevivido a una prolongada caída dicen que la aceleración de la gravedad es tan sobrecogedoramente rápida que es como salir disparado hacia abajo por la boca de un cañón. Un cuerpo acelera aproximadamente treinta y dos kilómetros por cada segundo que está en el aire; pasado un segundo, está cayendo a treinta y dos kilómetros por hora; al cabo de dos segundos, cae a sesenta y cuatro kilómetros por hora, y así sucesivamente hasta los doscientos. En ese punto la resistencia del viento es igual a la fuerza de la gravedad, y se dice que el cuerpo ha alcanzado una velocidad terminal. Spillane cae, probablemente, desde dieciocho o veintiún metros, dos segundos y medio de aceleración. Se sumerge en la oscuridad sin saber dónde está el agua ni cuándo va a llegar a ella. Recuerda vagamente haber soltado su bote de una plaza y que su cuerpo perdió la posición, y piensa: Dios mío, qué caída tan larga. Y después todo quedó en blanco.

John Spillane tiene las facciones atractivas y regulares propias de un actor de Hollywood que interpretase a un paracaidista de rescate, que interpretase a John Spillane, precisamente. Sus ojos son de un azul pétreo, sin rastro de dureza o indiferencia, su pelo es corto y con vetas grises. Da la impresión de ser un hombre amistoso, sin reservas y completamente seguro de sí mismo. Tiene la sonrisa fácil y una desenvoltura al hablar con la que parece ir de detalle en detalle, de un punto de vista a otro hasta que no queda más que decir acerca de un asunto. Su humor se expresa con desenfado, casi como una nota al margen, y parece sorprenderle a él mismo. Es de estatura y constitución medias y en una ocasión corrió sesenta y cinco kilómetros por el puro gusto de hacerlo. Parece ser un hombre que no tiene desde hace mucho tiempo la necesidad de demostrarle nada a nadie.

Spillane se crió en la ciudad de Nueva York y se alistó en la Fuerza Aérea a los diecisiete años. Recibió entrenamiento como buceador de combate –infiltrándose en posiciones enemigas, asegurando playas, rescatando a otros buceadores de combate– y se fue a los 21 años para unirse a la Guardia Nacional del Aire. Estuvo dando tumbos por el mundo durante un año, regresó a Rockaway Beach como vigilante en el verano y después se inscribió en la escuela de PJ. Después de varios años como reservista lo dejó, pasó por la academia de policía y se convirtió en buzo del departamento de policía de la ciudad de Nueva York. Durante tres años estuvo sacando cuerpos de coches sumergidos y pistolas embarradas del East River, hasta que decidió finalmente regresar a la escuela antes de que se agotase su plazo de pertenencia al ejército. Comenzó por especializarse en geología –«quería patearme las cimas de las montañas una temporada»– pero se enamoró y acabó trasladándose a Suffolk para trabajar en la guardia a tiempo completo. Eso sucedió en 1989. Tenía 32 años y era uno de los PJ con mayor experiencia de todo el país.

Cuando John Spillane cae en el océano Atlántico su velocidad es de unos ochenta kilómetros por hora. El agua es el único elemento que ofrece tanta más resistencia cuanto más fuerte es el impacto, y a ochenta kilómetros por hora es algo parecido al cemento. Spillane se fractura tres huesos del brazo derecho, un hueso de la pierna izquierda y cuatro costillas, se rompe un riñón y se daña el páncreas. Las aletas, la balsa de una plaza y la cantimplora son arrancadas de su cuerpo. Sólo las gafas, que llevaba colocadas hacia atrás con la correa en la boca, siguen en su sitio. Spillane no recuerda el momento del impacto, ni tampoco el momento en que se dio cuenta de que estaba en el agua. Su memoria pasa de la caída al acto de nadar, sin nada entre medias. Cuando comprende que está nadando no comprende otra cosa, no sabe quién es, por qué está allí ni cómo ha llegado. No tiene ni pasado ni futuro; no es más que una conciencia en la noche en medio del mar.

Cuando se ocupa de marineros heridos, una de las primeras cosas que evalúa Spinalle es su grado de conciencia. El nivel más alto, conocido como «nivel cuatro de vigilancia y orientación», define a casi todo el mundo en una situación cotidiana. Saben quiénes son, dónde están, qué hora es y qué acaba de suceder. Si alguien recibe un golpe en la cabeza lo primero que olvida son los acontecimientos recientes –«nivel tres de vigilancia y orientación»– y lo último que pierde es su identidad. Una persona que ha perdido los cuatro niveles de conciencia, incluyendo su propia identidad, entra en el «nivel cero de vigilancia y orientación». Cuando John Spillane se despierta en el agua está en el nivel cero de vigilancia y orientación. Su comprensión del mundo se ha reducido al hecho de que existe, nada más. Casi simultáneamente se da cuenta de que sufre un dolor espantoso. Durante un largo rato eso es lo único que sabe. Hasta que ve el bote salvavidas.

Puede que Spillane se encuentre en el nivel cero de vigilancia y orientación, pero sabe nadar hacia un bote salvavidas en cuanto lo ve. Éste ha sido lanzado por Jim Mioli, el ingeniero de vuelo, y se ha inflado automáticamente al chocar con el agua. Ahora está avanzando rápidamente sobre las crestas de las olas, y las anclas flotantes apenas oponen resistencia a un viento de setenta nudos. «Fui derecho hacia él, lo intercepté y me colgué de un costado», dice Spillane. «Sabía que estaba en el océano, en una situación desesperada, y que estaba herido. No sabía nada más. Empecé a recordarlo todo mientras estaba colgado del bote. Salimos a una misión. Nos quedamos sin combustible. Salté. No estoy solo.»

Cuando Spillane está colgado de la balsa llega una ráfaga de viento y la hace volcar. En un instante Spillane se encuentra en el agua tratando de recordar quién es y al momento siguiente está a bordo, sobre seguro. Ahora se encuentra mejor. Está tumbado en el oscilante suelo de nailon, examinando un dolor penetrante en el pecho –cree que se ha perforado los pulmones–, cuando oye a unas personas gritando en la distancia. Se pone de rodillas y apunta su linterna de buzo en esa dirección, y mientras se pregunta cómo puede ayudarles –quienquiera que sean– los dioses de la tormenta vuelven a volcar el bote. Spillane vuelve a ser arrojado al mar. Se aferra al cable de seguridad, dando boqueadas y vomitando agua de mar, y, casi de inmediato, el viento hace volcar la balsa por tercera vez. Ya ha hecho una revolución y media. Spillane vuelve a subir, se tumba en el suelo con los miembros extendidos y la balsa vuelca por cuarta y última vez. Spillane cae al agua de nuevo, ahora agarrado a una bolsa de nailon cauchutada que contiene, como se verá más tarde, media docena de mantas de lana. Flota, y Spillane se cuelga de ella y ve cómo la balsa se va rodando por las crestas de las olas. Se queda solo, muriendo en el mar.

«Después de perder el contacto con el bote, estaba solo y me di cuenta de que mi única posibilidad de sobrevivir era aguantar hasta que amainase la tormenta», dice. «No había modo de que pudieran recogernos, yo acababa de caer con un helicóptero en perfecto estado y sabía que nuestros chicos serían los primeros en venir a buscarnos si pudieran, pero no podían. No podían repostar. Así que lo pienso y sé que no puedo sobrevivir a la tormenta. Podría llegar al amanecer, pero no voy a aguantar tanto tiempo. Estoy destrozado por dentro.»

Por primera vez desde que comenzó este calvario Spillane tiene tiempo para contemplar su propia muerte. La idea le produce más tristeza que pánico. Su mujer está embarazada de cinco meses de su primer hijo, y él ha estado en casa muy poco últimamente: estuvo en la escuela paramédica y entrenando para el maratón de Nueva York. Desearía haber pasado más tiempo en casa. Desearía –curiosamente– haber cortado el césped una vez más antes del invierno. Desearía que hubiese alguien que pudiera contar a su mujer y a su familia lo que ocurrió. Le preocupa la probabilidad de que Dave Ruvola haya muerto al bajar el helicóptero. Le preocupa que vayan a morir todos por falta de doscientos cincuenta litros de combustible. La desgracia de todo esto, piensa, es que tenemos un helicóptero de ocho millones de dólares, no le ocurre nada, nadie nos está disparando y nos quedamos sin combustible.

A estas alturas Spillane ya ha recobrado el pleno dominio de sus facultades, y las circunstancias en las que se ve inmerso son espantosas hasta lo indecible. Hay tanta oscuridad que no se puede ver la mano delante de la cara, las olas se precipitan sobre él como salidas de la nada y le sumergen durante un minuto cada una. El viento es tan fuerte que, más que empujar el agua, la arroja; no hay manera de evitar que le llegue hasta el estómago. Cada pocos minutos tiene que vomitarla. Spillane ha perdido su balsa de una plaza, tiene las costillas rotas y cada vez que respira siente como si le atravesara un hierro candente. Está gritando de dolor y faltan aún ocho horas hasta el amanecer.

Tras una hora de imaginar despedidas y de intentar que el agua no le entre en el estómago, Spillane localiza dos estroboscopios en la distancia. Todos los trajes de salvamento disponen de luces estroboscópicas, y ésta es la primera evidencia que tiene de que alguien más ha sobrevivido al amaraje forzoso. La reacción inmediata de Spillane es nadar en esa dirección, pero se detiene. Sabe que no hay forma de resistir toda la noche, así que más vale morir solo. De esa forma no infligirá su sufrimiento a nadie. «No quería que me viesen morir», dice. «No quería que me viesen dolorido. Es igual que en los maratones, no me hables, déjame sufrir a solas. Lo que finalmente me llevó a acercarme a ellos fue el entrenamiento de supervivencia, que hace hincapié en la fuerza del número, y yo sabía que si estaba acompañado me esforzaría más por no morir. Pero no podía dejar que me vieran sufrir, me decía. No podía defraudarles.»

Creyendo que sus posibilidades serán algo menos insignificantes en un grupo, Spillane se abre paso lentamente hacia las luces. Su chaleco salvavidas y su traje de salvamento le sirven de boya y nada con el brazo roto extendido, aferrando la bolsa de las mantas. Tarda mucho tiempo y el esfuerzo le agota, pero ve cómo las luces se aproximan poco a poco. Desaparecen en los senos de las olas, aparecen en las crestas y luego vuelven a desaparecer. Por fin, después de nadar un par de horas, se acerca lo suficiente como para gritar y después ir distinguiendo sus caras. Son Dave Ruvola y Jim Mioli, atados el uno al otro con una cuerda de paracaídas. Ruvola tiene buen aspecto, pero Mioli está casi rendido por la hipotermia. No lleva puesto más que su traje de vuelo, y las posibilidades de que sobreviva hasta el amanecer son más remotas aún que las de Spillane.

Ruvola ha salido del helicóptero ileso, pero a duras penas. Sabía que si caía al agua a toda velocidad los rotores le despedazarían a él y al helicóptero, así que apartó la nave de sus hombres, esperó a que el motor número dos se apagara y después realizó lo que se demonina una «auto-rotación». Mientras el helicóptero caía los rotores apagados comenzaron a girar, y Ruvola utilizó esa energía para aminorar la velocidad del aparato. La auto-rotación es una manera de disipar la fuerza de la gravedad reintroduciéndola en el motor, a semejanza de la reducción de la marcha de un vehículo al bajar una cuesta. Cuando el helicóptero llegó al agua su velocidad había descendido a niveles controlables, y se había sangrado toda la torsión de los rotores; éstos no hicieron más que chocar con la ola más próxima y se pararon.

Ruvola se encontró con una situación característica de los entrenamientos, sólo que esta vez era en la vida real: tenía que escapar de un helicóptero inundado, boca abajo y en una completa oscuridad. Con todo, era un antiguo PJ y un nadador maratoniano, así que estaba acostumbrado a permanecer bajo el agua. Lo primero que hizo fue buscar su botella de HEEDS, un suministro de aire de tres minutos atado a su pierna izquierda, pero se había soltado durante la caída; el único aire que tenía estaba en sus pulmones. Levantó la mano, tiró del disparador de su cinturón de seguridad y fue entonces cuando se dio cuenta de que no había derribado la puerta de una patada. Debía haberlo hecho para que no se atascase como consecuencia del impacto, dejándole atrapado en el interior. Encontró la palanca de la puerta, la hizo girar y empujó.

Para su sorpresa, la puerta se desprendió; Ruvola salió a patadas de debajo del fuselaje, soltó el cartucho de CO^2 de su chaleco salvavidas y nadó desde tres o cuatro metros hasta la superficie. Levantó la cabeza en un mundo de amenazadora oscuridad y olas como avalanchas. Hubo un momento en que la cresta de una ola le empujó a tanta profundidad que el cambio de presión le dañó el oído interno. Ruvola comenzó a llamar a gritos a los demás miembros de la tripulación, y unos minutos más tarde, el ingeniero de vuelo Mioli –que también había logrado escapar del helicóptero antes de su hundimiento– le respondió en la oscuridad. Comenzaron a nadar el uno hacia el otro, y después de cinco o diez minutos Ruvola se acercó lo suficiente para agarrarse al chaleco salvavidas de Mioli. Se quitó la capucha de su traje de supervivencia, la colocó sobre la cabeza de Mioli y después ató los cuerpos de ambos con cuerda de paracaídas.

Llevaban dos horas en el agua cuando Spillane llegó por fin hasta ellos con el rostro contraído por el dolor. Lo primero que vio Ruvola fue un destello de luz en unas gafas, y pensó que quizá se tratase de un marine procedente de un submarino norteamericano que venía a salvarles. No es así. Spillane llega nadando, atrapa una correa del chaleco de flotación de Ruvola y se aferra con la otra mano a la bolsa de las mantas. ¿Qué es eso?, grita Ruvola. ¡No lo sé, lo abriré mañana!, grita a su vez Spillane. ¡Ábrelo ahora!, contesta Ruvola. Spillane está demasiado dolorido para discutir, así que abre la bolsa y ve cómo varios bultos oscuros –las mantas– se alejan con el viento.

Arroja la bolsa a un lado y se prepara para encarar las próximas horas lo mejor que pueda.

Se puede ver por la misma caligrafía del diario de incidencias del Distrito Uno que el funcionario –en este caso un guardacostas llamado Gill– no acaba de creerse lo que escribe. Las palabras son grandes y torpes y están salteadas por signos de admiración. Hay un momento en que anota sin venir a cuento: *«No están solos allá»*, como si tratara de convencerse de que todo va a salir bien. Esa entrada está escrita a las 9.30, unos segundos después de que Buschor anuncie la pérdida del primer motor. Cinco minutos más tarde Gill escribe: *«39-51 Norte, 72-00 Oeste, Amaraje forzoso aquí, 5 personas a bordo.»* Siete minutos después el avión de carga –que estará circundando la zona hasta que empiece a quedarse sin combustible– informa haber oído una señal de EPIRB durante quince segundos, y luego nada. De las notas de Gill:

9.30– Tamaroa *en la zona, enviado un H-65.*
9.48– ¡Cabo Cod 60!
9.53– CAA (comandante del área del Atlántico) informa -LO QUE NECESITÉIS- UN BARCO DE LA MARINA SERÍA PERFECTO- BUSCARÉ.

Unos pocos minutos después del amaraje hay equipos de rescate preparándose para el despliegue desde Florida a Massachusetts. La respuesta es masiva y casi instantánea. A las 9.48, es decir, pasados 13 minutos, un reactor Falcon y un helicóptero H-3 despegan desde el aeródromo de cabo Cod. Media hora más tarde se solicita un reactor P-3 de la Marina y se prepara en el aeródromo naval de Brunswick. El P-3 está equipado con rayos infrarrojos para detectar objetos emisores de calor, como personas. El *Tamaroa* se ha desviado antes incluso de que el helicóptero descendiera. A las 10.23 Boston solicita un segundo guardacostas, el *Spencer*. Llegan a plantearse la posibilidad de desviar un portaaviones.

Los supervivientes están siendo arrastrados a gran velocidad por olas gigantescas, y las posibilidades de localizarles disminuyen terriblemente. Los helicópteros estarán un tiempo mínimo en la zona: no pueden repostar, es improbable que las condiciones permitan un rescate desde el aire, y no hay modo de determinar si funcionan las radios de los guardas. Queda el *Tamaroa* para hacer el trabajo, pero ni siquiera había sido capaz de salvar a la tripulación del *Satori* en condiciones menos extremas. La tormenta está rodando hacia el oeste, en dirección al punto en que se produjo el amaraje, y las olas están llegando a alturas jamás registradas en la zona.

Si las cosas van mal para la tripulación de Ruvola, no van mucho mejor para las personas que intentan rescatarles. No es impensable que otro helicóptero tenga que hacer un amaraje forzoso en el curso de los trabajos de rescate, o que un guardia de costas sea barrido de la cubierta del *Tamaroa* (ni siquiera el propio *Tamaroa,* a sesenta y un metros de altura, es necesariamente inmune al desastre. Una ola solitaria podría volcarlo y lanzar a ochenta hombres al agua). Media docena de aeronaves, dos barcos y doscientos hombres se dirigen al punto 39 norte, 72 oeste; cuantos más hombres haya en la zona más posibilidades habrá de que alguien más tenga problemas. Una sucesión de desastres podría movilizar a todos los equipos de rescate de la costa Este de Estados Unidos.

Un reactor Falcon procedente del aeródromo de cabo Cod es la primera aeronave en aparecer en escena. Llega noventa minutos después del amaraje forzoso, y el piloto prepara lo que se conoce como búsqueda de cuadro en expansión. Se desplaza mar adentro con respecto a la última posición conocida –el «punto de zambullida»– y comienza a sobrevolar cuadrados cada vez mayores hasta que cubre un área de dieciséis kilómetros de anchura. Vuela a sesenta y un metros, debajo mismo de la cubierta de nubes, y valora la probabilidad de localizar a los supervivientes en una sobre tres. No descubre nada. Hacia las 11.30 extiende su búsqueda a un cuadrado de treinta y dos kilómetros y comienza de nuevo, haciendo camino lentamente hacia el sureste en la dirección de la corriente. El P-3 con equipamiento de infrarrojos se está preparando para salir de Brunswick, y un helicóptero de la guardia costera se abre paso hacia el sur desde cabo Cod.

Y entonces, diez minutos después de iniciar la búsqueda en el segundo cuadrado, escucha algo: una débil señal en 243 megahercios. Ésta es una frecuencia codificada en las radios de la Guardia Nacional del Aire. Significa que al menos uno de los aviadores sigue vivo.

El piloto del Falcon se dirige hacia la señal y la localiza en una posición a unas veinte millas mar adentro desde el punto de zambullida. Quienquiera que sea está siendo arrastrado rápidamente. El piloto reduce la altura, examina el mar con las gafas de visión nocturna y por fin localiza un estroboscopio solitario lanzando destellos en la oscuridad. Está apareciendo y desapareciendo bajo el enorme oleaje. Momentos después localiza tres estroboscopios más a media milla de distancia. Ya se puede dar cuenta de todos los tripulantes, menos de uno. El piloto circunda la zona lanzando destellos con sus luces, y después comunica su posición por radio al Distrito Uno. Un helicóptero H-3 equipado con una grúa y un buceador de rescate está a sólo veinte millas de distancia. Toda esta pesadilla podría acabar en menos de una hora.

El Falcon vuela en círculo sobre los estroboscopios hasta que llega el H-3, y entonces pone rumbo a la base con el indicador de combustible en rápido descenso. El H-3 es una máquina enorme, similar a los helicópteros de combate empleados en Vietnam, y tiene depósitos de combustible de reserva instalados en el interior de la cabina. No puede repostar durante el vuelo, pero puede permanecer cuatro o cinco horas en el aire. El piloto, Ed De Witt, intenta mantener el aparato a doce metros de altura, pero el viento sesgado no deja de empujarle hacia abajo. A la luz de sus reflectores, el océano es una extensión blanca y desigual, y no hay puntos de referencia visuales con los que operar. Cuando se sitúa a favor del viento, está a punto de ser arrojado al mar.

De Witt emplaza su helicóptero a unos noventa metros de los tres hombres, y dice a su ingeniero de vuelo que deje caer la barquilla de rescate. No puede lanzar al agua a su nadador bajo ningún concepto, pero tratándose de buceadores de rescate experimentados, podrían ser capaces de salir por sí mismos. Eso, o esperar a que amaine la tormenta. El ingeniero de vuelo suelta el cable y ve alarmado cómo la barquilla retrocede hacia los rotores de cola, empujada por el viento. Finalmente llega al agua, inclinándose en un ángulo de 45°, y De Witt intenta mantenerse suspendido el tiempo suficiente para que los nadadores alcancen la barquilla. Lo intenta durante casi una hora, pero las olas son tan enormes que la barquilla no aguanta más que unos segundos sobre cada cresta, antes de caer hasta el final del cable. Aunque los hombres fueran capaces de introducirse en la barquilla, el perno de la cabria está diseñado para soportar hasta 275 kilos de peso, y tres hombres con ropas empapadas superan ampliamente ese límite. El conjunto del ensamblaje –cable, cesta, todo– caería al mar.

De Witt renuncia por fin al intento de salvar a los aviadores y se eleva a sesenta y un metros. En la distancia, puede ver el *Tamaroa* con los reflectores enfocados verticalmente, zambulléndose en la tormenta. Le orienta hacia la posición del estroboscopio solitario –Graham Buschor–, luego deja caer una bengala junto a los otros y emprende el regreso a Suffolk. Está a sólo unos minutos de alcanzar el punto en que una aeronave no tiene el combustible suficiente para llegar a la costa.

Sesenta y un metros más abajo, John Spillane ve cómo su última esperanza se aleja con estrépito hacia el norte. No esperaba ser rescatado, pero, de todas formas, es una imagen dura. La única ventaja es que ahora su familia sabrá con certeza que ha muerto. Eso puede ahorrarles varias semanas de falsas esperanzas. En la oscuridad y la distancia Spillane ve luces que suben y bajan. Supone que se trata de un reactor Falcon a la búsqueda de los otros aviadores, pero las luces se mueven de un modo extraño; no es el movimiento de una aeronave. Es el movimiento de un barco.

El *Tamaroa* ha tardado cuatro horas en cubrir las quince millas hasta el punto de zambullida; sus hélices giran como si avanzase a doce nudos, cuando en realidad se mueve a tres. El comandante Brudnicki no sabe cuál es la fuerza del viento, porque éste arranca el anemómetro del mástil, pero el piloto Ed De Witt informa que su indicador alcanzó los 87 nudos –ciento sesenta kilómetros por hora– mientras estaba en vuelo estacionario. El *Tamaroa* se escora en su curso hacia los aviadores náufragos, y las olas balancean la nave en un arco de 110º; en ese ángulo es más fácil caminar por los mamparos que por el suelo. En la caseta del timón, el comandante Brudnicki se asombra de tener que mirar hacia arriba para ver las crestas de las olas, y, tras ordenar poner el motor a todo gas, tarda treinta o cuarenta segundos en constatar algún efecto. Tras el desembarco, declarará: «Desde luego, tengo la esperanza de que ése haya sido el punto culminante de mi carrera.»

El primer aviador que avistan es Graham Buschor, que nada solo y relativamente libre de trabas, a media milla de los otros tres. Lleva puesto un traje de salvamento y dispone de una pistola de señales y del único radiofaro en funcionamiento de toda la tripulación. Brudnicki ordena al oficial de operaciones, teniente Kristopher Furtney, que enfile el *Tamaroa* en sentido opuesto a la posición de Buschor y que luego vaya derivando hacia él. Los objetos grandes son arrastrados con más rapidez que los pequeños, y si el barco recibe un viento contrario, las olas no aplastarán a Buschor contra el casco. El ayudante del artillero comienza a disparar bengalas desde los cañones del puente volante, y un destacamento de marinos está agachado en la proa, esperando el momento de arrojar las cuerdas. El viento apenas les permite mantenerse en pie.

Los motores caen en punto muerto y el *Tamaroa* oscila lateralmente en el enorme oleaje. Ésta es una posición peligrosa; el *Tamaroa* pierde el *brazo adrizante* al llegar a los 72°, y ya se está inclinando hasta los cincuenta y cinco. Dejarse llevar por la corriente hasta el nadador es el método de rescate habitual, pero las olas son tan violentas que Buschor es repelido constantemente. Hay ocasiones en que está nueve metros por encima de los hombres que intentan rescatarle. Los tripulantes de proa no logran acercarle una cuerda, y Brudnicki no da orden de saltar a su buceador de rescate porque teme no recuperarle. Los hombres de la cubierta se dan cuenta por fin de que si el barco no llega hasta Buschor, Buschor va a tener que acercarse al barco. *¡NADA!* gritan por encima de la barandilla. *¡NADA!* Buschor se arranca los guantes y la capucha y comienza a nadar por su vida.

Nada con todas sus fuerzas; nada hasta que sus brazos no pueden más. Sube a zarpazos hasta el barco, es zarandeado en torno a la proa, lucha para acercarse de nuevo a ella, y por fin atrapa una red de carga que la tripulación ha lanzado por la borda. La red parece una enorme escala de cuerda y está sostenida por seis o siete hombres desde la barandilla. Buschor enreda las manos en la malla y asciende lentamente por el casco. Una ola fuerte en un mal momento podría hacerles caer a todos. Los tripulantes de cubierta recogen a Buschor como a un gran pescado, y le llevan hasta la camareta alta. Está vomitando con esfuerzo agua y apenas se tiene en pie; su temperatura interna ha descendido hasta los 34 grados. Lleva en el agua cuatro horas y veinticinco minutos. Unas cuentas horas más y es posible que no hubiese podido agarrarse a la red.

Han tardado media hora en rescatar a un hombre, y aún les quedan cuatro más, uno de los cuales ni siquiera ha sido avistado todavía. Las perspectivas no son buenas. Además, Brudnicki comienza a tener dudas sobre la conveniencia de que sus hombres permanezcan en cubierta. Las olas más grandes están barriendo la proa y sumergiendo por completo a la tripulación; constantemente deben hacer recuento de los hombres para asegurarse de que nadie ha caído por la borda. «Sacar a mi gente ahí fuera y rescatar a esa tripulación fue la decisión más dura que he tenido que tomar jamás», dice Brudnicki. «Porque sabía que existía la posibilidad de perder a alguno de mis hombres. Si hubiese decidido no llevar a cabo el rescate, en la base nadie habría dicho nada, sabían que era casi imposible. Pero, ¿se puede, verdaderamente, decir con plena conciencia: voy a quedarme mirando cómo muere esa gente en el agua?»

Brudnicki decide proseguir el rescate; veinte minutos más tarde ha escorado el *Tamaroa,* situándolo contra el viento a noventa metros de los tres guardas. Los miembros de la tripulación están lanzando bengalas y enfocando los reflectores, y el cabo está en el puente volante para indicar por radio a Furtney el momento de encender el motor del barco. No sólo tienen que maniobrar en la deriva, sino que tienen que calcular el balanceo del barco de modo que la regala baje hacia el nivel del agua mientras los náufragos atrapan la red. En ese momento, las regalas están subiendo desde el nivel del agua hasta los seis metros de altura prácticamente con cada ola. Spillane está herido, Mioli agotado y Ruvola está ayudando a sostenerlos a los dos. Es imposible que puedan nadar como Buschor.

Spillane ve avanzar el barco entre las olas encrespadas y no consigue hacerse una idea de la operación. Desde su punto de vista es perfectamente verosímil que los tres acaben ahogándose en las inmediaciones del barco, porque una recogida es imposible. «Los músculos se me estaban quedando rígidos, sentía un gran dolor», dice. «El *Tamaroa* se situó frente a nosotros con el oleaje de costado y yo no podía creer lo que veía, estaba corriendo un riesgo terrible. Les oíamos gritar a todos en la cubierta y veíamos las luces químicas aproximándose a nosotros, atadas a los extremos de unas cuerdas.»

Las cuerdas son difíciles de coger, así que la tripulación de cubierta arroja la red de carga por la borda. El teniente Furtney intenta una vez más aproximar el barco a los nadadores, pero la nave pesa 1.600 toneladas y es casi imposible de controlar. Por fin, al tercer intento, se hacen con la cuerda. Sus músculos están agarrotados por el frío y Jim Mioli está entrando en una fase de hipotermia aguda. Los hombres de la cubierta hacen un esfuerzo tremendo –están levantando 275 kilos de peso muerto– y al mismo tiempo, una gran ola se retira bajo los nadadores. Están exhaustos y desesperados y la red se les escapa de las manos.

Cuando quiere reaccionar, Spillane se encuentra bajo el agua. Lucha para llegar a la superficie al mismo tiempo que el barco se inclina hacia ellos, y vuelve a atrapar la red. Es el momento; si no lo consigue ahora, morirá. La tripulación de cubierta vuelve a tirar, y Spillane nota que va ascendiendo por el casco de acero. Sigue trepando un poco más, siente que unas manos le agarran, y a continuación, le arrojan por encima de la regala, hasta la cubierta. Está tan dolorido que no se sostiene en pie. Los hombres le apuntalan contra el mamparo, cortan su traje de salvamento y después le llevan al interior, tambaleándose por el balanceo del barco. Spillane no ve ni a Ruvola ni a Mioli. No han logrado engancharse de nuevo a la red.

Las olas hacen caer a los dos hombres por el casco hasta la popa de la nave, donde la hélice de cuatro metros está levantando borbotones de agua hirviendo. Furtney detiene los motores y los dos hombres son arrastrados en torno a la popa y luego hacia arriba, por el lado de babor. Ruvola atrapa la red de nuevo y mete una mano en la malla. Rodea con la otra a Mioli y le grita en la cara, ¡Tienes que hacerlo, Jim! ¡La vida no suele dar una segunda oportunidad! ¡Esta vez tendrás que esforzarte al máximo!

Mioli asiente y enreda las manos en la malla. Ruvola mete el pie además de la mano y se agarra con toda la fuerza de sus agarrotados músculos. Los dos hombres son arrastrados hacia arriba, moviéndose pendularmente con el balanceo del barco hasta que la tripulación de cubierta pueda alcanzarlos. Agarran a Ruvola y a Mioli de los cabellos, del traje de salvamento, del chaleco de combate, de cualquier cosa sobre la que puedan poner las manos, y los arrojan por la barandilla de acero. Al igual que Spillane, están vomitando agua y apenas se sostienen. Jim Mioli lleva más de cinco horas sumergido a quince grados y sufre una hipotermia aguda. Su temperatura interna es de 32.4, cuatro grados por debajo de lo normal; un par de horas más y estaría muerto.

Se lleva a ambos aviadores al interior, se les corta la ropa y se les tiende sobre unas literas. Spillane es trasladado al alojamiento del oficial ejecutivo, se le suministra un IV y un catéter y le examina el enfermero del barco. Su presión sanguínea es de 140/90, su pulso es de cien y sufre una ligera fiebre. El asistente médico informa por radio a Operaciones de Búsqueda y Rescate de Boston: «*Ojos húmedos, blandura del pecho y el abdomen, dolor en el cuádriceps. Muñeca fracturada, posiblemente costillas, indicios de lesión interna. Se aplica Tylenol-3 y parche para el mareo.*» Boston transmite la información a un cirujano de la Guardia Nacional del Aire, que teme que haya una hemorragia interna y les dice que sean especialmente cuidadosos con el abdomen. Si se hace cada vez más blando al tacto, significa que el herido está sangrando por dentro y debe ser evacuado en helicóptero. Spillane se imagina colgado de una camilla de rescate sobre el océano y rehúsa. Al amanecer, el oficial ejecutivo entra para afeitarse y cambiarse de ropa y Spillane se excusa por haber sangrado y vomitado encima de su cama. Oye, no te preocupes, dice el oficial. Abre la escotilla y Spillane ve el cielo gris y rugiente y el océano asolado. Eh, ¿podrías cerrar eso? dice. No lo soporto.

Los tripulantes, extenuados y sin afeitar después de treinta y seis horas en la cubierta, se tambalean por el barco como borrachos. Y la misión está lejos de haber concluido: Rick Smith sigue ahí abajo. Es uno de los paracaidistas de rescate más preparados del país, y nadie tiene la menor duda de que sigue vivo. Sólo hay que encontrarle. El funcionario de la guardia costera de Boston anota: «*PJ con traje negro de buzo saltó con balsa de una plaza y su loneta, dos latas de agua de 340 gramos, espejo, equipo de seña-*

les, barra de granola y silbato. El individuo está en excelente forma, puede resistir bastante tiempo, de cinco a siete días.»

Se designa un total de nueve aeronaves para la búsqueda, incluyendo un avión de rastreo E2 para coordinar el tráfico aéreo en la zona. Jim Dougherty, un PJ que recibió entrenamiento con Smith y Spillane, añade a su equipo una lata de tabaco de mascar para dársela a Smith cuando le encuentren. Ese tío es tan bueno, dicen los guardas, que va a entrar por la puerta principal de la base aérea de Suffolk preguntando dónde demonios estábamos todos.

LOS SUEÑOS DE LOS MUERTOS

«Todo se vino abajo, y el gran sudario del mar siguió agitándose como hace cinco mil años.»

Herman Melville, *Moby Dick*

CUANDO se extiende por Gloucester la noticia de que la flota está en peligro, la tormenta ya ha retocedido a 350 millas del cabo Cod y ha desarrollado un gradiente de presión tan pronunciado que comienza a formarse un ojo. Las fotos de satélite muestran un torbellino ciclónico de 3.200 kilómetros de anchura frente a la costa Este; el borde meridional alcanza la costa de Jamaica y el borde septentrional llega a la costa del Labrador. En total, un millón doscientos siete mil kilómetros cuadrados de mar están experimentando condiciones propias de una tempestad, y un área tres o cuatro veces superior está afectada directamente por la tormenta. En las fotos de satélite, el aire húmedo que fluye hacia el bajo tiene el aspecto de un remolino de nata en una taza de café negro. Una gruesa cubierta de nubes blancas y un aire ártico oscuro completan una vuelta y media en torno al bajo antes de llegar a su centro. El bajo avanza de forma sostenida hacia la costa, haciéndose más intenso a lo largo de su ruta, y en la mañana del 31 de octubre se ha detenido a trescientos veinte kilómetros al sur de Montauk, Long Island. Los peores vientos, en el cuadrante nororiental, están siendo arrastrados hacia el puerto de Gloucester y la bahía de Massachusetts.

Los primeros roces de la tormenta con la costa son tan repentinos y violentos que el boletín meteorológico local aparece teñido por el pánico:

INFORMES SIN CONFIRMACIÓN PROCEDENTES DEL ÁREA DE GLOUCESTER HABLAN DE DOS CASAS DERRIBA-

DAS... OTROS PUNTOS DE MASSACHUSETTS AMENAZADOS... OLAS DE 8 A 14 METROS SE HAN LEVANTADO HOY AL ESTE DEL BANCO GEORGES... LA PELIGROSA TORMENTA ASOCIADA AL FUERTE OLEAJE SE ESTÁ APROXIMANDO A NUEVA INGLATERRA.

Los primeros avisos de inundaciones costeras, basados principalmente en informes de Nantucket que hablan de vientos constantes de hasta 45 nudos, se emiten a las tres y cuarto de la mañana del día 29. Las predicciones de los ordenadores del servicio meteorológico rebasan sistemáticamente la práctica totalidad de los modelos atmosféricos de la zona, y se pronostican mareas altas de sesenta a noventa centímetros por encima de lo normal (estas predicciones resultarán ser ampliamente optimistas). Los avisos se transmiten vía satélite y enlazan con el llamado cable meteorológico de la NOAA, que conecta a su vez con los medios de comunicación y los servicios de emergencia locales. Al amanecer, los locutores de radio y televisión están informando al público acerca de la tormenta inminente, y la Agencia de Coordinación de Emergencias (EMA) está poniéndose en contacto con las autoridades locales de la costa para asegurarse de que toman precauciones. La EMA tiene su centro en Framingham, Massachusetts, a las afueras de Boston, y dispone de línea directa con la oficina del gobernador Weld, la guardia nacional, los cuarteles de la policía del Estado y el Servicio Nacional de Meteorología. Cualquier amenaza a la salud pública se comunica a través de la EMA. Si las autoridades locales no disponen de medios, entran en escena las agencias estatales; si las agencias estatales no son capaces de manejar la situación, se recurre al gobierno federal. La EMA está preparada para hacer frente a cualquier cosa, desde la tormenta más intensa hasta una guerra nuclear.

El 31 de octubre, en la costa, es un día engañosamente benigno y tranquilo; las hojas de los robles vuelan rozando las calles y el sol de mediodía tiene una calidez que la gente no volverá a experimentar hasta la primavera. La única señal de que algo no va bien está en la costa, donde comienza a avanzar una enorme marejada gris que puede oírse a varios kilómetros hacia el interior. Los oleajes son las escoltas del temporal, y si siguen creciendo es que éste se acerca. El departamento de policía de Gloucester bloquea el acceso a la costa, pero la gente va hasta allí de todas formas, aparcan sus coches a un kilómetro de distancia y van caminando bajo la lluvia y contra un viento creciente hasta lo alto de las colinas para avistar el mar. Les recibe un océano completamente transformado. Las olas avanzan hacia la costa desde el horizonte en cortejos grandes y regulares, con las crestas blancas, torrenciales, volteadas por el viento, y sus hileras rompiendo, recomponiéndose y rompiendo de nuevo a medida que se aproximan al cabo Ann. Al llegar a las aguas menos profundas se enderezan, vacilan y luego rompen contra las rocas con una fuerza que parece estremecer toda la península. El aire encerrado en sus fondos grises sale disparado de las paredes posteriores formando géisers más altos que las propias olas. Desde el Atlántico Norte llegan olas de nueve metros que arremeten contra la ciudad de Gloucester con una furia dura y helada.

A media tarde el viento alcanza fuerza de huracán y a la gente le cuesta caminar, sostenerse en pie o hacerse oír. Los cables eléctricos lanzan gemidos que sólo han escuchado antes los pescadores de altura. Las olas inundan la playa de Good Harbor y el aparcamiento frente a Stop-n-Shop. Arrancan tramos enteros de la calle Ocean. Depositan un amasijo de cinco metros de nasas de langosta y despojos marinos al final de la calle Grapevine. Llenan la piscina de una mansión de Back Shore con escombros del fondo del océano. Sus enormes frentes absorben los guijarros de la playa y los lanzan hacia el interior, rompiendo ventanas, acribillando el césped. Rebasan el dique de Brace Cove, se vierten en el estanque de Niles y siguen hasta los bosques. Durante un breve lapso de tiempo es posible hacer surf en los jardines de la zona. Es tanta la cantidad de agua salada que se vierte en el estanque de Niles que rebosa y corta Eastern Point por la mitad. Eastern Point es el lugar donde viven los ricos, y al anochecer, el océano tiene una profundidad de casi sesenta centímetros en algunos de los mejores salones del estado.

En varios lugares del estado las casas abandonan sus cimientos flotando, y llegan al mar. Las olas atraviesan una duna de nueve metros en la playa de Ballston en Truro e inundan la cabecera del río Pamet. Dos mil setecientos kilos de amarras llegan arrastrándose hasta el puerto de Chatham. La central nuclear de Pilgrim, en New Hampshire, se cierra debido a que las algas taponan las entradas del condensador. Un piloto de Delta Airlines en Logan se sorprende de ver la espuma de las rompientes alcanzando la cima de unas grúas de sesenta y un metros en la isla Deer; sin moverse de la pista, su indicador marca ciento veintiocho kilómetros por hora. Las casas son barridas hacia el mar en Gloucester, Swampscott y cabo Cod. Las crecidas inundan la mitad del pueblo de Nantucket. Un hombre es arrojado de las rocas en Point Judith, Rhode Island, y no se le vuelve a ver jamás, y un surfista muere al intentar subirse a una ola de seis metros en Massachusetts. Las olas cortan la isla de Plum por la mitad, al igual que Haugh's Neck y Squantum, en Quincy. Más de cien casas quedan destruidas en la ciudad de Situate, y es preciso llamar a la guardia nacional para evacuar a los habitantes. Una mujer de edad avanzada sale despedida de su casa por un golpe de mar mientras que las rompientes derriban la puerta.

Los vientos han puesto tanta agua en movimiento que el océano carga sobre el continente y comienza a taponar los ríos. El Hudson retrocede a ciento sesenta kilómetros de Albany y provoca inundaciones, y el Potomac hace lo mismo. Las mareas suben metro y medio por encima de lo normal en el puerto de Boston, a sólo dos centímetros y medio del récord de Boston de todos los tiempos. Si la tormenta se hubiese producido una semana antes, durante las mareas más altas del mes, los niveles del agua hubieran subido cincuenta centímetros más, inundando el centro de Boston. El mar de fondo y las olas gigantes extinguen los faros de la islas Shoals y Boone frente a las costas de Maine. Algunos demócratas se consuelan viendo cómo las olas arrasan la fachada de la mansión veraniega del presidente Bush en Kennebunkport. Los daños en la costa Este superan los ciento cincuenta mil millones de dólares, incluyendo millones de dólares en nasas para langosta y otros aparejos de pesca.

«El único dato que puedo añadir acerca de la gravedad de la tormenta es que nunca hasta entonces una nasa de langosta había sido arrastrada hasta el mar», dice Bob Brown. «Algunas aparecieron a veinte kilómetros al oeste. Fue la peor tormenta de la que tengo referencia, o que haya experimentado.»

Al anochecer del día 31 –cuando el oleaje estaba en su punto más alto y la costa Este padecía lo peor de la tormenta– la guardia costera se encontró con dos grandes operaciones de búsqueda y rescate entre las manos. En Boston, un guardacostas comienza a telefonear a todos los capitanes de puerto de Nueva Inglaterra preguntando si el *Andrea Gail* había arribado. Si la población es demasiado pequeña para tener capitán de puerto, piden a algún notable local que baje al muelle para cerciorarse. Las lanchas guardacostas también husmean por la costa revisando todos los puertos y calas a su paso. En la zona de Jonesport, en Maine, una lancha inspecciona Sawyers Cove, Roque Harbor, Black Cove, Moose Peak Light, Chandler e Englishman Bay, Little Machias Bay, Machias Bay East Side, Machias Bay West Side y Mistaken Harbor, sin ningún exito. Se escudriña toda la costa desde Lubec, Maine, hasta el este de Long Island sin que aparezca ninguna señal del *Andrea Gail*.

La búsqueda de Rick Smith es, en cierto modo, más sencilla que la del *Andrea Gail* porque los pilotos saben exactamente dónde se hundió, pero localizar a una sola persona –aunque lleve un estroboscopio– es extremadamente difícil con un tiempo semejante (un piloto no encontró un carguero de ciento cincuenta metros debido a la altura de las olas en un tramo del viaje). En consecuencia, los equipos combinados de media docena de bases aéreas de la costa Este se lanzan a la búsqueda. Smith tiene mujer y tres hijas y conoce a una parte importante de las personas que le están buscando. Es uno de los nadadores de supervivencia mejor entrenados del mundo, y si llega vivo al agua, es probable que resista. Puede ser que llegue a morir de sed, pero no va a ahogarse.

Lo primero que hace la guardia costera es emplazar una boya con radiotransmisor en el lugar en que fueron recogidos los otros guardas; la boya es arrastrada por la corriente de la misma forma que lo sería un hombre, y la zona de búsqueda se desplaza constantemente hacia el sur. Los aviones realizan su búsqueda siguiendo unas rutas aéreas de cincuenta kilómetros y a una altura de ciento cincuenta metros sobre el nivel del mar, pero en estas condiciones hay una posibilidad entre tres de encontrar a un hombre, de modo que algunas zonas son repasadas una y otra vez. Hay tantos aviones en funcionamiento y la zona de búsqueda es tan limitada que es prácticamente seguro que van a encontrarle. Y ciertamente, encuentran casi todo. Encuentran el bote salvavidas de nueve plazas arrojado desde el helicóptero por Jim Mioli (un guarda buceador se lanza desde un helicóptero para cortarlo con un cuchillo, de manera que no desvíe a otros buscadores), encuentran la balsa Avon abandonada por el *Tamaroa* y balsas procedentes de otros barcos de los que ni siquiera tenían noticia. Y luego, poco antes del anochecer del día 31, un avión de la guardia costera localiza en el agua una mancha de tinte verde fluorescente.

Los PJ suelen llevar tinte para emergencias de este tipo, y éste ha sido utilizado indudablemente por Rick Smith. El piloto desciende y ve una forma oscura en el centro, probablemente el propio Rick Smith. La tripulación del avión de búsqueda deja caer una boya de referencia, un bote salvavidas y un equipo de señales, y el piloto comunica las coordenadas a Boston. Se desvía un helicóptero hacia la zona y el guardacostas *Tamaroa,* a dos horas y media de distancia, cambia su curso y se dirige hacia el lugar. Un H-60 sale de Elizabeth City escoltado por un avión de carga, y un reactor de la Marina equipado con infrarrojos de visión frontal se prepara para despegar. Si no se puede rescatar a Smith desde el helicóptero, lo harán desde un barco; si tampoco es posible desde el barco, arrojarán un bote salvavidas; si está demasiado débil para subir al bote, lanzarán a un buceador de rescate. Smith es uno de los suyos, y van a recuperarle de un modo o de otro.

La oscuridad es total cuando el primer helicóptero, orientado por la boya de referencia, llega a la zona. No hay señal de Smith. El piloto de la guardia costera que le localizó, al ser interrogado en la base, declaró que el tinte era reciente y que estaba «segurísimo» de que había un hombre en medio. No obstante, el mar estaba demasiado encrespado para saber si nadó hasta la balsa que le fue arrojada. Tres horas más tarde, uno de los pilotos del helicóptero comunica por radio que han localizado a Smith cerca de la boya con radiotransmisor. Otro H-60 y un avión de carga se preparan para salir de Suffolk, pero en cuanto se dan las órdenes, el piloto que sobrevuela la zona rectifica: no ha localizado a una persona, ha localizado un bote salvavidas. Probablemente fue lanzado por la guardia costera a lo largo del día. Las aeronaves permanecen en Suffolk.

Durante esa noche la tormenta se desliza hacia el sur por la costa y luego dobla sobre sí misma, dirigiéndose hacia Nueva Escocia y disipándose por momentos. El motor de convección de la tormenta, que absorbía aire húmedo y caliente del océano, comienza, por fin, a desplomarse en forma de agua fría del norte. En la mañana del 1 de noviembre las condiciones son lo bastante estables como para evacuar a John Spillane, así que se le ata a una camilla de rescate y se le traslada desde su cuarto hasta la cubierta de popa del *Tamaroa*. De ahí pasa al vientre de un H-3 que lo lleva a Atlantic City, donde pasa rápidamente a cuidados intensivos y se le administran dos unidades de sangre. Unas cuantas horas más tarde, un guardacostas habla con un piloto de búsqueda que afirma haber arrojado tinte verde para señalar una línea que había visto. Eso da cuenta del tinte, pero no de la persona localizada en el centro de la mancha. Un especialista en supervivencia de la guardia costera llamado Mike Hyde dice que Smith podría permanecer aislado del frío durante un tiempo ilimitado al llevar un traje de buzo de más de medio centímetro de grosor, pero que podría haberse ahogado al introducir agua en los pulmones. No hay datos ni gráficos que midan el tiempo de supervivencia en esas condiciones, dice Hyde.

Pero si Smith ha sobrevivido a la tormenta, la opinión personal de Hyde es que podría sobrevivir otros cuatro días más. Llegará un momento en que muera por deshidratación. El mar está mucho más tranquilo ahora, pero la búsqueda ha seguido a pleno rendimiento durante setenta y dos horas, sin dar ningún resultado; las posibilidades de que Smith siga con vida son casi nulas. En la mañana del 2 de noviembre –con la tormenta encima de la isla del Príncipe Edward y en rápido decaimiento– el cúter *Tamaroa* arriba al puerto de Shinnecock Inlet, Long Island, y Ruvola, Buschor y Mioli son trasladados en una motora. La mujer de Rick Smith, Marianne, acude a la base aérea de Suffolk para recibirles, y varias personas expresan su preocupación por que sea testigo del reencuentro de los aviadores con sus familias.

¿Qué creen, que quiero que esas mujeres se queden también sin maridos? se pregunta. Hace un aparte con John Brehm, el supervisor de los PJ, y le dice: Mira, John, si no han encontrado a Rick a estas alturas, ya no le van a encontrar. En lo que a mí respecta, soy una viuda y necesito saber qué es lo que va a pasar.

Brehm expresa su esperanza de que aún puedan encontrarle, pero Marianne niega con la cabeza. Si estuviese vivo, lanzaría una señal, dice. No está vivo.

Marianne Smith, que está amamantando a un bebé de tres semanas, no ha dormido prácticamente desde el amaraje forzoso. Conoció los hechos a última hora de la primera noche, cuando la llamaron desde la base aérea despertándola de un sueño profundo, fruto del agotamiento. Tardó un minuto en comprender lo que le estaban diciendo, y cuando lo logró, le aseguraron que era un amaraje controlado y que todo saldría bien. Pero las cosas no habían salido bien. En primer lugar, no querían decirle quiénes eran los cuatro miembros de la tripulación rescatados por el *Tamaroa* (comprensiblemente, dio por sentado que uno de ellos era su esposo), y después le dijeron que le habían localizado en el centro de una mancha de tinte verde, y que le habían vuelto a perder. Ella está ahora entre dos aguas; en la base, todo el mundo la trata como a una viuda y, sin embargo, siguen asegurándole que su esposo será hallado con vida. Nadie, por lo visto, se atreve a afrontar el hecho de que Rick Smith está muerto. Los aviones siguen despegando, se sigue inspeccionando las cuadrículas.

Por fin, después de nueve días de vuelos constantes, la guardia costera suspende la búsqueda de Rick Smith. La idea comúnmente aceptada es que debió de chocar con el agua con tanta fuerza que quedó inconsciente y se ahogó. Otra posibilidad es que Spillane le golpease al caer, o que le golpease la balsa, o que saltase con su correa de contramaestre. La correa de contramaestre se utiliza para evitar que los tripulantes caigan del helicóptero, y si Smith saltó con ella puesta, hubiese quedado colgando debajo del helicóptero hasta que Ruvola lo hizo amerizar.

John Spillane prefiere creer que Smith perdió el conocimiento a causa del impacto. Estaba abrumado por el peso del equipo, y debió de perder la postura al caer, chocando de plano con el agua. El único recuerdo que Spillane conserva de la caída es precisamente ése: haber pensado, bajo el azote del viento, «Dios mío, qué caída tan larga». Esas palabras, o unas muy parecidas, son probablemente los últimos pensamientos que pasaron por la mente de Rick Smith.

Mientras las aeronaves se entrecruzan sobre las aguas de la costa de Maryland, prosigue una búsqueda aún más amplia del *Andrea Gail*. Quince aeronaves, incluyendo un P-3 de la Marina transferido por el equipo de búsqueda de Smith, están sobrevolando las cuadrículas al sureste de la isla Sable, donde es más probable que fuese arrastrado un bote salvavidas. Se extiende un rumor por Gloucester que afirma que Billy Tyne llamó a alguien desde un teléfono por satélite en la noche del 29, pero Bob Brown lo desmiente y comunica a la guardia costera que se trata de una falsedad. La mitad de los barcos de la flota de pez espada –el *Laurie Dawn 8, Mr. Simon, Mary T* y *Eishin Maru*– han sufrido daños considerables y han tenido que acortar sus viajes. La mitad oriental de la flota no ha padecido toda la furia de la tormenta («sólo tuvimos vientos de unos setenta nudos», recuerda Linda Greenlaw), pero un clima tan extremo suele hacer imposible la pesca durante varios días, y la mayoría de los barcos del este regresan también.

No se ve ni se sabe nada del *Andrea Gail* hasta el 1 de noviembre, día en que Albert Johnston, en su viaje de retorno, pasa junto a un grupo de bidones de combustible azules. Están a cien millas al suroeste de Sable, y todos llevan las letras *AG* grabadas en un lateral. «Los bidones flotaban a ambos lados del casco, ni siquiera tuve que cambiar el rumbo», dice Johnston. «Era fantasmal. Unos cuantos bidones de combustible, eso es todo lo que quedaba.»

Una hora más tarde, Johnston se encuentra otro grupo, después un tercero, y entonces comunica su posición a la guardia costera. Los bidones no significan por sí mismos que el *Andrea Gail* se haya hundido –podrían, sencillamente, haber sido barridos de la cubierta– pero no son una buena señal. Las guardias costeras de Canadá y Estados Unidos siguen extendiendo la zona de búsqueda sin encontrar nada; por fin, el 4 de noviembre, las cosas empiezan a aparecer. Un guardacostas en misión rutinaria por la playa que rodea la isla Sable encuentra un depósito de propano y un radiofaro con el nombre *Andrea Gail* pintado encima. La baliza sirve para localizar material de pesca y ha sido conectada, posiblemente en un intento desesperado de rodear el barco a la deriva de toda clase de objetos electrónicos en funcionamiento. Normalmente, éstos se almacenan sin conectar.

Y entonces, en la tarde del 5 de noviembre, un EPIRB es hallado en la costa de la isla Sable. Se trata de un modelo naranja de 406 megahercios construido por la empresa norteamericana Koden, y el interruptor ha sido desconectado. Eso significa que no puede enviar señales aunque caiga al agua. El número de serie es 986. Procede del *Andrea Gail*.

Al igual que sucedió con el mensaje en la botella lanzado por la borda desde la goleta *Falcon* hace un siglo, las posibilidades de que algo tan pequeño, en este caso un EPIRB, acabe en manos de alguien son ridículas. Y las posibilidades de que Billy Tyne desarmase su EPIRB –no hay motivos para hacerlo, ni siquiera ahorraría pilas– son más pequeñas aún. Ni Bob Brown, ni Linda Greenlaw, ni Charlie Reed ni nadie que conociese a Billy sabe explicarlo. En las catorce páginas del diario de incidencias de la guardia costera canadiense se registra el descubrimiento del bidón de propano y el radiofaro, pero no del EPIRB. El día completo en que fue hallado el EPIRB –5 de noviembre de 1991– está ausente del diario. En Gloucester comienzan a aparecer rumores de que la guardia costera sí recibió una señal de EPIRB cuando el *Andrea Gail* estaba en peligro, pero las condiciones eran demasiado rigurosas para salir. Y cuando, contra todo pronóstico, el EPIRB aparece en la isla Sable, la guardia costera lo desconecta para encubrirse.

Sean razonables o no los rumores, en cierta medida no vienen al caso. Unas condiciones lo bastante duras como para asustar a la guardia costera son también demasiado duras para permitir un rescate, así que cuando el EPIRB comenzó a lanzar señales –si es que alguna vez lo hizo– la tripulación del *Andrea Gail* probablemente ya estaba condenada. A juzgar por los intentos de rescate frente a Long Island, ni siquiera un helicóptero que hubiera sobrevolado por encima de los tripulantes del *Andrea Gail* habría podido hacer nada para ayudarlos. En cualquier caso, el EPIRB es trasladado a Estados Unidos para su examen por la Comisión Federal de Comunicaciones.

El 6 de noviembre un piloto canadiense localiza un bote salvavidas sin inflar frente a la costa de Nueva Escocia, pero no hay nadie en su interior, y lo pierde de vista antes de que pueda ser recuperado. Dos días más tarde, el *Hannah Boden,* que regresa a casa después de tres semanas en el mar, localiza otro grupo de bidones de combustible con las letras *AG,* pero sigue sin haber señales del barco. Finalmente, media hora antes de la medianoche del 8 de noviembre, se suspende definitivamente la búsqueda del *Andrea Gail*. Lleva desaparecido casi dos semanas, y los aviones han registrado más de 187.000 kilómetros cuadrados de océano sin encontrar ningún superviviente. Lo único que han recuperado es algo de material de cubierta.

«Bajé muchas veces al muelle de pesca después de que acabase la búsqueda», dice Chris Cotter. «Iba mucho por allí, iba sola y daba vueltas a todo aquello, pensaba en lo que habría ocurrido con sus cuerpos, cosas horribles de ese tipo. Trataba de borrarlo de mi mente y de mi espíritu en cuanto aparecía, y recordaba las cosas buenas, pensaba que él volvía conmigo y todo se arreglaba. Pero le echo de menos enormemente, lucho con esto de continuo. Después me digo: ya volveremos a vernos más adelante.»

El funeral tiene lugar unos días más tarde en la iglesia de Santa Ana, subiendo la colina desde la taberna del Crow's Nest. Es el primer funeral que se hace en trece años en recuerdo de hombres de Gloucester perdidos en el mar, y atrae a gentes que ni siquiera conocían a los muertos. El mar era su dominio, lo conocían bien, dice pausadamente el reverendo Casey al millar de personas que abarrotan su iglesia durante el servicio. Os pido que lloréis no sólo a estos tres hombres, sino a todas las demás personas valientes que dieron sus vidas por Gloucester y su industria pesquera.

Mary Anne y Rusty Shatford leen un poema sobre la pesca, habla el hermano de Sully y hablan otros miembros de la familia Tyne. Bob y Susan Brown asisten al oficio, pero hablan muy poco y se van en cuanto acaba. Ésta es la tercera vez que muere gente en un barco de Bob Brown, y, culpas aparte, los habitantes de la ciudad no están dispuestos a olvidarlo. Después del oficio los asistentes bajan en coches y andando desde lo alto de la empinada colina hasta la calle Rogers y se amontonan en la taberna del Crow's Nest y en el Irish Mariner, donde se celebra un velatorio durante los dos días siguientes. Se lleva comida y la gente acude al apartamento del hermano de Sully, luego regresa al Crow's Nest, de nuevo a casa de los Tyne y otra vez al Crow's Nest, interminablemente, durante todo el fin de semana.

Si los hombres del *Andrea Gail* hubiesen muerto de un modo normal, y estuviesen de cuerpo presente en alguna parte, sus seres queridos hubieran continuado con sus vidas después de despedirse. Pero no murieron, desaparecieron de la faz de la tierra y, hablando con propiedad, su ausencia definitiva es sólo una cuestión de fe. Esa fe requiere esfuerzo y determinación. La gente de Gloucester debe poner su voluntad en sacar a esos hombres de sus vidas y desterrarlos al otro mundo.

«La noche antes de saber lo del barco tuve un sueño», dice Debra Murphy, la ex mujer de Murph. «Murph debía estar en casa el día de mi cumpleaños, y en mi sueño –no sé si está frente a mí o si me llama– me dice "Perdona, esta vez no voy a llegar a tiempo." Luego me despierto y suena el teléfono. Es la nueva novia de Billy, que dice que ha habido una gran tormenta y que no se sabe nada del *Andrea Gail* desde hace un par de días.»

Lo primero que hace Debra es coger el coche y presentarse en casa de los padres de Murph para darles la mala noticia. Nunca les ha gustado mucho que fuese pescador –su padre se dedica al negocio inmobiliario, viven en una apacible urbanización– y mientras Debra les cuenta que el barco ha desaparecido, ellos permanecen sentados, en un estado de aturdimiento. Ella no tiene muchos más datos, y cuando llama a Bob Brown lo único que éste le cuenta es que la última vez que se supo del barco fue el día 28 y que se ha emprendido una búsqueda. En lo sucesivo, Brown se niega a contestar a sus llamadas, así que ella comienza a hablar con la guardia costera a diario para preguntarles cuántos vuelos han salido, si han visto algo y qué piensan hacer a continuación. Por fin, después de diez días de infierno, Debra se sienta con Dale, su hijo de tres años, y le explica que su padre no va a volver. Su hijo no lo entiende, y quiere saber dónde está.

Está pescando, cielo, contesta ella. Está pescando en el cielo.

Dale sabe que su padre pesca en muchos lugares: Hawai, Puerto Rico, Massachusetts. El cielo debe de ser otro de los lugares donde su padre va a pescar. Bueno, ¿y cuándo va a volver de pescar en el cielo? pregunta.

Un par de meses más tarde, y a ojos del pequeño Dale, su padre sí que regresa de pescar en el cielo. Dale despierta gritando en mitad de la noche, y Debra entra corriendo, aterrada, en su habitación. ¿Qué te pasa, cielo, qué te pasa?, pregunta.

Papá está en la habitación, responde Dale. Papá acaba de estar aquí.

¿Cómo que papá ha estado aquí?, pregunta Debra.

Papá ha estado aquí y me ha dicho lo que pasó en el barco.

El pequeño Dale, balbuceando, repite lo que le ha dicho su padre. El barco volcó y su padre se enganchó con un «garfio» (uno de los garfios de arpón que se utilizan para atrapar el pescado). El gancho le desgarró la camisa y Murph no pudo soltarse a tiempo. Fue arrastrado hasta el fondo, y ése fue el final.

«Mi hijo siente mucha rabia en su interior por la muerte de su padre», dice Debra. «Hay días en que está muy deprimido y le pregunto, "¿Qué te pasa, Dale?" Y él contesta, "Nada, mamá, es que estoy pensando en papá." Dios mío, me mira con esos grandes ojos castaños, las lágrimas le caen por las mejillas y yo me muero por no poder ayudarle. No puedo hacer nada.»

Otros también reciben visitas. La madre de Murph está mirando un día por la ventana de su dormitorio y ve a Murph deambulando por su calle con unas enormes botas de pescador. Alguien más lo divisa en medio del tráfico en el centro de Bradenton. De vez en cuando Debra sueña con él, se le acerca y le dice: «Dale, ¿dónde has estado?» Él no contesta, y ella se despierta recordando envuelta en un sudor frío.

De nuevo en Gloucester, Chris Cotter tiene un sueño similar. Bobby aparece ante ella, con una amplia sonrisa, y ella le dice: «Oye, Bobby, ¿dónde has estado?» Él no contesta, sigue sonriendo y dice: «Recuerda, Christina, que siempre te querré», y luego se desvanece. «Siempre está feliz cuando se marcha, así que sé que está bien», dice Chris. «Está perfectamente.»

Chris, sin embargo, no está bien. Algunas noches se encamina hasta el muelle de pesca del Estado a esperar que regrese el *Andrea Gail;* otras veces les dice a sus amigos «Bobby va a venir a casa esta noche, lo sé». Sale con otros hombres, su vida continúa, pero no puede aceptar que él se haya ido. No han encontrado un cuerpo, ni un resto del barco, y ella se aferra a estas cosas como pruebas de que, tal vez, toda la tripulación esté a salvo en alguna isla, bebiendo margaritas y contemplando las puestas de sol. En una ocasión, Chris sueña que Bobby está viviendo bajo el agua con una hermosa mujer rubia. La mujer es una sirena, y Bobby está con ella ahora. Chris despierta y vuelve a la taberna del Crow's Nest.

A unas semanas de la tragedia, las familias de los muertos reciben una carta de Bob Brown pidiendo que le exoneren de toda responsabilidad. La carta es educada y directa, y dice que el *Andrea Gail* era un barco «fuerte, estanco, perfectamente guarnecido, equipado y abastecido, apto para la navegación en todos los aspectos y preparado para el servicio que estaba desempeñando». Por desgracia, fue desbaratado por el mar. Algunos de los familiares –Jodi Tyne, Debra Murphy– no reciben más carta que ésta de parte de Bob Brown. No les hace llegar una tarjeta de condolencia, no ofrece ayuda económica; sólo envía una carta en la que se protege a sí mismo de futuras acciones legales. Es posible que sea demasiado tímido, o que esté demasiado avergonzado para tratar íntimamente con los familiares, pero ellos no ven las cosas de esta manera. Ven a Bob «Suicidio» Brown como a un empresario que ha ganado cientos de miles de dólares con el trabajo de hombres como sus maridos. Todas las mujeres deciden demandarle.

La muerte de los seis tripulantes del *Andrea Gail* entra dentro del Acta sobre Muertes en Alta Mar, una ley aprobada por el Congreso a comienzos de los años 70 y enmendada por el Tribunal Supremo en 1990. Una acción judicial relativa a muertes injustificadas en alta mar queda circunscrita a las pérdidas «pecuniarias», es decir, a la cantidad de dinero que el fallecido aportaba a las personas que dependían de él. Bobby Shatford, por ejemplo, pagaba 325 dólares al mes de manutención. Según el Acta de Alta Mar, su ex mujer podría demandar –y lo hace– a Bob Brown por esa cantidad, pero Ethel Shatford no tiene ese recurso. Ha perdido a un hijo, no a un proveedor legal, y no ha sufrido pérdidas pecuniarias.

El Acta de Alta Mar es un vestigio de la encallecida ley común inglesa, que contemplaba la muerte en el mar como un caso de fuerza mayor por el que no podían exigirse responsabilidades a los propietarios de los barcos. ¿Hasta dónde se quería llegar? ¿Cómo, si no, podían hacerse negocios? Si estos hombres hubieran muerto en un accidente cortando troncos, por ejemplo, la familia podría demandar al empresario por la pérdida de un ser querido. Pero no sucede lo mismo con la pesca. En alta mar –una distancia superior a una liga marina, o tres millas desde la costa– todo vale. La única manera de que Ethel Shatford sea compensada por la muerte de su hijo sería demostrar que la muerte de Bobby fue excepcionalmente dolorosa, o que Bob Brown había sido negligente en el cuidado del barco. El sufrimiento, naturalmente, es difícil de demostrar tratándose de un barco que desaparece sin dejar rastro, pero no así la negligencia. La negligencia puede demostrarse por medio de registros de reparaciones, declaraciones de expertos y testimonios de antiguos tripulantes.

Varias semanas después de la desaparición del *Andrea Gail* un abogado de Boston llamado David Ansell acepta representar a los herederos de Murphy, Moran y Pierre en una demanda contra Bob Brown por muerte injustificada. Los demás casos –incluyendo una demanda por muerte injustificada interpuesta por Ethel Shatford– son atendidos por un abogado de Boston cuya especialidad es también la legislación marítima. Ansell ya ha oído hablar de Brown: diez años atrás, el despacho de Ansell representó a la viuda de un hombre que cayó al mar desde el *Sea Fever* en el banco Georges. Ahora, Ansell debe demostrar una vez más la negligencia de Brown. El hecho de que Brown actuase como cualquier otro propietario de barcos de la flota de pez espada –privilegiando los cambios estructurales, sobrecargando el espardel, evitando las pruebas de estabilidad– no tiene por qué ser suficiente para ganar el pleito. Ansell hace las maletas y se dirige a San Augustine, Florida, donde, cinco años antes, Bob Brown hizo alterar la estructura del *Andrea Gail*.

El astillero San Augustine Trawlers ha sido cerrado y vendido por Hacienda, pero Ansell localiza a un antiguo administrador llamado Don Capo y le pide que dé su testimonio. Capo acepta. En presencia de un notario y del abogado de Bob Brown, David Ansell interroga a Capo acerca de las alteraciones sufridas por el *Andrea Gail:*

Según sus datos, ¿hubo algún ingeniero naval empleado por el señor Brown a bordo de la nave?

No recuerdo a ninguno.

¿Se realizó alguna medición, prueba o evaluación para determinar la cantidad de peso que se cargaba sobre el barco?

No, señor.

¿Se efectuaron pruebas de estabilidad, fueran hidráulicas o de desplazamiento de pesos?

No, señor.

Hasta ahora, el testimonio de Capo ha sido irrecusable. Brown alteró la nave sin consultar a un ingeniero naval y después la fletó sin hacer una sola prueba de estabilidad. Esto parecería algo anormal –negligente, en realidad– a cualquiera que no fuese un pescador de pez espada o un soldador, pero no es así. En la industria pesquera es algo tan corriente como los borrachos en los bares.

¿Cómo caracterizaría al *Andrea Gail* en comparación con otras embarcaciones?, pregunta Ansell al fin, esperando que esto remache el clavo. Capo no lo duda.

Oh, de primera clase.

El arma de ataque de Ansell ha perdido su filo, pero aún le quedan otras vías. De entrada, puede hablar con Doug Kosco, que abandonó el barco seis horas antes de que zarpase porque tuvo un mal presentimiento. ¿Qué sabía Kosco? ¿Había ocurrido algo en el viaje precedente? Kosco trabaja para la compañía pesquera A.P. Bell en Cortez, Florida, y cuando no está en el mar suele alojarse en casa de algún amigo. Es un hombre difícil de localizar. «Es –¿cómo lo diría?– una existencia nómada», dice Ansell. «Estos chicos no van a comer a casa a las cinco. Desaparecen durante períodos de tres o cuatro meses.»

Ansell encuentra por fin a Kosko en la casa de sus padres en Bradenton, pero Kosco se muestra refractario hasta extremos de beligerancia. Dice que cuando supo lo del *Andrea Gail* cayó en una depresión de tres meses que le costó el trabajo y casi le manda al hospital. En una ocasión, los padres de Dale Murphy le invitaron a cenar, pero no pudo afrontarlo y no fue. Había conocido a Murph, así como a Bugsy y Billy, y lo único que podía pensar era que él debía haber estado allí. De haber zarpado con ellos, es posible que Kosco hubiese pasado sus últimos momentos suplicando por su vida, por esta vida, la que está viviendo ahora. En cierto modo su deseo le fue concedido, y eso le destroza.

La estrategia de Ansell se desmorona por la base. No puede utilizar el testimonio de Kosco porque se trata de un hombre sumido en la confusión; la guardia costera dice que el EPIRB superó la prueba perfectamente –aunque no quieren hacer público el informe– y no hay ninguna evidencia concluyente de que el *Andrea Gail* fuese inestable. De acuerdo con las exigencias de la industria, era un barco apto para la navegación, preparado para su tarea, que se hundió por causas de fuerza mayor más que por una negligencia de parte de Bob Brown. Las alteraciones en el casco pueden haber contribuido a que volcara, pero no fueron la causa. Volcó porque estaba en mitad de la tormenta del siglo, y ningún juez lo va a ver de otra manera. Los clientes de Ansell lo saben y deciden llegar a un acuerdo fuera del juzgado. Es probable que no consigan mucho –ochenta o noventa mil– pero no correrán el riesgo de que Bob Brown quede completamente exonerado.

Ansell comienza a negociar un acuerdo, y las otras demandas también se sustancian en privado. La relativa estabilidad del *Andrea Gail* nunca será sometida a discusión ante un tribunal.

Aproximadamente un año después del hundimiento del barco un hombre idéntico a Bobby Shatford entra en la taberna del Crow's Nest y pide una cerveza. Toda la fila de asiduos de la barra se da la vuelta y le mira. Uno de los camareros está demasiado aturdido para decir nada. Ethel, que acaba de salir del trabajo, ha visto antes en la ciudad a este hombre, y le explica por qué todo el mundo le está mirando fijamente. Eres igual que mi hijo, que murió el año pasado, dice. Hay una foto suya en la pared.

El hombre se acerca para mirarla. La foto muestra a Bobby con camiseta, sombrero y gafas de sol en el muelle del Pescador. Tiene los brazos cruzados, está ligeramente ladeado y sonríe a la cámara. La foto se tomó un día en que paseaba por la ciudad con Chris, y parece muy feliz. Tres meses más tarde estaba muerto.

Dios mío, si le enviase esta foto a mi madre pensaría que soy yo, dice el hombre. No notaría la diferencia.

Por suerte, el hombre es un carpintero y no un pescador. Si fuese un pescador, apuraría la cerveza y se sentaría en un taburete para pensar un poco. A la gente que trabaja en un barco le cuesta resistirse a la idea de que algunos de ellos están marcados, y que acabarán en el fondo del mar. El doble exacto de un hombre ahogado es un candidato perfecto; también sus compañeros de viaje. Jonás, por supuesto, estaba marcado, y sus compañeros lo sabían. Murph estaba marcado y así se lo dijo a su madre. Adam Randall estaba marcado, pero no lo sabía; según él, se había salvado por los pelos un par de veces. Después de que se hundiese el *Andrea Gail* le dijo a su novia Chris Hansen que, mientras estaba caminando por la cubierta, sintió un viento frío en la piel y se dio cuenta de que ninguno de los tripulantes iba a regresar. Sin embargo, no les dijo nada, porque esas cosas no se hacen en un muelle: no dices a seis hombres que crees que van a ahogarse. Todo el mundo corre sus riesgos, y se ahoga o no se ahoga.

Y quedan los resucitados. Kosco, Hazard, Reeves, esta gente sigue viva por una circunstancia banal. Cualquiera que haya soportado una fuerte tormenta en el mar se ha visto, en mayor o menor grado, al borde de la muerte, y ese hecho seguirá trastornándoles mucho después de que los vientos hayan dejado de soplar y las olas hayan descendido. Como una guerra o un gran incendio, los efectos de una tormenta se prolongan a través de los años, e incluso de las generaciones. Erosiona a la gente como a los litorales y nada vuelve a ser igual.

«Mi jefe me llevó a un hotel y lo primero que hice fue tomar tres tragos de vodka a palo seco», declaró Judith Reeves después de abandonar el *Eishin Maru 78* en Halifax el 31 de octubre (el ingeniero había aparejado unos cables en la bodega que permitían manejar el timón. El capitán le gritaba las órdenes desde el puente, él tiraba de los cables y así es como capearon el temporal). «Llamé a mi madre y luego a mi compañera de piso y no dormí nada la primera noche, porque la habitación del hotel no se movía. A la mañana siguiente fui a "Midday", el programa local de noticias de la CBS, y luego estuve en los estudios CBC para otra entrevista, y ésa fue la primera vez que tuve miedo. Empecé a fumar y a beber, y cuando llegué a la tercera entrevista estaba bastante ebria. Querían hacerla en directo, y yo les pregunté, "¿Estáis seguros?" Durante dos o tres semanas los medios de comunicación me reclamaron con tanta frecuencia –el país entero rezaba por mí– que era como una especie de embriaguez. Pero en diciembre me fui a casa para ver a mis padres, y en cuanto regresé aquí caí en una depresión. Perdí mucho peso y empecé a emborracharme y a llorar. No puedes mantener una tensión tan grande durante mucho tiempo sin desmoronarte; finalmente, vuelves a ser una persona normal.»

Reeves sigue trabajando como supervisora de pesca, y con el tiempo se casó con un pescador ruso de uno de sus barcos. Karen Stimson, que también pasó varios días en el mar pensando que iba a morir, se desmorona con más facilidad que Reeves, pero no tan gravemente. Después del rescate se instaló en casa de una amiga en Boston, evitando a los informadores, y al día siguiente decidió ir a tomar un capuchino. Entró en un café de la esquina, pidió la consumición y luego sacó un fajo de billetes del bolsillo para pagar. Los billetes estaban humedecidos por el agua del mar. El hombre de la caja registradora se le queda mirando a la cara, luego mira los billetes, luego vuelve a mirarla y dice ¡Yo te conozco! ¡Tú eres la mujer a la que rescataron de ese barco!

Stimson se queda horrorizada; le acerca el dinero, pero él lo rechaza agitando la mano. No, no, invita la casa. Gracias a Dios que estás viva.

Gracias a Dios que estás viva... No lo había visto de esa manera, pero así es, ahora mismo podría estar girando en las profundidades heladas del banco Georges. Coge su café y sale apresuradamente por la puerta, sollozando.

Dos semanas después de que se suspendiese la búsqueda de Rick Smith, Marianne recibe una llamada de teléfono de un hombre llamado John Monte desde Westhampton Beach, Long Island, que se presenta como vidente y afirma que Rick sigue vivo. Le dice que habló con la base aérea de Suffolk y que quieren reanudar la búsqueda.

Marianne se viene abajo. Ha tardado dos semanas en aceptar el hecho de que su marido está muerto, y ahora le dicen que tiene que recobrar la esperanza. Es imposible que Rick siga con vida, pero ella tiene miedo de lo que pueda decir la gente si desaprueba la búsqueda, así que da su consentimiento. Los PJ de la base están preocupados por lo mismo –lo que pensará Marianne– de modo que también dan su aprobación. El caso interesa también a un abogado local llamado John Jiras, que redacta una carta al representante del estado de Nueva York, George Hochbrueckner, solicitando que se reanude la búsqueda. Hochbrueckner entrega la carta al almirante Bill Kime, comandante de la guardia costera de Estados Unidos, y el asunto vuelve a pasar de manos de la estructura de mando al D1 Comcen en Boston. Se redacta una respuesta explicando que la búsqueda había sido exhaustiva y que era improbable que un hombre pudiera sobrevivir veintiséis días en el mar, y esa carta recorre de nuevo el escalafón hasta llegar a Kime. Mientras tanto, Monte entrega a Marianne una lista de teléfonos de periodistas que podrían dar publicidad al caso, y a él mismo. «Es la única vez en mi vida que he pensado que me estaba volviendo loca», dice. «Al final le dije que se perdiera. Ya no aguantaba más.»

Después de casi un mes Marianne Smith empieza a asimilar la pérdida de su marido. En tanto siguen despegando los aviones, ella se aferra a un resto de esperanza, y eso la mantiene en una especie de limbo espantoso. Varias semanas después de la muerte de Rick, sueña que él se acerca a ella con el gesto triste, le dice, lo siento, y luego le da un abrazo. Es el único sueño en el que él aparece, y constituye una especie de despedida. Marianne lleva a sus hijos a un funeral en la ciudad natal de Rick en Pennsylvania, pero no al de Long Island, porque sabe que allí habrá muchas cámaras de televisión («los niños no se lamentan delante de una multitud, se lamentan en la cama, cuando dicen "Quiero que papá me lea un libro"», afirma). George Bush le envía una carta de pésame, al igual que el gobernador Mario Cuomo. Marianne descubre que, en su condición de viuda, incomoda muchísimo a la gente; cuando no intentan evitarla la tratan como a una discapacitada. Marianne Smith, que comenzó trabajando como técnica en eléctronica de aviones en un escuadrón de F-16, decide afrontar su viudedad acudiendo a una escuela de derecho para convertirse en abogada.

John Spillane consigue un trabajo de bombero en la ciudad de Nueva York, añadido a su condición de PJ. Una noche le despierta parcialmente la alarma del parque y, por alguna razón, las luces del cuarto no se encienden. Está aterrorizado. Llega tanteando a la barra de descenso y se dice «No es nada, ya has pasado antes por esto, no pierdas la cabeza». Lo único que sabe es que está oscuro, que no queda mucho tiempo y que tiene que descender, exactamente la misma situación que en el helicóptero. Cuando por fin se da cuenta de dónde está, ya se ha puesto el uniforme completo. Está perfectamente equipado y dispuesto para salir.

Pero la tormenta aún no ha terminado; no ha dejado de repercutir en la vida de las personas. Dieciocho meses después de los amerizajes forzosos se abate sobre la costa un viento del noreste al que los meteorólogos, aún antes de su plena conformación, denominan la «Madre de todas las Tormentas». Tiene un ojo bien definido, como el de un huracán, y una presión barométrica central terriblemente baja. Un barco que se cruza en su camino observa cómo las olas pasan de uno a seis metros en menos de dos horas. La tormenta deja caer ciento veinticinco centímetros de nieve en las montañas de Carolina del Norte y establece récords barométricos absolutos desde Delaware a Boston. Los vientos alcanzan los ciento ochenta kilómetros por hora en el golfo de México y la guardia costera rescata a 235 personas de sus barcos sólo en los dos primeros días. La altura de las olas sobrepasa los dieciocho metros en gran parte de la costa Este, y se eleva a más de treinta metros frente a Nueva Escocia. Las boyas de referencia registran alturas significativas de las olas –la media del tercio más alto– que están sólo unos metros por debajo de las de la tormenta que hundió al *Andrea Gail*. Por un escaso margen, la denominada «tempestad de Halloween» conserva el récord del viento del noreste más fuerte del siglo.

El carguero *Gold Bond Conveyor,* de 178 metros, que dos años antes había transmitido el «mayday» del *Satori* a Boston, se encuentra atrapado en lo peor de la tormenta. El *Gold Bond Conveyor* viaja regularmente entre Halifax y Tampa transportando mineral de yeso, y el 14 de marzo, a unas cien millas al sureste del lugar en el que naufragó Billy Tyne, se topa con la Madre de todas las Tormentas. Es la única embarcación que se ha enfrentado a las dos tormentas en su punto culminante, y en ambos casos el viento del noreste se sitúa entre los más fuertes del siglo. Se podría decir que el barco estaba marcado. Esa noche el capitán comunica por radio a Halifax que las olas están rompiendo sobre las cubiertas superiores, y poco después de la medianoche llama de nuevo para decir que abandonan el barco. Las olas son de treinta metros y la nieve cae al sesgo en la oscuridad. Treinta y tres hombres caen por la borda y desaparecen para siempre.

Pero aún no ha acabado todo; a la tempestad de Halloween le queda una víctima más. Adam Randall ha estado trabajando en el *Mary T* de forma continuada, pero en febrero Albert Johnston lleva el barco a reparar y Randall tiene que buscarse otro empleo. Lo encuentra a bordo del *Terri Lei,* un atunero de Georgetown, Carolina del Sur. El *Terri Lei* es un barco grande y consistente con una tripulación de gran experiencia, y debe zarpar a finales de marzo. Chris Hansen, la novia de Randall, le lleva al aeropuerto de Logan para que vuele al sur, pero todos los aviones están en tierra a causa de la ventisca, la Madre de todas las Tormentas. Sale en un vuelo del día siguiente, pero cuando habla con Chris Hansen por teléfono desde Carolina del Sur ella le dice que está preocupada. ¿Te encuentras bien? Tu voz suena un poco rara, le dice.

Sí, estoy bien, contesta él. La verdad es que no quiero hacer este viaje. Pero va a estar bien, a lo mejor gano algo de dinero.

La noche antes de partir, la tripulación del *Terri Lei* acude a un bar local y se pelea con la tripulación de otro barco. Varios hombres acaban en el hospital, pero al día siguiente, magullados y doloridos, los tripulantes del *Terri Lei* cortan los cables y salen al mar. Van a pescar en las aguas profundas cercanas a la plataforma continental, al este de Charleston. Es primavera, los peces suben por la corriente del Golfo, y con un poco de suerte harán el viaje en diez o doce tiradas. En la noche del 6 de abril terminan de colocar los aparejos y Randall llama a Chris Hansen por la radio de barco a costa. Hablan durante más de media hora –la radio de barco a costa no es barata, la factura de teléfono de Randall suele rondar los quinientos dólares– y él le dice a Chris que han tenido algo de mal tiempo pero que ha pasado y que sus aparejos ya están en el agua. Dice que pronto volverá a llamarla.

Randall es una persona difícil de catalogar. Es un pescador experto, además de soldador, pero también ha pensado dedicarse a los oficios de peluquero o enfermero. Lleva un barco de vela tatuado en un brazo, un ancla en el otro y una cicatriz en la mano, cosida por él mismo con aguja e hilo. Tiene esa clase de pelo rubio que suele ir asociado a los cantantes de rock ingleses, pero también tiene la musculatura del hombre que trabaja duro («le puedes golpear con un martillo y no le saldrá un cardenal», dice Chris Hansen). Randall dice que a veces siente que hay fantasmas arremolinados en torno al barco, los fantasmas de los hombres que murieron en el mar. No están en paz. Quieren volver.

A la mañana siguiente la tripulación del *Terri Lei* comienza a halar sus aparejos en un mar picado y con rachas de viento. Están a 135 millas de la costa y hay muchos barcos en la zona, incluyendo un carguero en ruta desde Suramérica a Delaware. A las 8.45 de la mañana, la guardia costera de Charleston recibe una señal de socorro y envía de inmediato dos aeronaves y una lancha para investigar. Puede tratarse de una falsa alarma –el clima es tranquilo y ningún barco ha informado que haya problemas– pero tienen que responder de todas formas. Toman la dirección de la señal de radio y en seguida localizan el EPIRB entre restos diseminados de material de cubierta. A escasa distancia hay un bote de salvamento con la cubierta subida y el nombre *Terri Lei* escrito en un costado.

El barco ha desaparecido y nadie hace señales desde el bote, así que un nadador se lanza al agua para investigar. Llega braceando a su objetivo y se sube aferrándose a una de las cuerdas. La balsa está vacía. Nadie salió con vida del *Terri Lei*.

EPÍLOGO

SIENTO haberme portado así cuando nos conocimos, me dijo Ricky Shatford en un bar de Gloucester no hace mucho. El libro se había publicado hacía unos tres meses, y la familia Shatford –y Gloucester– se vieron sacudidos por una ola de publicidad. Los veraneantes visitaban Cape Pond Ice (la empresa frigorífica), los turistas querían alojarse en el Crow's Nest, y a los Shatford los paraban por la calle. «Escribiste sobre mi hermano pequeño y no pude afrontarlo», siguió diciéndome Ricky. «Les dije a todos que te mataría.»

La primera vez que entré en el Crow's Nest tardé media hora en armarme de valor. El problema no era el bar –yo ya había estado antes en bares mucho peores– sino la razón por la que iba a entrar. Iba a hacerlo para preguntarle a una mujer sobre su hijo muerto. Yo no era pescador, no era de la ciudad, no era periodista, al menos el concepto de periodista que yo tengo. Era un tipo con papel y bolígrafo y una idea para escribir un libro. Me metí un cuaderno entre la rabadilla y el pantalón, oculto bajo la chaqueta. Puse una grabadora y una libreta pequeña en el bolsillo del pantalón por si acaso me hacían falta. Luego, respiré hondo, salí del coche y crucé la calle.

La puerta pesaba más de lo que esperaba, el lugar era más oscuro, y había una docena de hombres bebiendo cerveza en el sombrío interior. Todos se volvieron y me miraron cuando entré. Ignoré sus miradas, atravesé la sala y me senté en la barra. Ethel se acercó, y después de pedirle que me trajera una cerveza le dije que estaba escribiendo sobre trabajos peligrosos, sobre todo la pesca, y que quería hablar con ella. «Sé que perdió a su hijo hace un par de años», le dije. «Yo vivía en Gloucester en aquella época, y recuerdo la tormenta. Debió de ser muy duro para usted, no puedo imaginar cuánto.»

Lo que yo no sabía es que el caso estaba en los tribunales, y que al principio Ethel creyó que trabajaba en secreto para la compañía de seguros de Bob Brown. Ella no le había demandado, pero cuando un barco se hunde siempre hay alguien haciendo preguntas, buscándole tres pies al gato. De hecho, varias semanas después del accidente un par de abogados llegaron al Nest y trataron de convencerla para que pusiera un pleito. Insistieron tanto que los chicos del bar se vieron obligados a pedirles que se marcharan. Ethel fue amable conmigo, pero desconfió. Me dijo que viera los informativos de la ciudad para enterarme de las noticias sobre el *Andrea Gail.* Habló de los funerales y del apoyo que había recibido de la gente después de la tragedia. Me trajo una cerveza y me dio los nombres de otros pescadores que tal vez podrían ayudarme. Y me fui del bar. Era un día soleado de comienzos de primavera, la nieve tardaba en derretirse al frío viento del norte, y un olor intenso y arcilloso se mezclaba con el aire salado del océano. Los camiones de los guardiamarinas se arrastraban por la calle principal y los camiones de carga entraban y salían del aparcamiento del Rose, despidiendo gravilla con sus neumáticos. Los camioneros no sonreían cuando conducían.

«Desde luego, ésta no es la clase de ciudad que suspira por que la saquen en un libro», recuerdo que pensé. «No es gente a la que le guste hablar de su vida.»

Y, hasta cierto punto, no me equivocaba. Los tipos de esos camiones de carga –y los que estaban sentados en los taburetes del Crow's Nest, los que caminaban por la calle principal enfundados en sus botas de agua y su ropa de faena– no tenían ninguna razón para hablar conmigo. Los hombres de las ciudades trabajadoras alimentan una suerte de áspero pragmatismo que destierra actos sentimentales, como hablar con escritores, y en general es duro persuadirles, convencerles de lo contrario, sacarles de esa idea. Si yo hubiera sido de la ciudad, o hubiera sido pescador, tal vez habría sido distinto. Pero no lo era, y lo único que tenía a mi favor –aparte del hecho de que creí caerle bien a Ethel, cosa más importante de lo que yo consideré– era que trabajaba como escalador de árboles independiente para empresas de jardinería. Vivía en cabo Cod, pero hacía trabajos esporádicos en Boston y solía combinar los viajes a la ciudad con paseos de reconocimiento a Gloucester. Entré en el bar al final del día, cansado y sucio después de un día de estar subido a los árboles, y me instalé en una silla del Crow's Nest. «La verdad es que no tengo ni idea del mundo de la pesca», le dije, «así que si no me lo cuentas lo haré todo mal.»

Aquello pareció dar resultado. Poco a poco, los pescadores comenzaron a hablar. Me contaron cómo sus abuelos se embarcaron en las doris para pescar bacalao en los Grandes Bancos. Me hablaron de las tempestades invernales en el banco Georges. Me contaron cómo sus novias acababan echándoles de sus casas por un motivo u otro, en general con razón. Y me hablaron del mar. «Es una bella dama», me dijo un tipo, señalando hacia el mar con el pulgar, «pero puede acabar contigo en un segundo.»

En general lo único que solía tener delante durante todas las conversaciones era una cerveza, aunque alguna vez, si la conversación me parecía lo suficientemente prometedora y establecía una buena relación con quien estaba hablando, me sacaba el cuaderno de la chaqueta. Si no era así, cada poco me excusaba para ir al baño, que, habida cuenta de la actividad nocturna, era igualmente necesario. Allí garabateaba unas cuantas historias y luego regresaba al bar. Cuando trabé amistad con alguno de ellos, como Chris Cotter, le pedía permiso para entrevistarle con la grabadora fuera del bar, en algún sitio donde pudiéramos hablar sin que nos interrumpieran. Y normalmente asentían. Un tipo me dijo que sí, y luego trató de darme esquinazo mientras le seguía en coche por la ciudad. Al final le encontré en la Green Tavern, y acabamos hablando tres horas. Hubo muy poca gente –como Ricky Shatford– que no quisiera saber nada de mí.

Ricky me dijo más tarde que estaba herido por la muerte de su hermano, y yo fui algo en que centrar toda su furia. No le gustaba que escribiera sobre su familia, no le gustaba que escribiera sobre cosas que no podía saber con certeza. El *Andrea Gail* desapareció sin dejar rastro. ¿Por qué no dejarlo así?

Por desgracia, Ricky encarnaba todas mis inseguridades sobre el proyecto. Cada vez que me aventuraba a entrar en el Crow's Nest me sentía como un intruso, tenía sueños atroces con la desaparición del *Andrea Gail*. Una vez soñé que agujereaba su casco antes de que zarpara por última vez para ver si aun así podía mantenerse a flote; otra vez soñé que estaba en la caseta del timón con Billy Tyne cuando el barco se hundió. Yo no moría porque era periodista, sólo observaba con gran sentimiento de culpa cómo zozobraba engullido por una enorme ola. «Dios mío, nunca te paraste a pensar lo terrible que debió ser para aquellos hombres», recuerdo que pensé. «Eran hombres de carne y hueso, no sólo nombres escritos en un periódico. No lo olvides nunca.»

El único sueño que me animó lo tuve en 1994, cuando escribí un artículo para una revista sobre el *Andrea Gail*. A la mayoría de los habitantes de Gloucester les gustó, con las naturales opiniones disidentes que me tuvieron traumatizado durante meses. La idea de querer hacer tu trabajo lo mejor posible, y concitar aun así la antipatía de la gente, desbarató algunas de mis antiguas ilusiones sobre el periodismo. Soñé que caminaba por una playa desierta cuando una figura avanzó hacia mí dando grandes zancadas entre las dunas. Era Bobby Shatford, se acercó a mí y alargó el brazo. «Así que tú eres Sebastian Junger», me dijo dándome la mano. «Tenía ganas de conocerte. Me gustó tu artículo.»

«Gracias, Bobby», le dije. «Esto significa mucho, viniendo de ti.» Nuestras manos seguían unidas, y así nos quedamos un rato. Un poco más allá, el resto de la familia Shatford estaba haciendo una barbacoa. Fui hacia allí, pero Bobby no pudo seguirme. Se quedó atrás.

Cuando finalmente pude hablar con Ricky la situación me pareció tan cercana como cuando estreché la mano de Bobby. Ricky era pescador, era el hermano mayor de Bobby, y había querido matarme. Son obstáculos difíciles de superar. Aun así, una noche de verano, mientras estábamos en un bar, empezamos a hablar, y me contó lo que sintió al perder a su hermano menor. (Para mí Ricky había sido siempre el temible hermano mayor que vagabundeaba por la ciudad buscando jaleo. Y ahora estaba aquí, contándome la cosa más dolorosa que le había ocurrido en su vida. No fue fácil escuchar aquello.)

«De pequeños formábamos una familia muy unida», dice Ricky. «Bobby, Rusty y yo dormíamos en la misma cama. Bobby trabajaba en el muelle, Bob Brown construyó el *Miss Penny;* Looper estaba al mando, y recuerdo una ocasión en que estábamos en el *Rosie's* haciendo los preparativos de última hora y cuando me iba grité a Bobby, que estaba en el muelle de pesca del Estado: «¡Adiós, hermano!» Aquel viaje sufrimos una de las primeras tormentas de mi vida, fue en el año 83, una locura; era diciembre, y navegábamos por el sureste del Georges; las aguas seguían templadas, el *Rush* estaba junto a nosotros, se le reventaron todos los cristales de las ventanas. Tuvimos que darle nuestro loran para que pudieran volver a casa.»

Pocos años más tarde Ricky bajó hasta Florida para patronear un barco de pesca de tiburones «entonces yo tenía una buena posición», dice, «era endiabladamente bueno cazando tiburones». Cuando Bobby se separó de su mujer, Ricky le propuso que bajara a Florida y le encontró trabajo en otro barco. El capitán no se presentó, así que el propietario le dio el gobierno a Bobby. Ricky y Bobby pescaron juntos largo tiempo y ganaron mucho dinero, y más tarde Bobby decidió afrontar las circunstancias y acabó en Gloucester. «Siempre pensé que era más seguro pescar treinta días en los Grandes Bancos que quedarse otros tantos en tierra», dice Ricky. «Bobby y yo tuvimos varias peleas en Florida, sólo nosotros dos. Destrozamos un local a porrazos: mesas, sillas, público.»

Ricky continuó de Florida a Hawai. Había mucho pez espada en el Pacífico, y a Ricky le dieron un barco extraordinario de veintisiete metros y dos filipinos a sueldo. En septiembre de 1991 telefoneó al Crow's Nest para hablar con Bobby. «Hermano», le dijo. «Estoy al cargo de un barco fantástico, ¿por qué no vienes a pescar conmigo?»

El propietario estaba dispuesto a pagar su billete de avión, pero Bobby rechazó la oferta. «Me dijo que estaba loco por su chica», dice Ricky. «Así que le dije "vale, te quiero, hermano", "yo a ti también", me dijo él. Eso fue lo último que nos dijimos.»

Un mes más tarde Ricky supo la noticia. Llevaba dos días en el mar con todo el aparejo en el agua, cuando telefoneó al servicio de comunicaciones en alta mar para contactar vía satélite con el teléfono del propietario del barco, que estaba pescando en Samoa. La operadora le dijo que tenía «tráfico en espera», llamadas almacenadas para él, y le puso con su jefe. Éste le dijo que Bob Brown había dejado recados en el contestador automático de su ayudante en California. Oh, Oh, pensó Ricky, llamadas en espera, un recado de Bob Brown... algo le ha ocurrido a Bobby. La llamada era de Mary Anne, su hermana. «Te quiero», empezó, y a continuación le dijo que el barco de Bobby había desaparecido. «Supe que habían muerto», dice Ricky, «así que salí y se lo dije a la tripulación, les dije "el barco de mi hermano ha desaparecido, así que halemos las redes y metámonos dentro". Subí las redes con lágrimas en los ojos, estaba furioso con Dios por haber permitido que hubiera ocurrido algo así. Entramos y nos emborrachamos; luego, volé a casa.»

Ricky se encontró en el funeral con gente a la que no había visto en veinte años: amigos del instituto, viejos compañeros de fatigas, madres del vecindario. Se quedó en Gloucester un par de semanas y luego volvió directamente a Hawai, y en su primer viaje una tormenta le reventó dos ventanas de la caseta del timón. Sólo pensaba en lo que sentiría su madre si perdiera dos hijos en vez de uno, así que decidió reducir los riesgos. No iría a los Grandes Bancos más allá de octubre, y eso si Ethel daba su consentimiento. «Tendrás que decidir en el asunto», le dijo. Aun así, era muy difícil evitar los riesgos, y hubo ocasiones en que se vio a sí mismo persiguiéndolo. Después de unos cuantos años más en Hawai regresó a Gloucester con su esposa filipina y empezó a pescar con un hombre que había perdido a su padre en el mar. Ambos hicieron locuras en el barco, pescando casi acabada la estación y con un tiempo inclemente.

«Nos sentíamos invulnerables», me explicaba. «Creíamos que Dios no podría cebarse dos veces en la misma familia.»

(Cuando logré hablar con Ricky, el libro –contra todo pronóstico– se había convertido en un éxito de ventas, y yo pasaba mucho tiempo en Gloucester, en el Crow's Nest, enseñándoles la ciudad a los periodistas. Era una sensación extraña. Recordaba Gloucester como un lugar gris y rocoso cuando me ganaba la vida subiendo a los árboles y preguntándome, con treinta años, hacia dónde iba mi vida). Ahora estaba aquí, concediendo entrevistas a la televisión sentado en el Nest mientras los asiduos intentaban ignorar los focos y seguían bebiendo sus cervezas. Cuando la gente decía que yo había puesto a Gloucester en el mapa, yo respondía que más bien había sido Gloucester la que me había puesto en el mapa a mí. Había mucha gente –Chris, Ethel, los pescadores de la ciudad– sin los que no habría podido escribir este libro. Si no hubieran vivido esta experiencia y no hubieran aceptado compartirla conmigo, el libro no habría sido posible. En ese sentido me siento en deuda con ellos; en ese sentido el libro es mucha más obra suya que mía. A menudo ocurre que los escritores no saben gran cosa del mundo que están describiendo, pero no les hace falta. Sólo tienen que hacer un montón de preguntas, retroceder un poco y dejar que la historia hable por sí misma.

Nueva York
11 de enero de 1998

AGRADECIMIENTOS

UNA de las tareas más difíciles que planteó la escritura de este libro fue conocer, hasta donde esto resulta posible– a los hombres que murieron en el mar durante la tempestad de Halloween. Fue necesario ponerse en contacto con sus amigos y familiares y reabrir heridas que apenas habían comenzado a cerrarse. Teniendo esto presente, quisiera dar las gracias a la familia Shatford, Chris Cotter, Tammy Cabral, Debra Murphy, Mildred Murphy, Jodi Tyne, Chris Hansen y Marianne Smith por su disposición a hablar de un episodio tan doloroso de sus vidas.

Los supervivientes de la tormenta también tenían historias difíciles que contar, y estoy en deuda con Judith Reeves, Karen Stimson, John Spillane y Dave Ruvola por hablar de sus experiencias tan abiertamente. También quisiera dar las gracias a todas las personas que respondieron a mis preguntas sobre la pesca, me invitaron a cervezas y, en general, me ilustraron acerca del mar. Ellos son –sin seguir un orden determinado– Linda Greenlaw, Albert Johnston, Charlie Reed, Tommy Barrie, Alex Bueno, John Davis, Chris Rooney, «Hard» Bob Millard, Mike Seccareccia, Sasquatch, Tony Jackett y Charlie Johnson. Por su parte, Bob Brown tuvo la amabilidad de hablar conmigo a pesar de los aspectos evidentemente delicados que rodearon la pérdida de su barco.

Este material apareció por primera vez en forma de artículo en la revista *Outside,* y debo dar las gracias a los editores por su ayuda. También a Howie Sanders y Richard Green, de Los Ángeles.

Finalmente, debo dar las gracias a mis amigos y a mi familia por leer un borrador tras otro de este manuscrito, además de a mi editor, Starling Lawrence, su ayudante, Patricia Chui, y mi agente, Stuart Krichevsky.